20の経営ガイドラインと伴走支援コンサルティング

経営コンサルタント・
中小企業診断士
中村 中 著

ビジネス教育出版社

はじめに

バブル崩壊前の銀行員は、地域の中小企業の経営コンサルタントでした。銀行の支店長は地域の名士であり、中堅・中小企業の経営者は、二～三か月に一度、金融機関の支店長室で雑談することが、しきたりになっていました。支店長も半年に一度、企業訪問をして、工場見学や倉庫の在庫状況を見て、経営者や従業員と個人的な話をしたものでした。

銀行の融資担当者は、数十社の担当先の資金繰りが頭に入っており、全取引先の融資金額合計の予測値をまとめて、本部から融資枠を調達していました。地域に関する情報は何でも金融機関に入ってきており、たとえば、建設工事があれば、建設会社はどこでその融資予定を調べ、工場や飲食店の求人があれば、人を紹介することもありました。行政機関から道路や下水工事などの情報があれば、取引先に落札状況を聞きに行っていました。病院や学校の増設の情報も、地元企業へ取引紹介に使っていました。取引先の業界情報は、金融機関の本部の審査部や調査部から聞いて、地域の同業者からも、商流などのヒアリングを行い、コミュニケーション材料にしていました。

このように、金融機関の融資担当者は、さまざまな情報を地域や本部また支店内から収集し、多面的な相談を取引先から受けていました。取引先の経営者や幹部も、金融機関を訪問するときは、それなりの準備を行って、自社の課題を意識して依頼事項や質問内容も用意していました。金融機関は多様な相談に乗る一方、取引先も銀行訪問で借入れや経営の相談をするときは、自己責任を意識しながら、かなりの準備をしていました。金融機関は地域の情報の集積基地であると同時に、情報の発信基地でもあることを、十分認識していたからだと思います。

一九九〇年を過ぎると、バブルの崩壊がありました。その後、約三〇年間は、不良債権問題の解消に向かって、金融機関は融資に対して金融庁の一つの基準である金融検査マニュアルが述べる、引当金を積み上げることに注力することになりました。取引先企業の財務分析を行い、スコアリングシートで債務者区分を決め、一つひとつの借入れ・債権を分類して、引当金の金額を決定しました。そのプロセスと、金融機関の運営手法を一律に述べた「金融検査マニュアル」が金融機関や融資を受ける取引企業のバイブルになりました。その間、行政からは種々のガイドラインが出されましたが、どうしても、この金融検査マニュアルの存在感が大きく、その呪縛に悩まされることになりました。

その後、金融機関と取引先の対話や情報交換が重要になりましたが、これの障害になる金融検査マニュアルの存在感が大きく、ついに、二〇一九年に、「金融検査マニュアル」が廃止されることになりました。それからは、多様性に富んだ種々のガイドラインが、数多く公表されるようになりました。その数年間は、金融庁や経済産業省・中小企業庁や関連の諮問委員会から発せられた、これらのガイドラインは、金融機関や取引先中小企業には思うようには浸透していきませんでした。役に立つガイドラインでも、受け手サイドが問題意識や必要性を感じない場合は、インパクトがなく、なかなか定着しないことになってしまいました。

しかし、上場企業や大企業は、「コーポレートガバナンス・コード」によって、内部統制や内部組織で内部管理が固まり始め、この多様なガイドラインが社内で消化され、浸透・定着されるようになりました。一方、中小企業は、ワンマン経営の色彩が残っているせいか、この多様性に富んだガイドラインはなかなか浸透していきませんでした。ワンマン経営の経営者は、個人としての自己責任はありますが、企業全体・法人としては、自己責任意識が欠如していると言えます。中小企業は、一朝一夕には、上場会社のようなコーポレートガバナンス・コードや内部統制は徹底できないものと思いますので、既に日常業務でよく使われている「経営改善計画」の策定に絡めて、自己責任体制を強化し、多様なガイドラインを受け入れていくことが求められるようになりました。金融検査マニュアル時代の、「経営者保証ガイドライン」「事業承継ガイドライン」「事業性評価融資」「金融検査マニュアル別冊（中小企業融資編）（定性要因重視の企業審査事例集）」「リレバン（リレーションシップ・バンキング）」などは、金融機関の柔軟・寛大な与信管理を求めるガイドラインであり、広がるべきものでした。

また、取引先企業のライフステージに沿ったガイドラインとしての「事業再構築指針の手引き」「収益力改善支援に対する実務指針」「ＥＳＧ地域金融実践ガイド２．１」「業種別支援の着眼点」「中小企業の事業再生等に関するガイドライン」などがありますが、これらは、自社の業績を回復したり再生するために役立つガイドラインということになりますので、速く浸透するべきものです。さらに、個々の企業の経営力を強化し、構造改革に役立つことになる、経営理念や方針の確立が欠かせません。これには、「経営デザインシート」や「サステナビリティ・トランスフォーメーション（ＳＸ）」のガイドライン、また、「ＧＸ（グリーン・トランスフォーメーション）、ＤＸ（デジタル・トランスフォーメーション）、知財無形資産、ＣＧＣ（コーポレートガバナンス・コード）」などの外部・内部環境を分析し対策を講じるガイドラインが有効になります。

本書では、これらの、金融検査マニュアルの厳しい与信管理の柔軟化や、企業のライフステージに沿った的確な対処法、また経営理念や環境分析の対策など、それぞれのガイドラインの概要を紹介すると同時に、そのガイドラインを有効活用するための対策を検討していきたいと思います。具体的には、中小企業の経営改善計画を、将来・全体・実態について、俯瞰しながらともに深掘りし、多様性に富んだガイドラインを活用して、取引先企業の自己責任の下に、その経営改善計画をレベルアップする支援を実践することにしたいと思います。そして、金融機関の取引先企業や中小企業の支援者の皆様にも、多くのガイドラインの中から、個々の企業が選択したガイドラインを有効活用し、定着できるように、支援してもらいたいと思います。このことこそ、コンサル支援を乗り越えた伴走支援コンサルになると思います。

目次

第3章 ガイドライン行政前夜の歴史（一九九〇年頃～一九九八年）

第4章 不良債権呪縛下の金融検査マニュアルとガイドライン行政黎明期

第7章 「内部統制と経営力強化」に関するガイドライン

第8章 企業を強くするガイドライン行政下の「伴走支援コンサル」と「経営改善計画」

第11章 中小企業への緊急再生ガイドラインの動き

おわりに

〈本書で取り上げる20のガイドライン〉

	本書で解説する主な章 ▼
●ライフステージを高度化するガイドライン	
1．事業承継ガイドライン〈第３版〉（中小企業庁：2022年３月改訂）	4・6章
2．事業再構築指針の手引き3.0版（経済産業省 中小企業庁：2023年３月）	6章
3．ESG地域金融実践ガイド2.1（環境省：2022年３月）	6・10章
4．業種別支援の着眼点（金融庁：2023年３月）	6章
5．収益力改善支援に関する実務指針（中小企業収益力改善支援研究会：2022年12月）	6章
6．中小企業の事業再生等に関するガイドライン（金融庁：2022年３月）	6章
●「内部統制と経営力強化」に関するガイドライン	
7．経営デザインシート（内閣府 知的財産戦略推進事務局：2018年）	7章
8．サステナブルな企業価値創造のための長期経営・長期投資に資する対話研究会（SX研究会）報告書【伊藤レポート3.0】（経済産業省：2022年８月）	7章
9．GX実現に向けた基本方針（経済産業省：2023年２月）	7章
10．知財・無形資産の投資・活用戦略の開示及びガバナンスに関するガイドラインVer2.0（内閣府 知的財産戦略推進事務局：2023年３月）	7章
11．コーポレート・ガバナンス・システムに関する実務指針（経済産業省：2022年７月改訂）	7章
12．デジタルガバナンス・コード2.0（経済産業省：2022年９月改訂）	7章
●金融庁関連	
13．地域密着型金融の取組みについての評価と今後の対応について（金融庁：2007年４月）	4章
14．金融検査マニュアル別冊（中小企業融資編）（金融庁：2015年１月、2019年12月廃止）	4章
15．中小・地域金融機関向けの総合的な監督指針（金融庁：2023年６月改訂）	5章
●その他	
16．経営者保証に関するガイドライン（経営者保証に関するガイドライン研究会：2022年６月改訂）	4章
17．中小企業活性化パッケージNEXT（経済産業省、財務省、金融庁：2022年９月）	11章
18．経営力再構築伴走支援ガイドライン（中小企業庁：2023年６月）	11章
19．中小企業・小規模事業者人材活用ガイドライン（中小企業庁：2023年６月）	11章
20．中小エクイティ・ファイナンス活用に向けたガバナンス・ガイダンス（中小企業庁：2023年６月）	11章
〈参考〉	
（１）ローカルベンチマーク（経済産業省）	7章
（２）RESAS地域経済分析システム（内閣府 地方創生推進室 ビッグデータチーム、経済産業省 地域経済産業調査室）	7章

第1章

保護政策を受ける中小企業経営者への社会の好意的な見方は変化してきた

1

中小企業経営者は多様性に富んだ種々のガイドラインの理解と自己責任の再認識が必要となってきた

日本の中小企業は、高度成長期から現在に至るまで、大企業や上場企業に比べて、保護されていました。この保護政策は、中小企業も金融機関も、あまり意識していませんでした。高度成長期は、中小企業のフットワークの良い動きが日本の成長を支え、その円滑な企業活動を支えるものが中小企業施策と、自他ともに、思っていたからです。

その後、高度成長期がバブル崩壊以後、低成長期に入ると、中小企業施策は次の飛躍のための保護支援策に変わりましたが、中小企業は飛躍のないまま、保護政策を受け続けるようになっています。税金の減免や低利融資、その後の無利子・無担保・返済なし融資や、人件費補助や種々の補助金・助成金支援など、優遇施策のオンパレードが続きました。

しかし、中小企業自身が生産性向上を求められるようになると、これらの施策がモラルハザードになり、中小企業に対する社会の好意的見方は変化するようになりました。中小企業への危険回避のための施策が、逆にリスク回避意識を薄れさせ、自己責任による成長マインドを欠如させると思われるようになりました。また、中小企業経営は、かつて大企業の下請企業の位置づけであったことからか、大企業の論理で仕切られることや、「寄らば大樹の陰」の恩恵を受けて有利な値決めの条件の享受の連続、また、新技術・新サービスに対するチャレンジ精神の不足が目立っていました。

そこで、先進国では常識になって来ている多様性や自己責任の動きは、明らかに遅れています。新しいサプライチェーンの開拓やＤＸ連携またＥＳＧ関連企業としての活動に、むしろ重苦しさを感じ、現状維持で企業経営を続けたいと思っているのかもしれません。経営者は企業トップとして、スピード化・ワイド化の視点が必須条件になっていますが、そのレベルまでの研鑽や習得には至っておらず、独力ではとても手が届かないと不安に思っているように見えます。特に、中小企業にとって、最も気をつかう資金調達では、金融機関の急激な変化に、違和感を覚え、従来の銀行交渉は通用しなくなったことを嘆いているのかもしれません。

これらの課題の解決には、ワンマン経営から取締役会や情報開示、そしてステークホルダーや地域関係者との意見交換など、本来の企業の手法の取り込みが欠かせないと思います。中小企業経営者は、上場企業や大企業と同じように、内部管理や内部統制のレベルアップを求められています。まさに、中小企業やその経営者にはビジネス知識と社会常識が必要になり、地域の経営企画の人材の支援が欠かせません。特に、将来に向けた広い視野を持った企画や施策は、地域のアドバイザー役になっている金融機関の融資担当者や士族資格者また認定支援機関からの支援が必要になっています。

一昔前の中小企業の社長は、ほとんどの社員よりも一時間くらい遅く出勤し、社内の部長や課長から、営業会議などで一か月または一週間の活動報告を受けていました。昼は、業界団体や商工会・会議所の会食会に出て、懇親会を兼ねた情報交換を行っていました。午後は、得意先への表敬訪問を行い、夕方からは、取引先との会食接待をこなし、そして、ゴルフ接待や業界の集まりや冠婚葬祭への出席があって、生産性の伴わない時間を過ごすことになっていたものでした。

資金調達については、金融機関に年に一回の決算説明に行くものの、短期間の資金調達は、財務部長や経理課長などに任せており、社内の種々の意思決定事項は、総務部長や企画課長に委ねていたようでした。中小企業を担当する金融機関としても、これらの経営者の動きを、ワンマン経営者の権威とリーダーシップの象徴と見なし、部下の従順さは経営者へのロイヤルティ（忠誠心）としてみる傾向にありました。

とは言うものの、現在では、金融機関や行政機関は、経営者自身の経営姿勢を注視し、資金調達における審査も、経営者の日々の活動から、企業価値向上の努力を見るようになっています。内部組織や内部統制のチェックやSDGs、ESG、DXなどの対応についても、種々の情報から推測して、経営者の考え方や行動を評価して、これが融資の分岐点を決めることになっています。

経営者は相変わらず、ワンマン経営が、自分の指導力や部下の忠誠心の表れと思っているかもしれませんが、金融機関や行政機関は、このような経営姿勢を問題視しています。この見方は、アフター・コロナにおいて顕著になりました。これらは、企業の多様性や自己責任などに反することであり、将来性に赤信号を点すようになっています。経営者が高齢者で、後継者がいない場合などは、金融機関はその経営力を注視すると同時に、社内のデジタル化や社会貢献への対応について、監視を強めるようになっています。もはや、中小企業は地方の少子高齢化で人材不足がやむを得ないことであると見られるというよりも、人材が集まらないことは、内部管理や内部統制に欠陥ありと見ています。

2

金融検査マニュアル廃止後は十分に活用されていなかった行政機関公表のガイドラインが経営指針になる

金融検査マニュアル廃止後には、「収益力改善支援に対する実務指針」「ESG地域金融実践ガイド2.1」「事業再構築指針の手引き」「中小企業の事業再生等に関するガイドライン」など、種々の企業のライフステージに沿った「ガイドライン」が公表されています。これらの将来や実態を見通したガイドラインは、金融検査マニュアルの役割を補完するものとして、金融機関の役職員に見られていますが、実際は、有効な行動指針を示すものであり、中小企業経営に直接踏み込んだ指針であり、金融検査マニュアルを超えた存在になっています。地域の金融機関に対して、取引先企業の内部組織や管理態勢、事務手続きの改善などをアドバイスする時には、有難い資料です。地域の中小企業への貢献や、士族資格者との連携また的確な支援手法を包含した内容にもなっています。しかし、これらのガイドラインは、金融機関や中小企業経営者、その支援者には、未だに十分に活用されているとは言えません。

ちなみに、中小企業と接する金融機関は、店舗や人材の合理化で、担当者一人あたりの取引先数が増加しています。把握するべき企業内容やビジネス情報もますます多くなり、質的にも複雑になっています。規模の大きい中小企業は、複数の金融機関から融資を受けており、それぞれの金融機関への情報開示の内容も濃淡があって、しかも、メイン銀行のリーダーシップも弱くなり、情報のバラツキも大きくなっています。また、金融機関は、相変わらず、金融検査マニュアルの事務フローや諸手続きに拘束されており、融資決定も従来の稟議制度に固執し、形式的で意思決定の根拠も明確にならないことが多々あります。旧態依然のままに、非効率的な対応が残っている点もあります。金融検査マニュアル廃止後は、方向性や指針については、ガイドラインが主流になっているものの、各金融機関は、このガイドラインに沿った柔軟な対応が徹底されているとは言えません。

最近では、中小企業や取引金融機関は、グローバル化・デジタル化・グリーン化の流れについて行けず、急変する融資現場の環境に遅れている感があります。金融機関は、取引先の決算書や試算表などの数値をベースにした提出書類の情報に拘束され、広い視野での未来の実態把握になっていません。「金融検査マニュアル」では、数か月前の決算数値を重視し、損益や収支などの数値を部分的に見て、直近の月商や預金残高などを形式的に把握しています。金融検査マニュアル廃止以前の「ガイドライン」である、「経営者保証ガイドライン」「事業承継ガイドライン」「事業性評価融資」「金融検査マニュアル別冊（中小企業融資編）（定性要因重視の企業審査事例集）」などは、金融機関の中に蔓延していた安全神話や過度の保守的な考え方に阻まれて、それぞれのガイドライン独自の方向性や指針が十分に理解されず、浸透しませんでした。

「経営者保証ガイドライン」は、経営者保証の徴求がなくなれば引当てが弱まると考え、「事業承継ガイドライン」では、旧社長の人脈やノウハウ、ステークホルダーからの信頼が低下すれば、信用は低下するので、与信圧縮や追加担保を求めるようになると考えているのかもしれません。「事業性評価融資」は、物的担保よりも知財・無形資産、経営力を重視することになりますが、この将来の可能性は、なかなか信用力強化とみなすことができないようです。「金融検査マニュアル別冊（中小企業融資編）」は、企業の技術力や営業力、地域からの信頼や外部支援度は非財務情報であり、有形資産や経営者の資産の物的担保に比べて、安心・安定度が低下するものと考えられていると思います。

それだけ、金融検査マニュアルに記載された担保・保証・キャッシュフローの確実性への固執度や影響力が大きかったとも言えますし、将来志向のガイドラインの指針が、金融機関メンバーには「絵に描いた餅」のように思われたのかもしれません。

金融検査マニュアル廃止後のガイドラインは、企業の将来や全体、実態を展望する「ガイドライン」になっています。「収益力改善支援に対する実務指針」は将来のガバナンス体制の構築を述べていますし、「ＥＳＧ地域金融実践ガイド2．1」は、企業の範囲を超えて地域の環境・社会・経済などへのインパクト評価・投資について説明しています。「事業再構築指針の手引き」は、新分野展開、事業・業種・業態の転換、事業再編の五つの類型を活用した事業再構築を具体的に紹介し、「中小企業の事業再生等に関するガイドライン」は、外部専門家や第三者支援専門家との協働などで、事業再生を効果的に実施する手法を示しています。公表後、それほど経過していないせいか、なかなか企業態勢の変化を伴うような動きはありませんが、企業の将来や全体、実態を展望する「ガイドライン」によって、各企業とも内部組織や管理態勢、事務手続きの変更、内部統制の進捗が期待されています。

3

中小企業は経営の方向性を示すガイドラインに沿って経営改善計画を策定するべき

中小企業の最近のテーマは、「生産性の向上」や「従業員の賃金の引上げ」が喫緊の課題になっていますが、その経営者は、まだまだ高度成長時代の取引先との良好関係や企業収益の極大化などに縛られる傾向があります。何年も企業のトップにありながら、経営の根幹を揺るがす、最近五年間くらいは騒がれている、デジタル化やESGの課題を毛嫌いしているようにも思われます。多様性思考や自己責任思考、また、DX・GX・SXなどの世界標準の改革に対する興味を示さず、部下が唱える短期的な日常案件の処理で精一杯のようにも見えます。

既に、廃業した多くの中小企業を見ると、今まで気をつかっていた既存取引先が自社から離れていくことに対しても「仕方なし」の結論を出しているようです。大手の仕入先や他の販売先が、他社にシフトされることや、愛情を注いできた従業員に対して機械的に退職勧告を行うことも、今までは考えられないことでしたが、廃業時には、一度にやらなければならないことです。存続の危機に瀕している中小企業であるならば、再生のために、行政機関や金融機関などが勧奨するガイドラインに沿って、将来を見通す「経営改善計画」の立ち直り策を真剣に検討し、策定することになると思います。経営改善計画など、自分たちには縁のないものと決め込んでいるかもしれませんが、この経営改善計画こそ、自社の多様性思考や自己責任思考を実態化また具現化し、また、DX・GX・SXなどの社会的な要請にも自社のペースで組み込むことができる未来予想図になるものです。

最近のガイドラインを読めば、将来の企業の方向性を、金融機関や士族資格者などの支援者に理解してもらうためにも、「経営改善計画」を策定することが近道であることを力説しています。かつては、金融機関の担当者が、経営改善計画の策定の仕方を解説したものですが、金融機関の担当者でそこまで踏み込んで取引先の指導をすることは例外になっています。行政サイドが、簡単な記入例を示しながら、数値を埋め込むような経営改善計画のフォームをホームページに掲載していますが、それぞれの中小企業では食わず嫌いのせいか、なかなか実践には至っていないようです。経営改善計画を企業自身で策定しにくい場合は、金融機関の本部コンサルティング部門や地域の士族資格者とともに、策定の支援を受けることも多くなっています。しかし、この支援策も、未だに、活用していない先が目立ちます。

中小企業が成長するためには、全社を俯瞰した経営改善計画をザックリと策定し、その全社ベースの経営改善計画を大きく見渡します。次に、自社の内部組織に落とし込んで、各部署はアクションプランを実践し、モニタリングすることがポイントになります。このことは、経営者から現場の役職員まで、全社一丸となって共通の目標に向かう気持ちが一つになります。企業全員が、経営改善計画に沿って同じ方向や指針で動き、その一人ひとりが、身近な各部門計画や個人計画に向かってフル稼働し、モニタリングチェックや修正計画またローリングプランで、再チャレンジすることになります。

新しいガイドラインが企業の経営の方向性を示し、経営改善計画によって、各部署のアクションプランまで落とし込み、実践して、その後のモニタリングを行うことこそ、本来の地道な企業活動と言えます。このプロセスは、やや細目の記載に見えますが、その現場の活動が、再度、経営改善計画の修正で統合されることこそ、新しいガイドラインの目的ということになります。また、士族資格者にとっては、伴走支援ということになります。

4 経営改善計画プロセスが実行されれば、中小企業の経営ガイドラインが柔軟に企業全体に行き渡る

～ガイドラインのカスタマイズは経営改善計画プロセスで可能か

大企業や上場企業においては、コーポレートガバナンス・コードに沿って、企業価値向上や内部統制、内部管理を整えて、種々のガイドラインの指針を、自社の必要事項に変更する、いわゆるカスタマイズして、受け入れるようにします。中小企業の場合は、ワンマン経営が多いことからか、取締役会や情報開示の組織や活動が整っておらず、その機能も十分にワークしていないために、中央官庁などが公表する多様なガイドラインを各企業に適したものにカスタマイズして消化することができないと思います。ワンマン経営者が、ガイドラインの指摘事項を良く理解して、企業組織やその人材の事情まで把握していなければ、その内容は企業には浸透していかないはずです。

経営改善計画を策定するためには、企業の経営指針や外部環境や内部環境などを十分に把握していることが必要になり、企業のステークホルダーの事情や企業内幹部の合議制、またその決定事項の社内徹底化が整っていることが欠かせません。中堅・中小企業は、コーポレートガバナンス・コードによって、価値向上態勢や内部統制、内部管理を固めることは難しいことになりますので、「経営改善計画策定のプロセス」の把握で、社内の管理態勢を固めることは可能になり、経営ガイドラインを柔軟に企業全体に行き渡らせることができるものと思われます。経営改善計画策定プロセスを厳し目に運用することで、種々のガイドラインの内容や指針を、自社にふさわしくカスタマイズして、受け入れることが可能になります。

中央官庁であるかつての大蔵省や金融庁などは、護送船団方式や金融検査マニュアルによって、金融機関

や地域の行政機関を通して、最終ユーザーの中小企業や個人事業主に、その施策を伝えていました。ただし、その情報や施策内容は、中間にある金融機関や地域行政機関の論理で動いていたと言えます。例えば、与信管理などの施策は、シンプルな原則論で、プロである金融機関や地方行政機関に伝えられ、最終ユーザーに、それぞれの地域金融機関や地方行政機関が工夫して、その施策を徹底させることになっていました。この中央官庁から地域の金融機関や行政機関までは、通達のような定型パターンで施策が伝えられ、最終ユーザーには、中間の金融機関や行政機関が、それぞれのユーザーに合わせた形態で伝えることを求めていました。中央官庁は、定型化した通達や指示書を、地域の金融機関や行政機関に発信していたのです。

現在のガイドラインは、最終ユーザーに向けて、地域の金融機関や行政機関が工夫して伝達をしなくとも良いように、多様性に富んだガイドラインによっています。例えば、伝言ゲームは中間伝達者が少ないほど、情報発信者の意向は正しく伝わりますが、その伝達内容が多い場合や、情報発信者と最終ユーザーの知識・情報の較差が大きい場合は、その真意が伝わらないこともあります。そこで、最終ユーザーは、自助努力と自己責任で、多様性に富んだガイドラインを選択し、深掘りしなければならないことになります。その自社を知るための自助努力と自己責任が、中堅・中小企業の場合は、経営改善計画策定プロセスへの探求で自ら整えるということになります。

この中央官庁などから最終ユーザーへの伝達は、今まではブラックボックスに見えることがありました。中央官庁の伝達情報は、中間の地域金融機関や地方行政機関が裁量権を行使してアレンジしたり、入って来た情報を機械的に流すだけのこともありました。この中間機関の裁量は、最終ユーザーの中小企業や個人事業主にとっては、ブラックボックスに見えたということです。

この弊害を是正することが、透明性のあるガイドラインの役割であり、最終ユーザーは、未来の方向性や指針を示すガイドラインを、自分たちの理念や外部環境・内部環境のフィルターで理解し消化することが重要になります。そして、その策定した経営改善計画に沿った活動実績を、モニタリングしながら、ガイドライン自身の方向性や指針に向かって、努力することがポイントになります。

これからの企業活動は、環境・社会・経済と調和し、地域と融和を図りながら、将来に向かって持続可能性を追求することが大切です。このことは、やや理想論でお題目に聞こえるかもしれませんが、実践しなければならず、もし独力では不安ならば、地域の行政機関、金融機関、士族資格者、時には、教育機関や医療機関などと連携し、支援を求めることが重要になります。そのためには、地域の中堅・中小企業が、将来に向かって、多様化する行政のガイドラインと自社の経営改善計画策定プロセスから生じる自己責任原則によって、そのガイドラインを深掘りし、消化することが重要になると思います。

第2章

中小企業こそ
ガイドライン行政のメリットを
活用するべき

1 なぜ、ガイドラインがマニュアルより優位になって、「金融検査マニュアル」は廃止されたのか

金融機関の関係者は、「ガイドライン」と「マニュアル」の差異について、曖昧なイメージを持っていると思います。一九九九年に金融検査マニュアルが公表される以前は、大蔵省の護送船団や裁量行政が、金融機関やその取引先の資金調達の司令塔になっていました。金融機関の施策は、大蔵省の通達と検査、また、大蔵省幹部・金融機関MOF担当との調整の中で決まっていたのです。しかし、金融機関に強いリーダーシップを発揮していた大蔵省は、一九九〇年以降のバブル崩壊後では、各金融機関が抱えていた不良債権問題に、的確な対応ができませんでした。多くの金融機関が倒産し、統廃合に追い込まれました。同時に、接待スキャンダルが生じ、この象徴的な出来事が、東京協和と安全の両信用組合の理事長の背任であり、大蔵省幹部への接待でした。金融機関を守り抜くという大蔵省の護送船団行政に対する批判や金融行政への不信が盛り上がり、その中で、いわゆる『ノーパンしゃぶしゃぶ』の接待問題が起こり、大きな社会批判が大蔵省に向けられました。そこで、大蔵省の金融機関に対する護送船団方式の裁量行政は改革しなければならなくなりました。

ついに、大蔵省は、財政を管轄する財務省と金融を管轄する金融庁に分かれることになりました。そこで、ブラックボックスと見られていた大蔵省の裁量行政の解消を強いられ、文書化された「金融検査マニュアル」が公表されました。

この金融検査マニュアルは、金融機関に種々の経営指針を示すと同時に、経営の健全性を確保するための「早期是正措置」の流れを汲んで、取引先企業の債務者区分や引当金積上げ基準を明記し、各金融機関の自

己資本比率を明確にすることを狙いました。なお、早期是正措置とは、自己資本比率が低下してしまった金融機関に対して行政機関が合理的な措置を採ることができることですが、大蔵省が裁量でその健全性を評価するような裁量行政への批判に対処するものです。

この自己資本比率を明確にするために、個々の企業の貸出資産の評価法や引当金の算出法を、過去のやり方を参考にしてマニュアル化し、「金融検査マニュアル」を導入しました。金融機関の自己資本比率を捻出し、早期是正措置に踏み切ることができるようにしなければならないということになったのです。金融検査マニュアルの「資産査定管理態勢の確認検査用チェックリスト」の項目は、このプロセスを詳しく述べていますが、これはまさに、マニュアル手法になります。

金融検査マニュアルは、三六四ページの大部で、その構成は経営管理（ガバナンス）、金融円滑化編、リスク管理等編に大別され、各項目の冒頭に指針や方向性を示し、一般に使われている「ガイドライン」のスタイルになっています。その文章の末尾は、「～しているか。」「～行っているか。」「～なっているか。」というように、指示命令調ではなく、打診・勧奨型になっています。そのガイドライン調の後段で、金融機関などの部門組織の「管理者」や、「個別の問題点」で組織の現状や過去の実績を踏まえて、細目や手続きの解説を示し、過去の成功体験を具現した「マニュアル」の様相になっています。

リスク管理等編の細目は次の通りです。

- ・法令等遵守態勢の確認検査用チェックリスト
- ・顧客保護等管理態勢の確認検査用チェックリスト
- ・統合的リスク管理態勢の確認検査用チェックリスト
- ・自己資本管理態勢の確認検査用チェックリスト
- ・信用リスク管理態勢の確認検査用チェックリスト

・資産査定管理態勢の確認検査用チェックリスト
・市場リスク管理態勢の確認検査用チェックリスト
・流動性リスク管理態勢の確認検査用チェックリスト
・オペレーショナル・リスク管理態勢の確認検査用チェックリスト

金融検査マニュアルは、現在使われている、方向性や指針を示す「ガイドライン」と過去の成功体験を手続き調にまとめた「マニュアル」の両方の機能を合わせたものになっています。金融機関の融資現場などの役職員においては、経営管理や統合的リスク管理、自己資本管理などの項目は、本部企画セクションの専管事項になっていますので、あまりなじみのないものと思います。その他の項目については、ほとんどの役職員の日常業務のベースにある、指針や考え方を解説したものです。そして、アクションプランに繋げるものや、モニタリングも過去の成功体験を重視して述べられています。

その中で、「資産査定管理態勢の確認検査用チェックリスト」の項目については、前段の自己資本管理や信用リスク管理の内容を受け、過去のベスト手法をまとめた「マニュアル」な記載になっています。

なお、金融検査マニュアルは廃止されましたが、金融庁のホームページから現在でも閲覧することができます。

このように、金融検査マニュアルは、一九九〇年から一九九九年までの間の、大蔵省の護送船団から裁量行政に対する批判や、その弊害といえる不祥事に対する社会・マスコミ・世論のクレームの解決策の位置づけになっていると言えます。また、不良債権を抱える金融機関に対する、監督官庁の支援スタートのメルクマールとしての自己資本比率、そして、その正しい算出法のマニュアル集にもなっています。これらの役割を包含したものが、「金融検査マニュアル」ということになっていました。すなわち、行政や金融機関の経営に対する方向性や行動指針の「ガイドライン」とともに、各金融機関の融資現場などの管理者への手引書である「マニュアル」の両面の性格を持ったものでした。

とは言うものの、両面の性格を持った金融検査マニュアルは、時間を経るにつれて、「マニュアル」の役割が強調されるようになってしまいました。金融機関の役職員にとっても、その過去の成功体験をまとめた手引書としてのマニュアル部分が浸透し、将来を展望し全体観を持って方向性や行動指針を表す「ガイドライン」部分の色彩が薄れていってしまいました。

同時に、金融機関や取引先の中小企業も、経営の多様化が進み、自己責任の環境になってきました。文末表現で「～しているか。」「～行っているか。」「～なっているか。」などという、勧奨型の表現では、与信管理重視の断定型の内容を凌駕することにはならず、最近の「生産性の向上」や「従業員の賃金の引上げ」の施策と両立するには、力負けの感がありました。多様性を尊重し、企業サイドの自己責任を強化するには、与信管理のイメージが強い「金融検査マニュアルの廃止」の動きになったとも言えます。

2

金融検査マニュアル時代のガイドラインは徹底されなかった
―金融検査マニュアルのマニュアル化された与信管理の方が将来の指針や方向性を現すガイドラインより影響が大きかった

金融検査マニュアルは、経営方針や指針が述べられた後に、具体的な手続きが記載されており、また、資産管理の項目では、引当金の積上げ基準など、かなり細かな内容まで書かれています。この金融検査マニュアルは、金融機関にとっては、その名称通り、「マニュアル」そのものです。金融機関の役職員は、将来を展望し全体を考える「ガイドライン」よりも、過去に実績のある事務手続きを綴った「マニュアル」のように、金融検査マニュアルを捉えています。そこで、金融検査マニュアルが廃止されることで、金融機関の役職員は、ガイドラインとマニュアルの両者を見失うような感想を持ったようです。

金融検査マニュアルとは、金融機関ばかりではなく、一般的な中小企業にも広く知れ渡った金融機関取引書と思われていますが、厳密に言うならば、これは、金融庁検査官の「指導マニュアル」ということです。金融機関の幹部役職員にとっては、金融庁検査で、検査官から指導やアドバイスを受けますので、検査前に、この「金融検査マニュアル」を事前に習得するべきと考えていました。また、金融庁の検査官は、金融機関の役員と経営に関して対話を行いますから、その役員たちも「金融検査マニュアル」は精読しなければなりませんでした。

しかし、金融機関の経営者は、行動指針について把握しなければなりません。この把握は、「マニュアル」ではなく「ガイドライン」です。

そのガイドラインは「金融検査マニュアル別冊（中小企業融資編）」「リレーションシップバンキングの機

能強化に向けて」「経営者保証ガイドライン」「事業承継ガイドライン」などがありますが、「金融検査マニュアル」ほど、知られていません。と言うのは、金融検査マニュアルの「マニュアル」部分の発信力があまりにも大きかったからだと思います。金融機関の健全化を目指す与信管理のマニュアル部分を、「ガイドライン」が乗り越えられなかったのだと思います。

例えば、「金融検査マニュアル別冊（中小企業融資編）」の事例で、技術力や販売力の強い企業のケースが紹介されています。この企業に融資をした場合、与信管理面で自行庫の融資が不良債権化しないとは断言できません。「ガイドライン」として、技術力や販売力によって、売上が伸び、利益が増加し、業績がアップする将来の姿よりも、与信管理の不安が先行してしまうのです。去年や一昨年の実績によるマニュアルの数値の方が、来年以降の将来のガイドラインの予想よりも、説得力が大きくなって、中小企業の強みを金融機関は支えようという「金融検査マニュアル別冊（中小企業融資編）」の事例の主張が通らない結果になりました。

「リレーションシップバンキングの機能強化に向けて」では、地域の種々の機関から地域貢献が認められたとしても、企業が収益実績を出すまでに、かなりの時間がかかれば、そのリレーションシップバンキングは評価されません。まして、地域外にある既存の取引先の売上や利益が短期間に伸びてしまえば、地域へのアプローチは無意味になってしまいます。地域貢献活動では、その実績が顕在化するまでに時間がかかりますので、短期間に実績が出るマニュアル評価にはかないません。

「経営者保証ガイドライン」や「事業承継ガイドライン」の指針に沿って動くことは、取引先の金融機関にとっては、与信リスクが大きくなってしまいます。先代の前経営者の方が、個人資産も多く、経営経験も長いことから、新しい後継者の経営者よりも、信用力は大きいものです。中小企業の内部管理や内部統制がしっかりしていない場合は、金融機関は、あえて後継者に対するリスクを取りたいとは思いません。経営者保証や事業承継の採用によって、与信面で信用力が弱まることには抵抗があります。このように、金融検査マニュアルのマニュアル化された与信管理の方が、将来の指針や方向性を示すガイドラインよりも影響が大きくなります。

金融検査マニュアル廃止後は、金融庁は金融機関に、将来・全体・実態を重視した顧客志向に向けて、金融検査マニュアルで金融機関に浸透してしまった過去・部分・形式の志向を是正することに力点を置きました。すなわち、「ガイドライン」の運用を強め、そのガイドラインに沿って、各金融機関自身が種々工夫をして、地域社会に貢献する動きを期待するようになりました。

3 金融検査マニュアル廃止で柔軟で自由なガイドライン対応にシフトした

金融検査マニュアル廃止により、債務者区分の条件や引当金の基準が、各金融機関の自己責任に任されるようになりました。

中小企業にとっても、金融機関対応が柔軟になれば、融資現場の担当者が、金融検査マニュアルに縛られず、取引先の中小企業の立場をよく理解して、柔軟に融資を行うようになると思っています。

例えば、一時的な業績不振で格付け引き下げがある場合でも、「数か月経てば、業績が回復できる」という、取引先の説明を尊重することができるようになります。また、過去の評価が要管理先の下位先でも、破綻懸念先に評価を下げず、現状維持のメリットや強みを集めて、融資条件の存続を行うこともできます。長期的には、高齢で健康に不安があっても、短期・中期的に信用力が高い経営者ならば、その信用力が保てると判断し、あえて経営者保証の徴求を行わないこともできます。金融機関の本部など、顧客に接していない部署でも、「金融検査マニュアル」の縛りがなくなれば、融資現場の意見を重視することになります。

そして、金融庁自身の運用も柔軟になるようです。検査において、金融機関自身による格付け評価を原則認めるようになります。また、金融機関の疑心暗鬼・杞憂も解消するようになり、引当金積上げ基準も、各金融機関に委ねることになりますので、個々の取引先に対する与信管理の自由度も高まります。

実際、融資現場においては、一九九九年に公表された金融検査マニュアルの内容では、現在の高い多様性と定着が始まった自己責任主義の経営にはついていけないことになります。グローバル化やデジタル化で、経営は急変しており、各金融機関が、実践マニュアルを策定しなければならないことになります。特に、取引先企業や個人事業主には、将来・実態・全体を視野に入れた顧客対応にシフトしなければなりません。過去のことは変更できませんが、将来は自由に考えることができます。したがって、金融検査マニュアルの廃止は、現在の多様性と自己責任重視の金融機関や顧客にとって、より柔軟で自由な対応になります。今の経営環境に沿った、種々のガイドラインによって、各金融機関が顧客本位に計画書を策定し、モニタリングを行うことができるようになります。その方が、より優れた結果が生まれるものと思います。

4 未来を語れるガイドラインと過去の成功体験を明示するマニュアル

成長を目指す中小企業は、ガイドラインもマニュアルも、それほど大きな違いはないように思うかもしれません。しかし、ガイドラインは未来に向かう行動指針であり、マニュアルは過去の成功体験であって、ガイドラインはマニュアルより、選択の自由があります。

ガイドラインは、将来の行動指針で、適用範囲も広く柔軟性もありますし、もしそのガイドラインに反した場合でも、責任追及はされません。ほとんどペナルティもなく、受け手である企業にとっては、拘束感もなく、柔軟な対応が可能で、選択の自由もあります。行政機関は、自らの業務に関する基準や手続きをガイドラインとして公表し、その対象者の行動に任せ、行政処分も講じていません。最近の成長企業は、経営も業務内容も多様化し、自己責任を重視しますので、ガイドラインを歓迎します。

一方、マニュアルは、過去の成功体験や良き慣習を明示し、初心者でも同じような結果が生み出せるようになっています。行動指針の選択に自由はなく、対象適用範囲も限定されています。この伝達内容は、どこの金融機関においても同一です。マニュアルに反する場合は、責任を追及され、指導やペナルティを受けることもあります。

第3章

ガイドライン行政前夜の歴史（一九九〇年頃～一九九八年）

1 金融機関に対する大蔵省の護送船団・裁量行政時代

大蔵省は、金融機関を率いる船団の母船にたとえられ、金融機関はその船団の一員であって、両者のあり方が護送船団と言われていました。金融機関のことは大蔵省がリーダーシップによって統制し、金融機関は大蔵省に全面の信頼を寄せていました。大蔵省の出す指示命令により、すべての金融機関の経営者から支店の担当者まで、一糸乱れない行動をとっていました。金融機関の行動が、マスコミに取り上げられスキャンダルになることがあっても、大蔵省が仕切ってくれ、金融業界のトラブルも大蔵省が鎮めてくれることが多々ありました。各金融機関には、MOF担という担当者がいて、大蔵官僚の指示命令や方針の真意までを理解し、その官僚に確認して、金融機関内部の動きをまとめながら統一していました。行政機関は、法律によって活動すべきですが、そのすべてを規定化することができないため、一定の範囲において裁量（行政庁自身で判断し処置すること）が認められていました。特に、大蔵省と金融機関の関係で、その裁量行政が徹底していました。

他の業界ならば、行政機関は管轄する企業の商品開発や販売手法までは、なかなか踏み込みませんが、大蔵省は、金融機関の営業活動の細部まで踏み込んで指導し、金融機関もそのアドバイスに価値を見出し、業務活動の指針にすることがありました。個々の金融機関が、商品開発を行ったり、販路開拓を行う時も、大蔵省の意向を確認していました。

以下に、その大蔵省担当者と金融機関メンバーの交渉例の概要をご紹介します。

大蔵省は、管轄する金融業界を強い集団にし、その金融機関同士で必要以上の競争を行うことを避けるように、アドバイスを行っていました。各金融機関も、他の金融機関を差し置いて、独走をしようという機関も、ほとんどありませんでした。
以下のカードローンやローンセンターに対する大蔵省のアドバイスは、金融機関に正常な動きや、正しい与信管理を求めるものでした。

例えば、現在は常識となっている金融機関のカードローンの開発にあたり、「個人向けのカードローンを発売したいと思いますので、その内容を説明に参りました。」と金融機関の商品企画担当者が切り出しました。すると、大蔵省からは、「そのカードローンを借りる人に対し、金融機関は資金使途の確認は、いかにするのですか。」という問合せがありました。カードローンですから、「有る時払いの催促なし」で、「いつでも借りられ、何にでも使える」という利便性を説明しました。

その金融機関の担当者は、当時急増していた便利な総合口座のイメージを強調したいと思っていたため、大蔵省担当者への回答に詰まってしまいました。そこで、再度、資金使途確認の説明にくることを約束して、社に戻りました。行内でもう一度、カードローンの機能や役割について議論をし、次の結論に至りました。

「顧客利便性から、カードローンは必要であり、資金使途の確認でその利便性を低下することはまずい。カードローンは、融資枠があり、その融資枠が一般的サラリーマンのボーナス金額の範囲内ならば、健全性をそこなわない。また、上限借入枠に達した場合、その利息元加（利息を元本に加えること）で上限借入枠を超えないために、毎月定額の少額返済を付ければ、さらに、健全性が高まる」

ということを大蔵省に説明し、担当者の同意を得ることができました。

大蔵省の担当者としては、カードローンの商品条件まで踏み込んで、個人ユーザーのリスク回避の説明を求め、裁量権を発揮しました。金融機関も、従来、励行してきた融資に関する資金使途確認や、利息による借入枠超過リスク回避の、それぞれの対策を行い、そのカードローンのレベルアップを図ることができました。

また、不動産業者連携の住宅ローンについても、なかなか、大蔵省から許可を得ることができませんでした。現在では、ローンセンターやローンプラザなどという名称で、各金融機関が住宅ローンの受付や実行をし、住宅ローンの拡販に貢献していますが、この点についても、大蔵省と金融機関の担当者の間では、ハードネゴがありました。住宅ローンの実行手続きを金融機関の窓口で行うには、金融機関として、住宅の機能や安全性の確認、底地の権利関係の瑕疵のチェック、借り手の長期間の信用力、将来の返済財源の確認など、多くの審査項目の確認や調査資料の徴求が必要になり、一方、借り手や不動産仲介業者にとっては、何回も金融機関の住宅ローン窓口に足を運び、待ち時間や住宅に関する細目の説明など、大きなストレスになっていました。

そこで、この住宅ローン手続きの大半を、仲介不動産業者に委ねることが、解決策として浮かびました。借り手の信用力、将来の返済財源の確認は、金融機関の担当者しかできないと思われていましたが、借り手の提出書類で、その審査は十分カバーできることが明確になり、それならば、住宅ローンの手続きを、不動産仲介業者に委ねるという企画案が、金融機関と不動産仲介業者から出ました。

金融機関のＭＯＦ担が大蔵省に行って、その旨を相談しました。しかし、大蔵省の担当者から、「融資の基本は、本人確認と本人の借入れ意思確認であり、この不動産仲介業者主体の住宅ローンでは、金融機関の融資の基本が欠落する可能性があるので、この案は賛成できない。」との回答になりました。金融機関としては、再度検討し、次の回答・提案に至りました。

「住宅ローンの推進は、日本の持ち家数を増加することに繋がり、その手続きの簡便性や合理化を図ることは、日本の住宅購入者にとって喫緊の課題です。日本経済の有効需要の増加にも貢献するということで、金融機関が、本人確認と本人の借入れ意思確認を確実に実行できる機能を励行できるように、支店の内部に住宅ローンの契約と住宅ローン申込者本人との面談のスペースを用意するつもりです。この本人確認と本人の借入れ意思確認の業務以外は、不動産仲介業者に委ねることはいかがでしょうか。」

そして、何回か質疑を重ね、大蔵省に交渉をして、「金融機関として、その不動産仲介業者の信用力を経常的にフォローする態勢ができるならば、実際の運用で、それらの点をよくチェックをして、始めてみては、いかがかと思います。」との回答を得ました。そこで、金融機関は、支店の一部にローンセンターやローンプラザを設置して、現在では、ほとんどの金融機関が行っている住宅ローンの販売体制が出来上がりました。

大蔵省は、金融機関の中小企業融資に対して、「短期プライムレートや長期プライムレート」の金利を一つの目線にした低い水準の貸出金利の提供を推奨しました。また、営業店の出店数や場所について、バランスを重視して、過当競争を防止し、地域住民の利便性を損なうことのないような、助言をしました。さらに、個々の金融機関の業績や資産内容が悪化しないように、また悪化したならば、支援金融機関を紹介したり、奉加帳方式の支援策も講じました。

例えば、ある金融機関の支店長が、競合する他の金融機関の支店と競争をして、ダンピング金利融資や信用扱い融資の拡販などを行った場合は、それぞれの金融機関の業種別や地域別のポートフォリオを重視して、大蔵省検査などでアドバイスを行うことがあります。金融機関の融資現場では、融資残高が多いことや貸出金利の平均レートが高いことを目標にして、支店長の評価を決定していましたので、ややもすると、その支店長は、融資残高や金利目標ばかりに目が注がれてしまうことがありました。このことは、金融機関全体としては、与信リスクや収益リスクを高めることになってしまいます。このようなときに、金融機関の種々のリスクを冷静にアドバイスしてくれるのが、大蔵省でした。

また、支店の出店政策でも、地域の利便性を重視せず、他行との過当競争になってしまうようなケースは、大蔵省はそれぞれの金融機関に是正を求めることがありました。金融機関の支店が密集したり、分散しすぎることは、地域のバランスの良い成長に、差し障ることにもなります。各金融機関の地域の支店は、企業ばかりではなく、行政機関や大学・病院などの種々の機関と連携を組んで、相乗効果を出すことも求められます。金融機関は、地域の機関やさまざまな業種の企業とバランスを保つことが求められます。このような調整も、大蔵省がアドバイスをしてくれることがありました。

さらには、大口取引先の倒産や、地域災害などによる取引先の被害が生じたときに、大蔵省は、各金融機関のショックアブソーバー役を担ってくれることもありました。自行庫の融資に対して、急に、大きな引当金を積み上げなければならないこともありますし、各金融機関が相互に協力をしなければならないこともあります。このようなとき、大蔵省が、個別の金融機関の債務超過や資金繰りに対して、旗振り役となって、支援する金融機関の紹介や奉加帳方式による資金支援を、バックアップしてくれることもあります。これらの協力や支援は、個々の金融機関同士ではなかなかうまくいきませんが、大蔵省は管轄の各金融機関をまとめ上げることは可能なようです。

これらは、護送船団・裁量行政が中小企業保護や利便性また社会貢献に貢献したケースであると思います。バブル崩壊や金融検査マニュアルの公表前までは、大蔵省による管轄金融機関への支援やアドバイス等は頻繁に行われ、良い効果を上げていました。

また、大蔵省検査に対しては、各金融機関とも、全神経を使って対応していました。この検査に対する負担感は大きなものでしたが、その恩恵や有難さも、多々ありました。この検査内容は、歩積み両建て規制に象徴されるような細かな内容もありましたが、当時の金融情勢に沿ったマクロ情報や、最新の法律の動き、また直近のトラブル事故に対する注意点など、金融機関として、有益なものでした。当時は、各金融機関への情報は、大蔵省の通達で知らされましたが、その通達内容の背景や真の目的までは、なかなかその文面からは把握できませんでしたが、この大蔵省検査で、再確認できることもありました。

一般的には、大蔵省の護送船団・裁量行政は、悪い慣習のように言われていますが、バブル崩壊から金融検査マニュアル公表以前については、大蔵省と各金融機関の太い情報パイプによって、機能していました。また、大蔵省通達は、原則として、各支店にまで流されており、本省や各地域の財務局との直接の情報交換や、大蔵省検査、各金融機関の本部のＭＯＦ担などを経由した情報パイプによって、その内容や背景、本音まで把握することが可能になっていました。そして、この情報については、金融機関の指揮命令系統・報告経路と言われるレポーティングラインのすべての人材が理解して、部下・同僚などに徹底することになっていました。情報は金融機関の組織全体に浸透し、金融機関の各支店担当者を通して、取引先企業や個人事業主にも徹底していたものです。

2 バブル崩壊による不良債権増加と金融検査マニュアル公表で、護送船団・裁量行政方式は消滅した

1 バブル崩壊後も、金融機関は大蔵省の護送船団・裁量行政による支援を期待した

一九九〇年頃のバブル崩壊後、不良債権が急増し、各金融機関の支店や本部では解決できず、護送船団の母船である大蔵省にこの不良債権の解決策を期待するようになりました。当時の融資は、仕入資金や賞与資金、設備資金などの融資が大半であり、融資実行時に決めた返済財源によって、短期間に返済する融資が大半でした。ほとんどの借り手企業は返済財源が返済時になかったとしても、企業の手持ち資金や、売掛金や買掛金の調整、または他行からの借入れで返済原資を捻出して、返済していました。

もともと、金融機関の融資は、企業から資金ニーズを聞きながら、キャッシュフローとその事業の収益性を判断し、時には、資金繰り予想表を提出してもらって、融資を行っていました。年一回の決算後には、その企業の経営者や財務部長から、融資担当者が決算報告書をもらい、財務分析を行って、その業績説明を聞いて、取引存続の判断をしました。

しかし、バブル時には、不動産の値上がりを見通して、多くの企業は不動産関連等の融資を受け、バブル崩壊後には、不動産値下がりで返済財源の不足となって、返済猶予や融資期日の延長を依頼することになりました。

かつての取引先への与信管理は、企業の種々の情報を融資現場の営業店担当者が責任を持って集めていましたので、上司の支店長は本部よりも多くのことを知っていました。そこで、支店長は自らが承認した稟議

案件を、本部・審査部が謝絶するという動きになれば、本部審査部に出かけて行って、承認に向けた再交渉を行ったものでした。融資担当者は、本部に承認交渉に出かけた支店長が、承認を勝ち取ったならば、支店内で大いに盛り上がったものでした。

支店長の発言権が強いことから、取引先も支店長との交渉で、融資の可否のニュアンスを掴むことができましたし、融資担当者への情報提供も活発に行っていました。取引先の経営者も財務担当者も、金融機関の支店メンバーに対して大きな信頼を寄せ、関連情報として細かな点まで情報開示をし、支店担当者・支店長などは、その情報を細かく分析したものでした。

このように、支店長の融資権限が大きく、取引先と踏み込んだ接触を行っていたことから、もしその融資の返済が滞ることにでもなれば、支店長や支店担当者は、その取引先中小企業に出かけていき、経営改善計画を中小企業と一緒に作成し、その後のモニタリングは支店の責任でしっかり行いました。事業再生に関しても、毎月の返済金額や返済期日の延長、金利の引下げまで、支店サイドで企業経営に踏み込み、具体的な対策まで提案していました。細かい与信管理を支店サイドでしますので、融資担当者も課長も、副支店長も支店長も、融資が回収されないままに倒産することは、行内でもまた地域からも、許されない雰囲気がありました。一般に、資金が決済日に投入されれば、企業倒産は発生しませんから、支店主導で、返済猶予や追加融資の提案も行い、支店と本部審査部間では、再生案の検討を相互に納得できるまで行ったものでした。

とは言うものの、支店長の融資権限にはある程度の上限がありますし、信用扱い融資は、その上限が低く抑えられていましたので、融資申請時には、支店サイドと本部審査部との間では、大議論がなされ、審査部も納得しないかぎり、承認を下ろさないことを原則にしていました。その時には、支店長の切り札は、「この融資の承認がない場合は、支店が地域に受け入れられず、支店の存続基盤を失うことになる」ということでした。ほとんどの場合は、この切り札で、支店サイドの主張が通りました。ドラマ半沢直樹においても、支店が直接本部担当者と強い交渉をしている場面がありました。このような空気の下、企業の新事業への意思決定も、支店長の旗振りでスピーディーに、かつ、円滑に行うことができ、融資現場の支店長の信頼は内部・外部ともに大きなものがありました。とは言うものの、バブル期には、不動産融資を提供しない支店は、地域からの評判を落とす空気が流れていました。

そのような雰囲気の中、バブルが崩壊しました。不動産融資の返済原資は、融資物件の不動産自身でしたから、その返済原資は、当然ながら値下がりでなくなってしまいました。また、他の金融機関からの借入れもできなくなり、担保不動産も担保株式も暴落が進んで多くの企業の返済資金が不足して、金融機関には不良債権先が内蔵されるようになってしまいました。

平常時ならば、不良債権比率が高まった場合は、大蔵省が検査に入って、支店取引先への与信管理の不手際を指摘し、その企業努力によってキャッシュフローの捻出により早期返済を指導しますが、このバブル崩壊時は、その手法は通用しませんでした。金融機関のほとんどが、このような不良債権を抱えていることが明確になったからです。こうなると、他の金融機関に肩代わりを勧奨することもできず、スポンサー企業を見つけ出すことも、奉加帳（寄進すること）方式による支援金融機関の組成などの策を提案することも、なかなか難しくなってきました。さらに、大蔵省の指導の下、横並びで民間金融機関から資金を集める、この奉加帳方式は、社会から厳しい批判を受けることになりました。

バブル崩壊の当初は、大蔵省などをはじめ行政サイドや政治家も、バブルに関する金融機関の不良債権急増は、不動産価格や株価の回復で収まるものと思っていましたが、その予想に反して不良債権比率は高まる一方で、特別な処理を採らなければならない機運になってきました。

この当時は、金融機関は、監督官庁の大蔵省の庇護の下にあって、その護送船団の母船である大蔵省が、金融機関にしっかりした指示を出して、このバブル崩壊の混乱も大蔵省が沈静化してくれるものと思われていました。実際、大蔵省は今までも、個々の金融機関が抱える不良債権問題や不祥事の処理などは、金融機関同士の合併や事業譲渡、行政処分などの手法を使って、うまく収めてくれていました。大蔵省検査も、客観的に納得できる指摘事項で、質疑が沸き上がることもほとんどありませんでした。大蔵省の権威は大きく、同時に、大蔵省の護送船団や裁量行政も信頼が高く、傘下の金融機関やメイン銀行のある企業を倒産に追い込むことも、ほとんどありませんでした。

2 バブル崩壊による不良債権の急増で、金融機関倒産とスキャンダルが増加し、護送船団・裁量行政の存続はできないことが明白になった

バブル崩壊によって、金融機関と大蔵省への批判は大きいものになりました。「金融機関は、前のめりの融資によって、バブルを生み出し膨張させ、自らも利益を生んで、社会に損害を与えた。にもかかわらず、経営悪化に直面すると、大蔵省の指導で、特別扱いにより救済されるのは、許しがたい。」という批判が横行しました。この批判は、必ずしも、的確とは言えませんが、ドラマ「半沢直樹」などで見られたように、銀行員の振る舞いが常軌を逸しており、それを批判する気持ちは共感を生んでいました。

一九九〇年のバブル崩壊から一九九四年頃までは、不良債権問題を抱えた金融機関は、救済合併あるいは関係主体の支援、事業譲渡処理に移っていき、一九九五年以降は、奉加帳方式を検討し、さまざまな形の公的資金の投入を試みました。しかし、世論の賛同はなかなか得られず、政界やマスコミからのプレッシャーも大きいものとなっていきました。大蔵省の護送船団・裁量行政により、バブル崩壊後の救済を多くの金融機関が望んでいましたが、想定外に大きい不良債権であり、この大蔵省の救済は難しくなりました。

例えば、阪和銀行の場合は、大蔵省検査で債務超過になり、その後、大蔵省は、銀行の首脳に回復の可能性を確認し、業務停止命令を発しました。しかし、受け皿の銀行を見つけることができず、結局、阪和銀行

は解散し消滅しました。結果的には、大蔵省検査から、解散・消滅になってしまい、金融機関から見ても、今までの護送船団の良いイメージはなくなり、大蔵省に対する信頼は揺らぐことになりました。この阪和銀行のように、大蔵省の目論見が大きく外れることがなくとも、多くの金融機関は、大蔵省のリーダーシップで破綻は避けられると思っていました。以下の破綻金融機関や同様な財務状況である金融機関は、大蔵省の護送船団・裁量行政に対して、疑問を抱くようになっていました。

ペイオフ凍結期間中（平成8年6月～平成14年3月末）の破綻金融機関

銀行	16行
信用金庫	25金庫
信用組合	123組合
計	164金融機関

ペイオフ凍結期間中の破綻金融機関（銀行）

	破綻公表日	破綻金融機関
1	平成8年11月21日	阪和銀行
2	平成9年10月14日	京都共栄銀行
3	平成9年11月17日	北海道拓殖銀行
4	平成9年11月26日	徳陽シティ銀行
5	平成10年5月15日	みどり銀行
6	平成10年5月22日	福徳銀行
7	平成10年5月22日	なにわ銀行
8	平成10年10月23日	日本長期信用銀行
9	平成10年12月13日	日本債券信用銀行
10	平成11年4月11日	国民銀行
11	平成11年5月22日	幸福銀行
12	平成11年6月12日	東京相和銀行
13	平成11年8月7日	なみはや銀行
14	平成11年10月2日	新潟中央銀行
15	平成13年12月28日	石川銀行
16	平成14年3月8日	中部銀行

また、不良債権の情報開示で、金融機関として、大きなリスクになる問題もありました。大蔵省が、破綻危機が近づいている金融機関に対して、その対処作業を始めようとしたならば、「どこの金融機関が破綻しそうなのか」とか、「その破綻作業はどんな内容か」ということが、広く世間に知れ渡れば、これは、金融機関の取り付け騒ぎになるリスクもありますので、この情報には十分に気をつけなければなりません。政治やマスコミの追及となれば、混乱を来すことになります。公的資金投入案による政治的混乱は、戦前の金融恐慌時に、政権交代にまで発展した事例を思い起こさせますので、躊躇されていました。

さらに、スキャンダルの問題は、金融機関や大蔵省に大きな痛手になります。実際、一九九五年から九六年に起きた、東京協和・安全信用組合の問題では、大蔵省や東京都が、その2つの信用組合に対して、破綻処理を行うことになりましたが、そこに、接待問題が発生しました。経営悪化した東京協和信組のT理事長（イ・アイ・イの社長）と、その懇意であった安全信組のS理事長から、大蔵省の幹部が接待を受けたことが明るみに出ました。また、数人の国会議員の関与や利益供与の問題も出ました。これにより、大蔵省批判や金融行政不信が激しくなりました。

住専（住宅金融専門会社）の問題は、世論と政治の紛糾を、さらに、大きくしました。一九七〇年代に、銀行をはじめとして、住宅ローンを専業とする金融会社（住専）を設立していき、大蔵省もそれを指導・支援しました。高度成長後、銀行が住宅ローンに進出してくると、住専はバブル下で事業性の不動産融資にシフトし、急激に拡大しました。その後、バブルが崩壊し、住専合算の確定的損失が約六兆四、〇〇〇億円と言われるところまで膨らみました。その処理を「住専の母体行責任」にする等の議論になりましたが、結局、住宅金融債権管理機構（預金保険機構の子会社）にその不良債権を任せ、債権回収に当たることになりました。このことは、ドラマ（トッカイ＝不良債権特別回収部）にて描かれています。その後、この住宅金融債権管理機構は、一九九九年に整理回収機構（ＲＣＣ）になっています。この住専問題は、公的資金投入という選択肢を封印することになり、行政に対する不信感を高めて、大蔵省解体論が活発化することになりました。

それに加え、一九九五年には、大和銀行のニューヨーク支店事件が発生しました。八月に、同行ニューヨーク支店で発生した巨額損失問題（約一、一〇〇億円）を大蔵省に報告しました。大蔵省としては、前例通り、大和銀行の自己調査と現地対応を待っていました。大和銀行としては、大蔵当局に任せたということで、時間が経過し、大蔵省が米国当局への報告が遅れ、これは隠蔽をしたと米当局の強い批判を招きました。このことで、大蔵省の発言力の低下を招きました。

このような状況下、一九九八年には、東京の新宿歌舞伎町にあるノーパンしゃぶしゃぶ店で行われた大蔵省官僚に対する、銀行員の接待汚職事件が発覚しました。バブル崩壊によって、大蔵省管轄の地域金融機関や住専などのメンバーが窮境に追い込まれ、多くの中小企業がバブル期には金融機関などの勧誘で借りた融資が不良債権となって苦境に立たされていた時期に、大蔵省官僚の業務怠慢・先延ばしによるトラブルやスキャンダル・不祥事が報道されることは、皆から、大きな批判になりました。数年前からの、大蔵省に関する度重なる接待疑惑や業務の先延ばし、また隠蔽について、マスコミが報道し、政治家からも種々の追及を受けることに対しては、多くの国民にとっては、許すことができない感情になったのかもしれません。

3 金融検査マニュアルの公表で、護送船団・裁量行政は外形的には消滅した

バブル崩壊後の金融機関の破綻は多くなり、金融機関としては、大蔵省の護送船団はなくなったことを実感しました。金融機関がここまで痛手を被ったことから、大蔵省には、もはや護送船団の機能はなくなり、救済合併・スポンサーの選定・事業譲渡処理、また、奉加帳方式の支援などの金融機関への支援は、できな

いと痛感したものと思われます。

また、世論は、アンチ大蔵省になっており、「大蔵省はこのバブル崩壊を招き、その対策も講じない」「大蔵官僚は自分たちの傘下の金融機関などから接待を受け、不良債権を抱え込んだ金融機関を国民の血税を注ぎ込んで救おうとしている」「公的資金投入などで、目の前の金融機関を機械的に救おう」と考えているように感じました。「もう、大蔵省の言うことなど聞きたくないし、彼らがやろうとしていることは、すべて、白日の下に晒さなければならない」という世論が大勢を占めるようになりました。日本がバブル崩壊で疲弊し、昔の考え方や価値観の改革をしなければならず、自己責任と多様性に力点を置かなければならないと感じていた人々にとっては、過去の利権に居座っている官僚や金融機関のメンバーには、大きな反発を感じたものと思います。

しかし、不良債権処理は、高度の法律知識や財務・税務のスキルが必要ですし、それぞれの分野の専門家がチームワークを密に採らなければなりません。

バブル崩壊で、多くの企業が、同時に、今まで経験したことのないような窮境に追い込まれていますから、金融機関や大蔵省は、リーダーシップを発揮して、全力で支援をしなければならない時です。そして、同時に、米国からは、早期の安定化を求められました。

しかし、大蔵省は今までの行政のパワーでは、金融機関の不良債権増加を抑えることも、効果的な対策を講じることもできない状況になってしまいましたので、法律の力を借りて、その対策を講じることになりました。

一九九八年に、「金融再生法」と「早期健全化法」の法律（議員立法）の成立を図りました。「金融再生法」は、金融管理人を定めて受け皿機関への債権の速やかな継承を図るか、それができない場合の公的ブリッジ・バンク（つなぎ銀行）経由の民間機関への移管を行う法律です。「早期健全化法」は資本投入を規定する法律です。これらは、ともに、破綻が見込まれる金融機関に対し、外部資金を投入する救済策です。その時まで、「金融機関は自助努力が原則」としていた世論に対する、大きな転換を求めることになります。金融機関への救済反対の世論から、「なぜ、政府は速く手を打たなかったのか」という金融機関救済の世論へと、大きな方向転換になるものです。

これは、一九九八年の夏場に、日本長期信用銀行や日本債券信用銀行の破綻が近いことが報道され、その前年の十一月には、準大手証券会社の三洋証券が破綻し、北海道拓殖銀行が資金繰り不能になり、続いて、大手証券会社の山一證券が破綻（自主廃業）したことが、この世論の方向転換の要因になったと思います。この十一月の危機は、世論を公的資金投入「反対」から、投入「催促」に一変させることになったものです。同時に、金融機関には、「貸し渋り」が起こり、ジャパンプレミアム（国際金融市場での資金調達の割高）が重なりました。そして、自民党幹部からも公的資金投入の私案が、新たに公表されるようにもなりました。

「かつて大蔵省は強かったとは言え、今は変わってしまい、これ以上大蔵省には任せてはいられない」という世論に変わりました。この世論の公的資金投入の考え方を敏感に捉えて、政治家も法律によって、具体的に対応することになりました。

このように、世論や政治家などの信頼を低下させてしまった大蔵省としては、一九九五年六月に、「金融システムの機能回復について」を発表し、同年十二月の「金融行政の転換について」では、「金融機関において自己責任原則を徹底すること」と「行政当局において市場規律を基軸として透明性の高い行政を行う」の二つの方針を掲げました。そして、この具体的な動きとして、一九九八年四月から「早期是正措置」導入を公表しました。

「早期是正措置」を導入することは、自己資本比率という客観的な基準を指標として、この比率を下回ったときには、是正措置命令を発動することになっています。その自己資本比率を算出するためには、金融検査マニュアルにより、経営管理・リスク管理を行うとともに、取引先企業の財務指標・債務者区分評価・引当金算出基準などの種々のプロセスを、金融検査官ばかりではなく、自己査定を行う各金融機関メンバーも習得しなければなりません。このプロセスを徹底することは、透明性の高い行政を行うことであって、大蔵省の裁量行政が、入り込むことはできなくなります。金融検査マニュアルは、金融機関を救済するための自己資本比率を算出する指標やプロセスを公表することになりますから、ついに大蔵省のブラックボックスと言われた「護送船団・裁量行政」が、外形的には通用しなくなるということが明確になります。

金融庁が公表している「金融庁の１年」平成 15 年度版の「第 10 章第７節」

第７節 早期是正措置の概要及び運用

Ⅰ 早期是正措置の趣旨

平成 10 年４月に導入された早期是正措置は、金融機関の経営の健全性を確保するため、自己資本比率という客観的な基準を用い、当該比率が一定の水準を下回った場合、予め定めた是正措置命令を発動するものである。

これにより、

① 金融機関の経営状況を客観的な指標で捉え、適時に是正措置を講じることにより、金融機関経営の健全性確保と経営破綻の未然防止を図ること、

② 是正措置の発動ルールを明確化することにより、行政の透明性確保にも資すること、

③ 結果として、金融機関が破綻した場合の破綻処理コストの抑制につながること、

などが期待される。

Ⅲ 措置区分

早期是正措置の措置区分は、自己資本比率の状況に応じて定められている。当初は第１から第３までの３段階であったが、平成 10 年 10 月に成立した早期健全化法において、金融再生委員会が同法に基づき施策を講じるにあたって、早期是正措置との効果的な連携を確保するべきものとされたことを受けて見直しを行い、現在は４段階となっている。

また、10 年 12 月の金融システム改革法の施行に伴い、早期是正措置の発動基準について、国際基準、国内基準に関わらず、連結ベース及び銀行単体ベースそれぞれの自己資本比率に基づくこととなった。

さらに、14 年 12 月の事務ガイドラインの改正で、早期是正措置に係る命令を受けた金融機関の自己資本比率改善までの期間を３年から１年へ短縮するなどの厳格化を行った。

	自己資本比率		措置の内容
	国際基準行	国内基準行	
第1区分	8%未満	4%未満	経営改善計画(原則として資本増強に係る措置を含む)の提出・実施命令
第2区分	4%未満	2%未満	資本増強に係る合理的と認められる計画の提出・実施、配当・役員賞与の禁止又は抑制、総資産の圧縮又は抑制等
第2区分の2	2%未満	1%未満	自己資本の充実、大幅な業務の縮小、合併又は銀行業の廃止等の措置のいずれかを選択した上当該選択に係る措置を実施
第3区分	0%未満	0%未満	業務の全部又は一部の停止命令

なお、この金融再生法や早期健全化法については、公的資金の投入を早期に認めなければなりませんでしたから、緊急に法律の成立を図る必要がありました。そのために、金融再生法や早期健全化法は、議員立法として成立しました。しかし、この法律は、その後の金融システムの安定にとって、欠かせない法律であることが理解され、二〇〇〇年五月に成立した改正預金保険法で、恒久化されました。ブリッジ・バンクや公的資金の投入は、改正預金保険法で認められ、金融機関の存続には強い味方になりました。その後の、金融システムの安定のためには、金融仲介機能の維持強化も重要性が認められましたが、不良債権処理も重要な課題であると認識されました。この金融再生法や早期健全化法は、公的資金の投入を伴うもので、このことが、金融システムの安定のための不良債権処理には必須であることが明らかになりました。

4 大蔵省の再編と銀行局通達の廃止で、ガイドライン行政がスタートすることになる

① 大蔵省再編の前夜

一九九八年の大蔵省の再編は、やはり、過剰接待スキャンダルがきっかけとなったようですが、一九九五年頃から、大蔵省の再編は金融システムの安定には必須であるという問題意識から、種々の提言やプロジェクトチーム、また懇談会では検討を重ねていました。

例えば、一九九五年には既に、護送船団・裁量行政の修正方針が出され、護送船団行政から市場重視行政へ、また、裁量行政から透明行政へという提案がなされました。一九九六年には、大蔵省プロジェクトチームで「行政組織は企画・監督といった機能面が強調されるべき」「行政は市場機能の補完の役割に徹すること」「ディスクロージャーの促進と、破綻が免れない金融機関は迅速に処理すること」などと、突っ込んだ修正案が報告されました。一九九八年には、大蔵省の行政のあり方に関する懇談会で「事前調整型から事後点検型への転換」とか、「事前に草案を示し広く意見を求める方式のパブリックコメントを活用する」ということや、また、「民間との情報交換は透明な場で行う」など、かなり踏み込んだ改善案が述べられました。

このような流れを受けて、一九九八年六月には、金融監督庁が発足し、各部門の検査・監督を重視した、官房・検査部・監督部が置かれました。大蔵省時代の銀行・証券・保険という業界別縦割り型ではなく、企画・検査・監督の機能別組織としました。

確かに、このような改善案は有効ですが、大蔵省や国の措置・支援基準が数字・指標で明確に示されれば、護送船団・裁量行政の不透明な指示や命令も明らかになります。前述の「早期是正措置」における自己資本比率は、その措置・支援基準が指標で表されますので、護送船団・裁量行政の弊害は緩和されることになります。

また、その半年後の十二月には、金融再生法・早期健全化法の成立と同時に、金融再生委員会が発足しましたが、二〇〇〇年七月には、金融庁が設置され、二〇〇一年一月には、省庁再編の一環として、金融再生委員会を廃止して、金融庁に統合し、金融庁は内閣府の外局に置かれました。同時に、大蔵省が財務省となり、金融庁は、金融制度の企画立案、検査・監督を一元的に担当することになりました。

このような流れの中、大蔵省の再編は進み、同時に、金融検査マニュアルの公表があり、銀行局通達の廃止もありました。

②大蔵省銀行局通達が廃止となった

実際、一九九八年六月には、既存の銀行局通達の大部分が廃止されました。今までは、この通達が金融機関に出される前後に、金融機関のMOF担が大蔵省の担当官を訪問し、その通達の目的や背景また運用方法をヒアリングし、その内容を金融機関内部の役員や企画セクションに伝えていました。その後に、金融機関の各営業店に通達内容と個別対応方針を知らせることになっていました。この個別対応について、営業店と本部の担当部との質疑が持たれ、時には、大蔵省にも問合せを行って、金融機関の関係者の理解を深めることとしていました。

同時に、各地にある銀行協会でも、通達の内容を吟味し、情報交換をしていました。そこで生じた課題や疑問点を、大蔵省の担当者に問い合わせることもありました。これらは、大蔵省の通達内容を全国の金融機関に徹底することの一環でした。

通達内容について、一部の金融機関において、徹底されていない場合は、後日の大蔵省検査で、その金融機関に行政処分を行い、施策の徹底を図っていました。ということで、各金融機関とも、大いに通達の内容を吟味していました。しかし、これらの通達は、大蔵省と金融機関そして取引先企業等とのコミュニケーションを深める一方、過剰接待スキャンダルの原因にもなりましたので、この通達の伝達内容を深める工夫がなされました。

③金融検査マニュアルから、指針や方向性を示すペナルティを伴わないガイドラインとなった

金融検査マニュアルについても、金融機関の経営に関する注意点を、金融庁の金融機関検査官用に、金融機関組織の役割に沿って丁寧に記載し、早期是正措置に関する自己資本比率の算出についても細目まで述べています。

その後の、金融機関に対する要請事項については、銀行局通達の命令、審査基準、処分基準、行政指導指針などの厳しい言い方から、ソフトな表現で述べられています。伝達内容も、細かな説明を交え、時には、想定されるQ＆Aも加えて、命令、審査基準、処分基準、行政指導指針の厳しさを抑えた「ガイドライン」として公表されるようになって来ました。

このような動きで、護送船団・裁量行政は修正され、指針や方向性を示し、ペナルティを伴わない「ガイドライン」が主流になりました。

第4章

不良債権呪縛下の金融検査マニュアルとガイドライン行政黎明期

1 金融検査マニュアル公表前後で融資業務の審査方法が変わった

金融検査マニュアルが公表される前は、金融機関は大蔵省銀行局通達に沿って動いていました。融資先企業への貸出に対して、大蔵省の指導によって、各金融機関の本部が自行庫の実績や他行のやり方を参考にしながら、審査手法を確立していました。ただし、融資資産の健全化のためには、過去実績等から割出したリスク率に沿って、引当金の繰入れなどを、大蔵省の指導の下にそれぞれの金融機関の手法で行っていました。多くの金融機関は、この引当金の作業は本部の専担業務として行い、営業店の融資担当者は、むしろ、取引先企業の成長や地域の発展に注力していました。当時の金融機関の営業店は、融資実行後の引当金管理はほとんど行わず、本部の担当課に任せているのが一般的でした。大蔵省検査は、各金融機関の大口融資先や融資資産の健全性（引当金状況）を見ることがポイントになっていました。

金融検査マニュアル公表後は、そのマニュアルに記載した方法で、金融機関自身の自己査定（管理）型にシフトし、どこの金融機関も、融資担当者全員で自己査定を通して債務者区分を実施し、その作業に沿って、本部が機械的に集計を行って引当金の繰入れを行い、自行庫の自己資本比率の算出を行っていました。バブル崩壊後、不良債権の大量発生があって、各金融機関の財務内容の健全化や不良債権処理が重要になり、本部担当セクションの引当金処理では間に合わなくなり、すべての営業店の融資担当者に引当金・与信管理の徹底を図り、債務者区分や債権分類を行うことが、喫緊の課題になって、融資担当者は全員、自己査定を行うことになりました。

また、各金融機関とも、金融検査マニュアルに記載された自行庫の「経営管理（ガバナンス）、金融円滑化編、リスク管理編」の内容までも、理解することが一般的になり、金融庁検査の対策を本部審査部と営業店担当者の双方で講じるようになりました。それまでの金融機関メンバーの多くは、支店の取引先の財務内容は突っ込んだ検討を行っていましたが、自行庫の経営や財務分析や組織管理などについては、エアポケットになっていました。金融検査マニュアル公表前は、リスク管理などについては、本部のごく一部の担当者しか自分事とは思わなかったようで、金融検査マニュアル公表からは、このかなり高目の球である金融機関自身の経営や財務の内容まで習得することになりました。

2 金融検査マニュアルで自己査定をベースにした融資管理が求められた

一九九五年頃から、大蔵省と金融機関は、過剰接待やスキャンダル問題で、政治家やマスコミに大きな批判を浴びていました。大蔵省としては透明性を図らなければならず、「金融検査マニュアル」による金融機関の指導要領の公表は、必須でした。ブラックボックスと言われていた「護送船団・裁量行政」は改善し、情報開示が求められていました。また、金融機関の自己管理の徹底を図るためにも、金融機関の融資資産の自己査定の定着に注力することになりました。同時に、業績不振の金融機関に対する早期是正措置を図らねばならず、各金融機関の自己資本比率の算出も厳格に行わなければならなくなりました。

しかし、金融機関内部の営業店メンバーには、金融検査マニュアルの内容はあまりなじみのないものであり、取引先の経営者にとっては、全く初耳の情報でした。金融機関の融資担当者と取引先経営者の間では、融資審査評価のやり方や今後の経営方針、営業ルートの紹介などの内容については得意分野でしたが、この金融検査マニュアルの内容は目新しくて、公表当時は、パニックに近い戸惑いがありました。とは言うものの、金融検査マニュアルに沿って、金融庁検査が実施されますので、金融機関担当者としては、早急に習得しなければなりませんでした。この習得は、急に追加された試験範囲外の内容でしたが、金融庁検査を受けるためには、早急に学習をしなければなりませんでした。とにかく、金融検査マニュアルに記載された内容は、早く身につけて、取引先への対処も急がなければなりません。その上、債務者区分や格付けに沿って、融資実行の可否を判断することにもなりました。中小企業の決算報告書を金融検査マニュアルの記載内容に沿って、スコアリングシートに落とし込んで、融資の結論を出すことも求められるようになりました。

3 なぜ、金融検査マニュアルの弊害是正として金融検査マニュアル別冊（中小企業編）が公表されたのか

金融検査マニュアルの弊害として、中小企業に対する「貸し渋り・貸し剥がし」が発生することになりました。債務者区分は、企業格付けのように、企業の信用力を峻別し、しかも、その分類は機械的・画一的に厳しく行われました。中小企業は、もともと、自己資本は少なく、売上高も少ないことから、大企業や上場企業に比べれば、その債務者区分や格付けは、低ランクになってしまいます。これでは、金融機関としては、「貸し剥がし・貸し渋り」の道を進まなければなりません。

金融検査マニュアルの記載に沿って、取引先企業の信用力の評価をすると、債務者区分や格付けは低い評価になり、融資の謝絶や金利の引上げが増加することになってしまいます。金融機関にとっては、引当金負担が大きくなり、中小企業にとっても、融資を受ける機会を失うことになってしまいます。そこで、金融庁としては、「金融検査マニュアル別冊（中小企業融資編）」というガイドラインの公表を行って、中小企業を救済することになりました。この「金融検査マニュアル別冊（中小企業融資編）」は、二十七の事例集で、柔軟で寛大な債務者区分の評価を行って、債務者区分（格付け）を高ランクに引き上げることを推奨するものでした。

しかし、多くの銀行員は、本体の金融検査マニュアルの債務者区分の評価に対して、その別冊の評価に沿ってランクアップすることは躊躇しました。後日、そのランクアップした評価が上司や同僚から、甘い評価と言われることを嫌いました。保守的に厳しい評価をして、後日、その企業がランクアップした場合は、担当者は自分の取引先指導が奏功したと、皆に胸を張れるかもしれませんが、逆にランクダウンしたなら

ば、取引先企業を見る目がないとして金融機関内部の人事評価で落とされるかもしれません。これは、縦割り組織の現場担当者が上司の目を気にする現象と言えます。

やはり、金融機関として、取引先の実態を良く見ていない場合は、その取引先は、「金融検査マニュアル別冊（中小企業融資編）」の評価よりも、本体の「金融検査マニュアル」の厳しい評価に引っ張られるようでした。金融機関の取引先評価の第一決定者である融資担当者にとっては、企業内のパワーバランスから、取引先の債務者区分を高ランクに評価することは難しいようです。

例えば、次ページのガイドライン「金融検査マニュアル別冊（中小企業融資編）」の「定性分析項目」をご覧ください。

中小企業の前期決算報告書では見えない「定性分析項目」には、「営業力・技術力・経営者の資質」など、「将来に向けた返済力」を裏付ける要因があります。また、その企業の「実質同一体や外部の支援度、また返済財源になるキャッシュフロー」などの「潜在返済力」などの要因があります。そして、「貸出条件を緩和できる債権」とみなすことができる条件も、中小企業の返済力を高めることになります。これらの要因は、中小企業の将来の業績・業容の改善を想定して、貸出の返済力を高めることができると見るもので、金融庁が債務者区分引上げの根拠になる旨を、それぞれ事例を示しながら明記しています。

しかし、金融機関の場合は、将来に対する楽観的な見通しよりも悲観的で保守的な見通しを述べる担当者の方が、上司には高い評価を得られる空気があります。楽観的な評価は、取引先や顧客への会話やアドバイスでは歓迎されますが、金融機関内部の融資担当者の評価では、保守的な見方が、受け入れられやすいものになります。デジタル化が進んで取引先とのスキンシップが薄れ、上司もその取引先と面談する機会が少なくなると、取引先の評価はより保守的で低いランクになってしまいます。これが、縦割り組織の宿命かもしれません。

定性分析項目別の類似事例分類表

定性分析項目		類似事例	補足・細目事項
将来返済力	営業力（販売力）	7、8	8例は銀行との意思疎通を重視
	技術力	5、6	6例は銀行との意思疎通を重視
	経営者の資質（経営計画）	11、12、13、14	
	経営者の資質	9、16、17	（貸出条件履行等）特に9例は代表者個人の信用力
潜在返済力	実質同一体	1、2、3	
	外部支援度	4、15	4例は代表者の家族、15例は銀行の各支援度
	キャッシュフロー	10、28	10例は減価償却、28例は本業が順調
貸出条件緩和債権	元本返済猶予債権	19、20、21、22、23	19例はコロガシ借入、20例は短期継続融資、21例は法定耐用年数内期限、22例は信用保証協会で保全、23例は担保保証で保全
	同上（正常運転資金）	18	18例は在庫借入
	卒業基準	24、25	24、25例は「合理的かつ実現可能性の高い経営改善計画」が必要
	資本的劣後ローン	27	一定の5つの条件と合理的かつ実現可能性の高い経営改善計画

4 リレーションシップバンキング施策は金融検査マニュアルの手法に合わず融資審査に浸透せず

金融検査マニュアルが、地域金融機関や地元の中小企業に一律に適用された場合は、中小企業の評価は総じて低目になり、中小企業の多い地方経済は、不利益を被ることになる心配が生じました。二〇〇二年には、金融担当大臣に竹中平蔵氏が就任し、「金融再生プログラム」が公表され、その中で、「新しい金融行政の枠組み」が提示され、「資産査定の厳格化」「自己資本の充実」「ガバナンスの強化」という厳格な経営管理手法が強調されました。このことは、「金融検査マニュアル」の自己査定の項目の厳格な運用が生じると、読み取られることになりました。地域金融機関としては、自行庫の不良債権処理はソフトランディングで対応しようと思っていましたので、このことで、大きな戸惑いが生じました。

実際、大手行に入った金融庁の特別検査は、厳格な管理手法への評価がなされました。この特別検査は、二〇〇一年に主要行十三行に入り、チェックの対象になった大手借入先は、複数の金融機関と取引をしていますから、それぞれの金融機関の取引先に対する対応が、浮き彫りにされました。いわゆる「横串を刺すということ」で、各金融機関の自己査定・資産査定の比較が行われ、金融庁の検査の発言力が強まりました。これらの検査の効果は大きなインパクトになり、金融機関は、金融検査マニュアルの記載事項を、キッチリ受け入れるようになりました。同時に、金融庁が運用していた「金融再生プログラム」も、厳しめな対応を金融機関に強いることになりました。

この有り様を見た地域金融機関やその取引先は、自分たちにも、厳しい指示が及ぶと警戒感が高まりました。今になってみれば、金融検査マニュアルの目的は、「市場規律を重視して、透明性を高めること」と「金融機関に対して自己責任を徹底してもらうこと」でしたが、当時の金融庁の主要行に対する特別検査や自己責任原則・自己査定への厳しい対応は、性悪説で、金融機関への是正を強いる空気感がありました。金融庁やマスコミが発する、金融機関に対する指示は、「不良債権は、金融機関の自己責任で、早期に処理するべき」というニュアンスでした。

一方、地域金融機関やその取引先である地域の中小企業は、主要行への特別検査のような厳格検査は、自行庫や取引先中小企業の実態に合わず、絶対に回避してもらいたいと思いました。

実際は、金融庁も、地方の金融機関や取引先に対しては、問題になっていた不良債権処理はソフトランディングにするつもりのようでした。金融庁の検査官の数から考えても、全地域金融機関には、主要行への対応は難しかったと思います。そこで、地域金融機関やその取引先に対して、二〇〇三年には、「リレーションシップバンキングの機能強化に関するアクションプログラム」が公表され、ソフトランディング対応になりました。中小・地域金融機関の不良債権については、主要行と異なる「リレーションシップバンキング」の手法と、その「アクションプラグラム」が適用され、期限を区切って不良債権の処理を迫ることはありませんでした。

とは言うものの、多くの地域金融機関の役職員は、いつ金融庁が地域金融機関に対し厳格な対応を始めるか、不安を抱くようにはなっていました。複数の地域金融機関から融資を受けている取引先への融資に対して、他行の資産査定と「横串を刺す」ような比較を行うことにならないか、と心配するようになっていました。

その後、金融庁は、地域金融機関に対して、リレーションシップバンキングや地域密着型金融の考え方を重視しながら、寛大な対応を採るようになりました。

「リレーションシップバンキング」は、金融機関が顧客との間で親密な関係を長く維持することにより、顧客に関する情報を蓄積し、この情報を基に貸出等の実行を行うことです。「経営内容や事業の成長性など、リレーションシップの中から得られる定性情報を活用した融資が、十分に行われること」と「融資後もリレーションシップを通じてキャッシュフローの情報等を適切にモニタリングすることで、経営指導、経営支援を親身になって行うこと」を重視しました。

金融庁は、金融検査マニュアルをベースにするものの、今後は、地域密着型金融（リレーションシップバンキング）の推進体制の強化を図り、特に地域金融機関やその取引先には、企業自身の成長に加えて、地域貢献も推進してもらいたいと考えました。この流れは、二〇〇三年公表の「リレーションシップバンキングの機能強化に向けて」から始まり、種々のアクションプログラムで、地域金融機関に勧奨してきました。次ページの二〇〇七年の「地域密着型金融の取組みについての評価と今後の対応について―地域の情報集積を活用した持続可能なビジネスモデルの確立を―」は、その方針を具体的にまとめたものです。

ただし、このリレーションシップバンキングやそのアクションプログラムについては、金融検査マニュアルにおけるリスク管理や債務者区分また引当金基準の見方に対しては、客観的な数値や根拠を見出しにくいために、融資支援を提供できるところまでにはなりませんでした。このリレーションシップバンキングや地域密着型金融の考え方は広がりましたが、やはり、金融検査マニュアルの手法に合わず、融資審査に浸透するところには至らなかったといえます。

平成19年４月５日
金融審議会金融分科会第二部会

地域密着型金融の取組みについての評価と今後の対応について
―地域の情報集積を活用した持続可能なビジネスモデルの確立を―
の公表について

金融審議会金融分科会第二部会に設置されたリレーションシップバンキングのあり方に関するワーキンググループ（座長　堀内 昭義　中央大学総合政策学部教授）は、リレーションシップバンキングのあり方についての審議を行ってまいりましたが、当ワーキンググループの取りまとめを受け金融審議会金融分科会第二部会報告として、「地域密着型金融の取組みについての評価と今後の対応について―地域の情報集積を活用した持続可能なビジネスモデルの確立を―」を公表いたしました。

【推進のための具体的取組み】

1．ライフサイクルに応じた取引先企業の支援強化

中小企業の様々な成長段階にあわせた審査・支援機能の強化。

○ 事業再生
- ・事業価値を見極める地域密着型金融の本質に係わる一番の課題。
- ・企業価値が保たれているうちの早期再生と再生後の持続可能性ある事業再構築が最も重要。
- ・外部からの経営者の意識改革を促せるのは地域金融機関。
- ・中小企業再生支援協議会、ファンドの一層の活用。
- ・アップサイドの取れる新たな手法、DIP ファイナンスの適切な活用等。

○ 創業・新事業支援
- ・ファンドの活用、産学官の連携、再挑戦支援の保証制度の活用等。

○ 経営改善支援

○ 事業承継（地域企業の第４のライフステージとして明示的に位置づけ、支援）

2．事業価値を見極める融資をはじめ中小企業に適した資金供給手法の徹底

○ 事業価値を見極める融資＝不動産担保・個人保証に過度に依存しない融資の徹底

・「目利き機能」の向上（特に、中小零細企業）。

・定性情報の適正な評価、定量情報の質の向上。

・動産・債権譲渡担保融資、ABL（Asset Based Lending）、コベナンツの活用等。

○ その他中小企業に適した資金供給手法の徹底

・ファンドやアップサイドの取れる投融資手法の活用など、エクイティの活用によるリスクマネーの導入等。

・CLO やシンジケートローンなど、市場型間接金融の手法の活用。

3．地域の情報集積を活用した持続可能な地域経済への貢献

○ 地域の面的再生

・調査力、企画力を活かした、ビジョン策定への積極的支援。

・「公民連携」への積極的参画

– 官と民が役割分担、地域の全プレーヤーがビジョンを共有、連携した取組み。

–「リスクとリターンの設計」、「契約によるガバナンス」が重要。金融機関には、コーディネーターとしての積極的参画を期待。

○ 地域活性化につながる多様なサービスの提供

・リバースモーゲージなど高齢者の資産の有効活用、金融知識の普及等。

・多重債務者問題への貢献、コミュニティ・ビジネス等への支援・融資（特に協同組織金融機関）。

○ 地域への適切なコミットメント、公共部門の規律付け

・コスト・リスクの適切な把握による緊張感ある関係。地方財政の規律付けの役割。

地域密着型金融の取組みについての評価と今後の対応について
－地域の情報集積を活用した持続可能なビジネスモデルの確立を－
≪金融審議会　金融分科会　第二部会報告　概要≫

現状認識

≪これまでの成果≫
○　取組み件数・金額の実績は着実に向上。
○　基本的概念・個々の手法は浸透・定着。
○　不良債権比率は低下。「緊急時」から「平時」対応へ。

≪不十分な点、課題≫
○　金融機関の取組みは、二極化傾向。
○　事業再生、不動産担保・個人保証に過度に依存しない融資等は不十分との評価。
○　収益向上に結びついているか途半ば。
○　例示項目がチェックリストと化し、その消し込みに留まっているとの指摘。
○　２年期限の計画、半期報告というプログラム形式が経営の自由度を制約、短期的に成果が上がる取組みを助長との批判。

≪新たな環境≫
○　主要行等との競争激化、ゆうちょ銀行、政策金融改革等の新しい動き。
○　少子高齢化、財政事情の悪化の下、地場産業の空洞化、中心市街地の空洞化、これらを通じた大都市と地域の二極化など、地域に多くの問題。
○　再チャレンジ支援の観点も踏まえ、地域経済の活性化を総合的に図っていく必要。「点」の事業再生を地域全体の「面」的再生につなげていくことが課題。

⇒

基本的考え方

○　地域密着型金融の必要性の確認
・地域金融機関の生き残りのためには、地域密着型金融のビジネスモデルの確立・深化が必要。
・コストを認識し、これに見合う収益獲得につながるよう顧客・地域ニーズの把握、「選択と集中」の徹底・深耕が不可欠。

○　地域金融機関は、地域の面的再生でも貢献可能
・地域の情報ネットワークの要として、資金供給者としての役割に留まらず、情報・人材面でも果たせる役割あり。
・このニーズへの適切な対応は、収益獲得に向けたビジネスチャンス。

○　適切なコミットメント
・地域貢献に際しては、コストを意識し、自らの収益にもつながる持続可能な貢献をすることが重要。

⇒

具体的取組み内容・推進体制

【具体的取組み内容】
○　金融機関に共通して取組みを求める内容としては、地域密着型金融の本質に係わる、
１．ライフサイクルに応じた取引先企業の支援強化
２．事業価値を見極める融資手法をはじめ、中小企業に適した資金供給手法の徹底
３．地域の情報集積を活用した持続可能な地域経済への貢献
の３点に限定。
　具体的取組み方法は各金融機関に委ねる。

○　協同組織金融機関については経営力強化を引き続き求める一方、中央機関・業界団体の機能充実を通じた総合的取組みを推進。
・個別機関には、協同組織性を活かした取組み、地域への貢献・還元を期待。
・中央機関・業界団体には、ネットワークを活かした他機関との連携、個別金融機関の余裕資金運用機能の一層の活用等を期待。

【推進体制】
○　プログラム形式をとらず、監督指針に盛り込み恒久化。
○　画一的・総花的な計画策定・報告は求めず、日常の監督の中でフォローアップ。
○　自主的開示の促進とパブリック・プレッシャーを通じたガバナンス。
○　年１回程度の実績公表。取組み事例公表。
○　中央・地方両レベルでの関係機関・関係省庁との連携強化。

5 経営者保証ガイドラインでは金融検査マニュアルの与信管理面の高い壁があった

二〇一三年には、経営者保証に関するガイドラインが公表されました。その趣旨は、リレーションシップバンキングの施策と同様に、金融機関として、金融庁、中小企業庁、商工会、商工会議所、銀行協会などの機関から、経営者への保証の徴求は限定的にするべきということを入念されていました。しかし、その経営者保証と、金融検査マニュアルに記載された融資先の与信リスクを考えると、金融機関としては、経営者保証の解除や経営者保証なしの融資の増加には、なかなか踏み切れません。中小企業としては、金融検査マニュアルのリスク管理・債務者区分・引当金基準の拘束を乗り越えるために、不良債権問題で保守的な姿勢になっている金融機関の本部・審査部への説得は難しくなっています。

本部・審査部は、経営者保証を補完するためには、企業の内部組織や内部統制がしっかりしていることを求めていますが、経営者のワンマン経営や「鶴の一声」命令に慣れている中小企業にとっては、この点が整っていないように見られます。ちなみに、この「経営者保証に関するガイドライン」には、主たる債務者および保証人における対応として、

「①法人と経営者との関係の明確な区分・分離

②財務基盤の強化

③財務状況の正確な把握、適時適切な情報開示等による経営の透明性確保」

となっています。これは、ワンマン経営と真逆である、内部組織や内部統制がしっかりしていることを求めることであり、実態とは乖離があります。企業が金融機関から借入れを行うこと、その返済財源が事業活

動から生じること、万一返済が難しくなったときの対策など、取締役会で検討していないならば、やはり、ワンマン経営者に、その責任を取ってもらいたいと金融機関は考えざるを得ません。

また、中小企業経営者における経営者保証については、「主たる債務者、保証人および対象債権者の継続的かつ良好な信頼関係の構築・強化を図られていること」とも言われていますが、この点も、融資現場から離れている本部・審査部では実態が見えず、なかなか、ＯＫが出せないようです。その中小企業が、取締役会や情報開示も十分活用していないならば、企業が窮境になった場合、その経営者以外に、再生対策を話し合えるメンバーは見当たらず、また、現状分析や将来予測の資料開示もできないならば、再生支援もできなくなってしまいます。

一方、中小企業の各ライフステージ（創業、成長・発展、早期の事業再生や事業清算への着手、円滑な事業承継、新たな事業の開始等）において、その中小企業の取組意欲の増進を図れば、経営者保証は必ずしも必要なしということになっていますが、これも、内部管理や内部統制が前提になるものと思います。

中小企業金融の実務の円滑化を通じて中小企業の活力が一層引き出されれば、経営者保証がなくても、融資の与信リスクは抑えられることになります。しかし、金融機関の融資担当者は、その上司や本部の幹部の保守的な審査姿勢を論破するには、将来に向けた具体的で実効性のある経営改善計画と関連情報の収集が欠かせません。

金融検査マニュアルの与信管理面に関する高い壁を、借り手経営者にペナルティを伴わない経営者保証ガイドラインで説得することは、なかなか難しいと思います。金融機関内部の縦割り組織において、末端の融資担当者が、現場をあまり知らない、中間管理職の上司や本部の幹部に対して、金融検査マニュアルの保守的な考え方を論破して、経営者保証を免除し解除することは、至難の業かもしれません。

6 金融検査マニュアル廃止前の事業承継ガイドライン施策ではチェック項目の拘束が強かった

1 金融機関の与信管理対応

中小企業庁は、二〇一六年十二月に「事業承継ガイドライン」を公表し、中小企業・小規模事業者の円滑な事業承継を図ることが必須と考えました。中小企業経営者の高齢化が進み、これから、多くの中小企業が事業承継のタイミングを迎えることになります。このことは、中小企業に蓄積されたノウハウや技術といった価値を、次世代に受け継ぎ、世代交代によるさらなる価値の増加を実現していくことになります。

一方、金融機関にとっては、事業承継は融資先の主要意思決定者で、実権者・トップ執行者の交替になりますから、最高の与信管理事項になります。中小企業の内部管理や内部統制が未整備の場合は、この事業承継は、債務者個人への与信の交替になり、与信管理上、最大のリスクとも言えます。ワンマン経営者の交替の場合は、金融機関としては、個人の健康問題や家族・親族の関わり、経営理念や経営スキル・リーダーシップ・人望などのチェック項目に加えて、法人企業としての財務内容や損益状況・キャッシュフローのチェック項目もあって、極めて大きな注意を払う必要があります。

しかし、一般的には、担保資産が引き継がれ、経営者の保有資産が不変であれば、融資に関するリスクは問題ないと思われがちですが、経営者の交替こそ、最も神経を使う与信管理事項です。前経営者には円満な引継ぎをお願いしたいし、後任の新経営者には自行庫に好感を抱いたままでいてもらいたいために、金融機関は新旧経営者にソフト対応を行いますが、債権者としての金融機関としては、実質、債務者のチェンジですので、アンテナを高くして、多くの情報収集に注力する必要があります。

通常の融資に関する稟議・査定は、融資に裏付けられた事業のキャッシュフローの検討がポイントになりますが、経営者の交替は、法人の新規取引のように、企業の将来のリスク分析を行い、後継者についても、経営者としての種々の能力の検討を実施します。新後継者の経営経験が浅いときは、支援者と合体で、その能力やスキルを見直します。経営理念・外部環境・内部環境の分析、自社の資産内容、ステークホルダー、内部管理、内部統制、雇用に関する考え方などに対する評価を行う必要があります。特に、後継者がなかなか見つからず、前経営者が妥協して後継者を選定した場合は、引継ぎも順調に行われていないことが想定されますから、より慎重な対応を行います。

また、事業承継は、後継者が現在の融資すべてを引き継ぐばかりではなく、経営全体を引き継ぐことであり、企業の成長面も考慮する必要があります。自行庫とステークホルダーとの相乗効果や、地域との連携強化、そして、現在話題になっているＥＳＧ、ＧＸ（グリーン・トランスフォーメイション）、ＤＸ（デジタル・トランスフォーメイション）、知財・無形資産（詳細は後述）などの対応等、多面的・総合的な強化策やメリット追求面の判断を行うことも大切です。

2 金融機関からの助言・相談

本来ならば、事業承継時に、ワンマン経営ならば、コーポレートガバナンス・コードに沿った内部統制やＤＸの改革を実施して、合理的で透明性のある経営にするべきですが、実際は、現在の経営者が後継者に、社内体制も組織もそのままにして、引継ぎを実践しているケースが多いようです。後継者は、現在の経営者ほど、経験・人脈もスキルも高くないことから、経営態勢も平行移動する、事業承継が大半のようです。

そこで、多くの金融機関は、現在の経営者の相談に乗って、現状維持のまま、円滑な引継ぎを支援することが重要と思われています。時間をかけて、静観しながら、改革よりも現状の改善で留めているようです。

あるいは、この事業承継を終了してから、内部統制やＤＸの改革を考えているのかもしれません。

以下は、前経営者が新後継者に円滑に事業承継を行うプロセスを示したガイドラインの抜粋です。

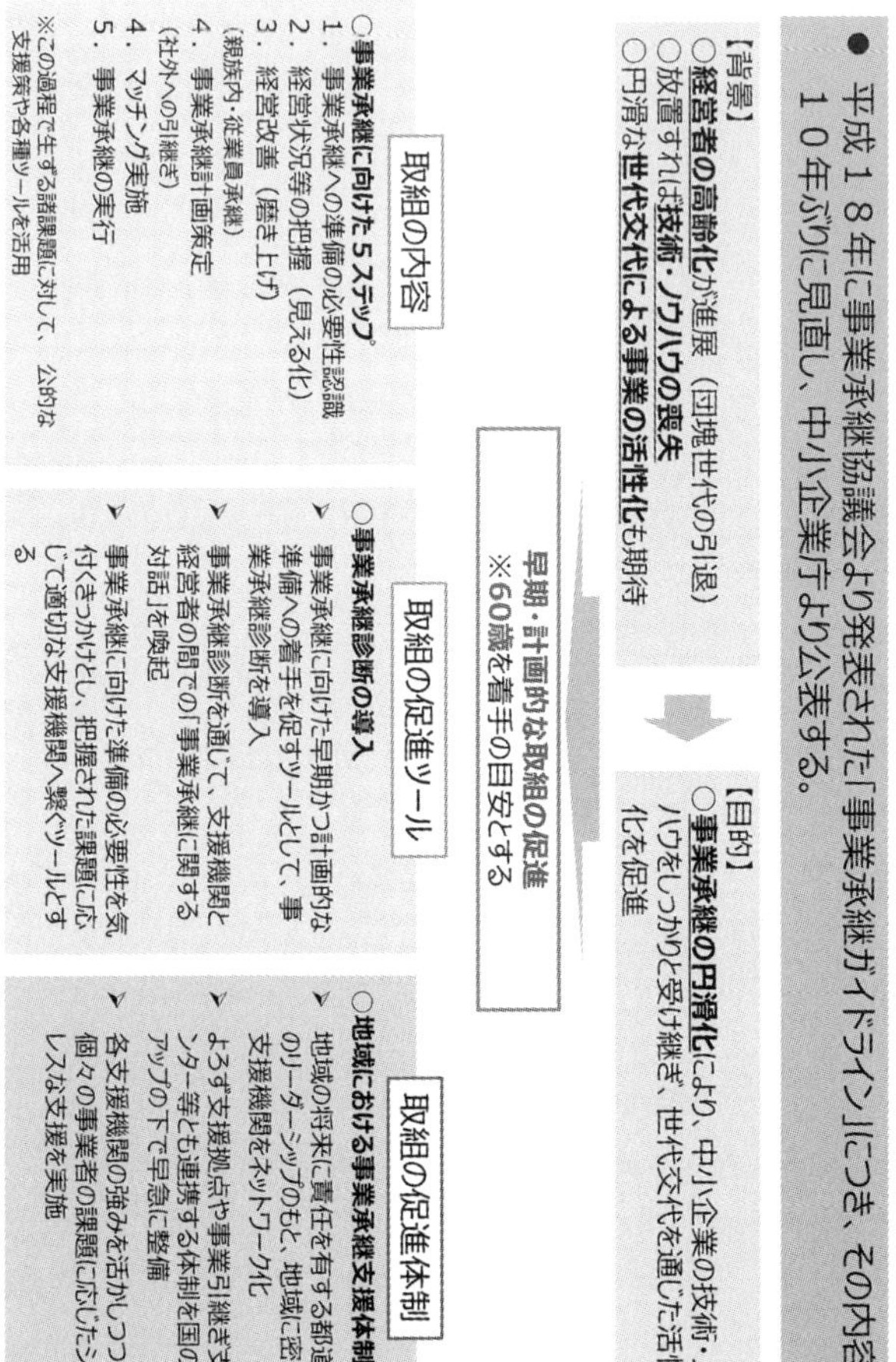
事業承継ガイドラインの概要
● 平成１８年に事業承継協議会より発表された「事業承継ガイドライン」につき、その内容を１０年ぶりに見直し、中小企業庁より公表する。
【背景】
○経営者の高齢化が進展（団塊世代の引退）
○放置すれば技術・ノウハウの喪失
○円滑な世代交代による事業の活性化も期待
【目的】
○事業承継の円滑化により、中小企業の技術・ノウハウをしっかりと受け継ぎ、世代交代を通じた活性化を促進
早期・計画的な取組の促進
※60歳を着手の目安とする
取組の内容
○事業承継に向けた５ステップ
1．事業承継への準備の必要性認識
2．経営状況等の把握（見える化）
3．経営改善（磨き上げ）
（親族内・従業員承継）
4．事業承継計画策定
（社外への引継ぎ）
4．マッチング実施
5．事業承継の実行
※この過程で生ずる諸課題に対して、公的な支援策や各種ツールを活用
取組の促進ツール
○事業承継診断の導入
➤事業承継に向けた早期かつ計画的な準備への着手を促すツールとして、事業承継診断を導入
➤事業承継診断を通じて、支援機関と経営者の間での「事業承継に関する対話」を喚起
➤事業承継に向けた準備の必要性を気付くきっかけとし、把握された課題に応じて適切な支援機関へ繋ぐツールとする
取組の促進体制
○地域における事業承継支援体制強化
➤地域の将来に責任を有する都道府県のリーダーシップのもと、地域に密着した支援機関をネットワーク化
➤よろず支援拠点や事業引継ぎ支援センター等とも連携する体制を国のバックアップの下で早急に整備
➤各支援機関の強みを活かしつつ、個々の事業者の課題に応じたシームレスな支援を実施

事業承継に向けた５ステップ

● 円滑な事業承継の実現のためには、５つのステップを経ることが重要である旨を明記。

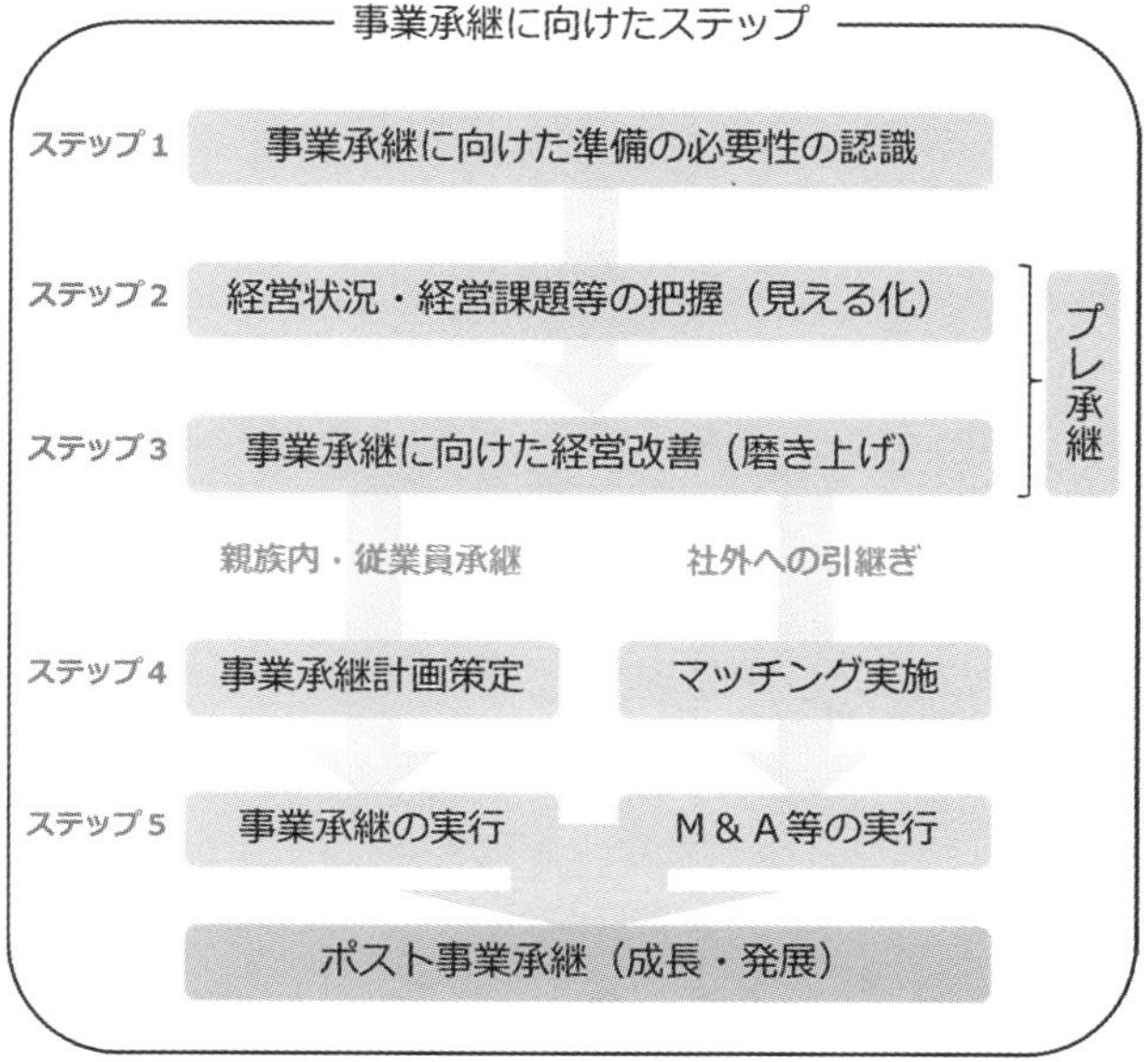

＜各ステップの内容＞

○事業承継に向けた準備の必要性の認識
事業承継に向けた早期・計画的な準備着手を促すため、「事業承継診断」や、支援機関と経営者の間の事業承継に関する対話の促進等に取り組む。

○経営状況・経営課題等の把握（見える化）
会計要領等のツールを活用しながら、経営状況等を見える化することを通じ、課題に対する早期対応を促す。

（中小会計要領・ローカルベンチマーク・知的資産経営報告書等の活用）

○事業承継に向けた経営改善（磨き上げ）
現経営者が将来の事業承継を見据え、本業の競争力強化等の経営改善を行うことで、後継者が後を継ぎたくなるような経営状態への引き上げを図る。

○事業承継計画策定（親族内・従業員承継）
親族内・従業員承継の場合、事業計画を踏まえ、株式等の事業用資産や代表権の承継時期を記載した事業承継計画を後継者とともに策定し、事業承継の円滑化を図る。

○マッチング実施（社外への引継ぎ）

○事業承継・Ｍ＆Ａ等の実行
株式・事業用資産や経営権の承継を実行する。

○ポスト事業承継
後継者による、新たな視点での事業の見直し等への挑戦を促進。

事業承継支援体制の強化

● 支援機関相互の連携を図りつつ、ステップ毎の支援を切れ目無く行う体制を構築することが必要であることを明記。

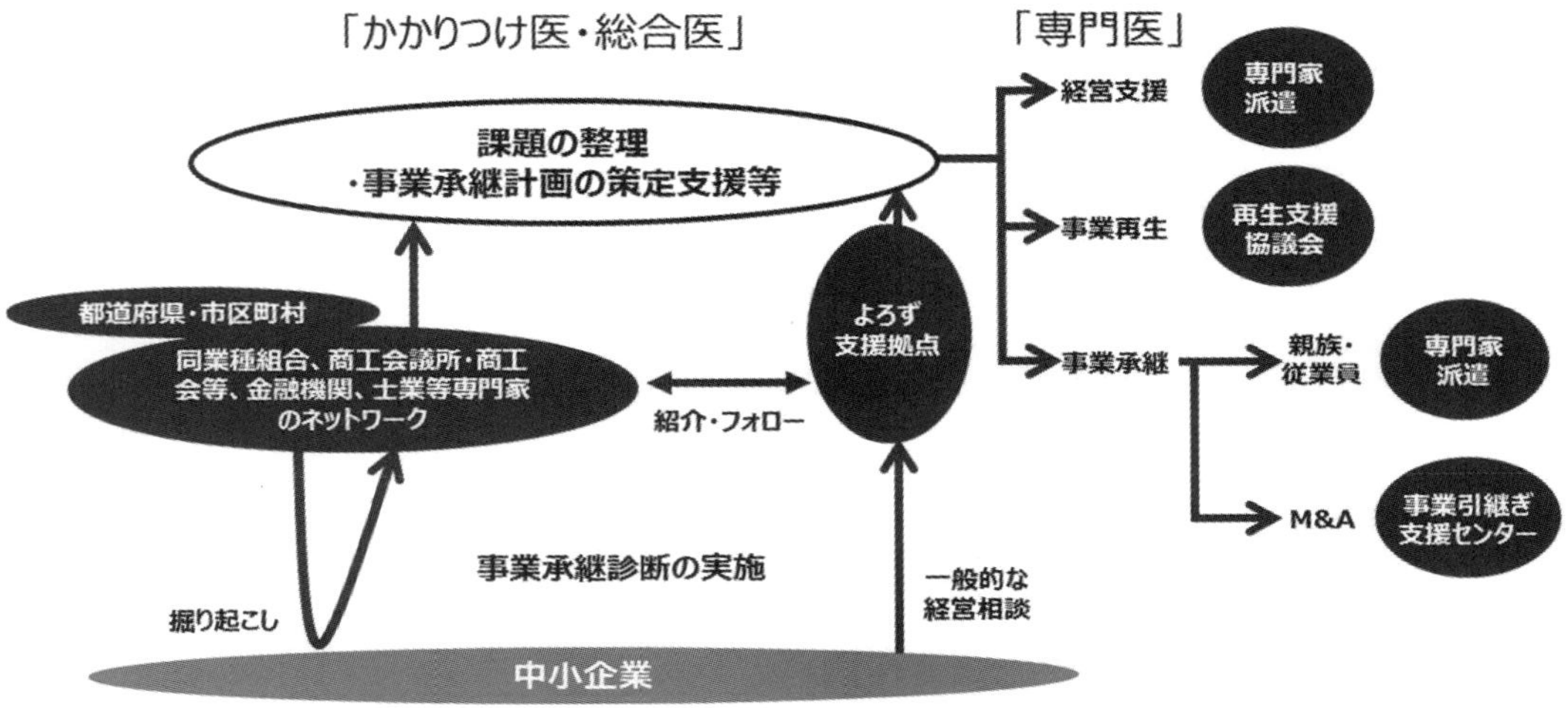

○地域の将来に責任を有する都道府県のリーダーシップのもと、地域に密着した支援機関をネットワーク化し、よろず支援拠点や事業引継ぎ支援センター等とも連携する体制を国のバックアップの下で早急に整備する。

金融検査マニュアルが、金融機関をリードしている時代には、金融検査マニュアルに述べられている「債務者区分や引当金の積上げ」については、新後継者の企業に対して厳格に運用することになっていました。事業承継に絡めて、旧経営者やその他の取締役に退職金支払いや、工場・本社等の資産売却などがあれば、新法人の債務者区分のランクダウンを招くことになりますので、改善策を求めることがありました。また、金融検査マニュアルにおける「経営管理（ガバナンス）」「リスク管理等編」の金融機関自身のリスク増加対策や、「金融円滑化編」「顧客保護等管理態勢」の顧客保護対策などによって、「事業承継ガイドライン」の動きに対して、修正を求め、企業の事業承継にブレーキをかけることもありました。

しかし、金融検査マニュアルの廃止後については、上記の金融検査マニュアルの「経営管理（ガバナンス）」「リスク管理等編」や「金融円滑化編」「顧客保護等管理態勢」などのチェック項目の拘束は、かなり弱くなります。それから、金融機関と取引先中小企業の関係が、圧倒的なメイン銀行でない場合は、強制力は弱まり、金融機関として、かつてのようなプレッシャーを加えることはなくなりました。

7 金融検査マニュアルに拘束された二〇一九年以前に公表されたガイドライン

金融検査マニュアルと併行して走っているガイドラインについては、中小企業の経営者に浸透したとは言えませんでした。ガイドラインに書かれている内容を、中小企業経営者は、素直に受け止めず、金融検査マニュアルの与信管理に引っ張られてしまいました。金融検査マニュアルが主張している融資の審査基準は、自社の債務者区分に従っていますので、ガイドラインの指針も、これに影響されてしまいました。金融機関の内部における判断は、どうしても過去の数値をベースにした金融検査マニュアルのほうが、未来を重視するガイドラインよりも、客観的で説得力があるということです。

例えば、事業承継ガイドラインに沿って、後継者に任せるつもりで前任者が退職金を取って経営を譲渡すると、企業の資産は減少するので、債務者区分が低下し、金融検査マニュアルと事業承継ガイドラインが相反関係になることがあります。また、金融検査マニュアル別冊（中小企業融資編）、リレーションシップバンキング施策、経営者保証ガイドラインは、債務者に柔軟な条件で、融資を許容することですが、これは金融検査マニュアルの債務者区分を引き下げることになって、相反関係が生じます。それぞれのガイドラインの方向性や指針に沿って進むと、金融検査マニュアルの与信管理面で逆方向に進んでしまうことがあるということです。金融機関自身がこれから追加融資にならないか、近い将来に当社の収益が好転できるか、などを考え、中小企業のガイドラインの支援策は、過去の数値をベースにする金融検査マニュアルとトレードオフの関係にならないか、と、融資担当者は心配します。

金融検査マニュアル別冊（中小企業融資編）によって、技術力や営業力を評価して融資をしても、大手の販売先が業績不振で入金が遅れれば、その評価に対する上司の信頼はなくなってしまいます。リレーションシップバンキング施策で地域貢献を行っても、市町村合併で吸収されてしまえば、状況は悪化してしまいます。経営者保証を自行が解除したにもかかわらず、他行が担保を積み増したならば、自行庫の本部から引当強化のプレッシャーが強まり、担当者の面子は潰れてしまいます。事業承継ガイドラインで事業承継を円滑に行ったとしても、新しい経営者の性格や体調などで、業績に大きなムラが生じた場合は、本部に対する説得も難しくなってしまいます。まして、事業承継を機に、協融している他行が融資を圧縮したり返済を迫るようなことがあれば、担当者は自行庫内で四面楚歌になってしまうかもしれません。

金融機関としては、これらのガイドラインは、将来の方向性や指針を示しペナルティもなく使い勝手の良いものですが、金融検査や行政処分がある金融検査マニュアルに比べれば、どうしても、腰の入れ方が弱くなるものです。その上に、これらのガイドラインに沿った実績は、支店・営業店の本部からの評価はあるものの、融資担当者の業績評価や人事考課にはそれほど貢献しないようです。ガイドラインを前もって支店や担当者の数値目標化することが難しいことから、実際、金融機関の融資担当者のインセンティブは大きくならないのかもしれません。金融検査マニュアルとトレードオフ関係になれば、どうしても達成力が弱くなってしまいます。

地域社会におけるガイドラインの影響力は大きく、特に、地域の中小企業経営者にとっては、このガイドラインの動きは有難いものですから、金融機関としては、自公庫内の目標設定などを見直して、これらのガイドラインの位置づけを高め、金融検査マニュアルの拘束があろうとも、地域全体の発展に貢献するべきと思います。

第5章

金融検査マニュアル廃止後のガイドライン行政

1

二〇年間続いた金融検査マニュアルの呪縛解消へのきっかけ

二〇一九年の金融検査マニュアル廃止後、新しいガイドラインによって、「金融機関の自己責任や、取引先・顧客の立場を尊重すること」の再認識を図りながら、新たな金融機関のミッションに向かって、動き出すことになると思われます。与信・リスク管理は、個々の金融機関に任せることになり、各金融機関の融資債権の引当率も、それぞれの過去の倒産確率等で算出することになります。私企業の金融機関としては当然の動きと言えますが、金融機関の役職員にとっては、コペルニクス的転回の出来事でした。

大蔵省から金融庁に変わっても金融機関内部に染みついた与信管理第一の呪縛は、金融検査マニュアルの廃止により、やっとなくなるきっかけになりました。金融検査マニュアル誕生から二〇年間も温存された精神的な拘束が解消することになったというわけです。ペナルティもなく、将来の方向性や指針を強調する「ガイドライン」が、再認識され始めたのです。そして、これからは、ガイドラインの「将来、実態、全体」に向けた指針を軸足にして、旧「金融検査マニュアル」時代の「過去、形式、部分」の固定概念が変わることになるのです。

金融機関はもともと、監督官庁の大蔵省によって、存在基盤を確立していました。これは、金融業界が大蔵省のリーダーシップで、収益基盤を確保されていたことの裏返しです。預金金利は低く抑えられ、貸出金利は高水準の長期プライム金利や短期プライム金利に連動しており、その金利体系のメカニズムが保たれ、安定的な利鞘が確保されていたのです。これにより、貸出や預金の量を増加すればするほど、この利鞘で収益が上がることになっていたのです。

為替・送金についても、国内送金は、日銀の勘定で、日々の調整を行い、海外送金についても、主要行の海外マーケットの勘定で、他の業界が参入できない障壁となっており、保護されていました。この恩恵を理解していた金融機関は、大蔵省を母船とした「護送船団」のたとえのように、母船の指示命令に従いました。バブル崩壊前に入行した銀行員は、この大蔵省の位置づけを、頭でも体でも理解していました。大蔵省検査は、大蔵省自身の絶対の権威のもとに行われ、金融機関のトップから融資現場の新入社員まで、この検査の指摘事項を絶対に受け入れ、その指揮命令にも無条件に従っていました。

しかし、バブル崩壊で不良債権問題が生じ、大蔵省の護送船団や裁量行政にメスが入り、大蔵省の再編が実行されてしまいました。大蔵省の権威は、マスコミや政界、そして世論によって、失墜しました。このことが、金融機関やその取引先の多様性を認め、透明性のある「金融検査マニュアル」の公表に繋がりました。大蔵省（銀行局）の通達も取り止めとなり、大蔵省から金融機関へ補足の説明を必要とするような伝達は、「ガイドライン」が中心になりました。

これらの大蔵省周りの大変革はマスコミなどで毎日のように報道されましたが、多くの金融機関の役職員の思考法は、あまり変わりませんでした。大蔵省とそれを引き継いだ金融庁の権威は、絶対のものとして存在していると思い続けました。金融庁の指示は、以前のままの権威があり、「金融検査マニュアル」に対しても、同様に、過去の通達のように、一方的な指示のように受け入れました。

例えば、一九九九年の「金融検査マニュアル」の公表に先駆けて出された、金融機関幹部のパブリックコメントでは、以下のように述べられています。

・「（金融検査マニュアルは）金融機関や企業の規模・特性により緩和したり、経過措置を重視する表現にしてください。」（考え方⇒金融検査マニュアルは、多様性を認める指針であり、トップダウンの命令ではない。）

・「信用格付け・債務者区分規定などを、（金融検査マニュアルは）緩和してください。」（考え方⇓金融検査マニュアルは命令書ではなく、対話を認めているので、緩和の概念などもともとない。）
・「景気に配慮して、柔軟な対応ができるように（金融検査マニュアルは）してください。」（考え方⇓金融検査マニュアルは命令書ではなく、柔軟対応を前提にしている。）

などの意見で、権威者である大蔵省（金融庁）に、各金融機関は、お上にお伺いするようなお願いでした。金融機関は、「金融検査マニュアル」の公表後は、自己責任で行動するべきであり、「金融検査マニュアル」は、決して、金融機関に強制するものではないことを、金融業界以外の人々はわかっているにもかかわらず、各金融機関は、パブリックコメントで、相変わらず、権威者へのご加護要請を行っているようでした。

これらの要請を見るに、旧大蔵省から引き継いだ金融庁は、大きな権威を持っており、自分たち金融機関は、裁量行政に従わなければならないということを信じ込んでいたようです。この「金融検査マニュアル」において、金融庁が引き続き細かい不良債権処理の指示を行ってもらいたいと思っていたのかもしれませんん。金融検査マニュアルは、「早期是正措置（自己資本比率の重視）の採用で、護送船団・裁量行政を捨て去り、また、金融機関の自己責任原則や多様な顧客志向の徹底を目指すもの」ということを、金融機関の多くは、なかなか理解できなかったのかもしれません。「護送船団・裁量行政」方式が、戦後から約五〇年間続き、大蔵省の再編が、一時的な出来事ですぐに元に戻ると軽く考えていたとも思われます。「金融検査マニュアル」の誕生の根拠を、多くの金融機関はあまり認識しないままに、バブル崩壊後の不良債権の早期解消策の一つと、思い込んでいたものと思います。

そして、一九九九年に生まれた金融検査マニュアルが、二〇年間経過した後の二〇一九年に廃止されるまで、金融機関の多くの役職員の頭の中に、「不良債権問題の早期解消の呪縛」が取り付いていたものと思います。厳しい言い方をすれば、一九九〇年代の大蔵省周辺の動きから生まれた「金融検査マニュアル」の位置づけや、金融庁の役割を誤解したままに、二〇年間が経過し、呪縛に捕らわれたままに、「金融検査マニュアルの廃止」を迎えたのかもしれません。

2 金融検査マニュアル廃止後はガイドライン行政が主流に

「金融検査マニュアル」が廃止された後には、金融庁の指導や指針は、監督指針で徹底されることになっています。この監督指針は、「金融検査マニュアル」を上回るボリュームの指針書で、毎年更新されています。しかも、数年前に出されたガイドラインで、金融機関に徹底を図らなければならないガイドラインの内容を、包含しています。

例えば、令和五年の監督指針には、廃止したはずの金融検査マニュアルや、その前に出された、「金融検査マニュアル別冊（中小企業融資編）」、「リレーションシップバンキング施策」、また「経営者保証ガイドライン」など、それぞれの内容が、すべて、この監督指針に含まれています。金融検査マニュアル時代のガイドラインは、金融検査マニュアルの陰に隠れていたり、その補足説明事項の位置づけになっていました。

しかし、金融検査マニュアル廃止後の新しいガイドラインは、この監督指針と対等で、並列して掲載されています。

以下は、監督指針の一つである「中小・地域金融機関向けの総合的な監督指針」の目次抜粋です。目次の中の、「Ⅱ銀行監督上の評価項目」は金融検査マニュアルの抜粋であり、「Ⅱ－5　地域密着型金融の推進」も、リレーションシップバンキング施策の一部の内容になっています。

中小・地域金融機関向けの総合的な監督指針 令和５年６月

Ⅱ　銀行監督上の評価項目
Ⅱ－１　経営管理（ガバナンス）
Ⅱ－２　財務の健全性等
Ⅱ－３　業務の適切性
Ⅱ－３－１　法令等遵守
Ⅱ－３－１－１　不祥事件等に対する監督上の対応
Ⅱ－３－１－２　役員による法令等違反行為への対応
Ⅱ－３－１－３　組織犯罪等への対応
Ⅱ－３－１－４　反社会的勢力による被害の防止
Ⅱ－３－１－５　資本金の額の増加の届出の手続等
Ⅱ－３－１－６　不適切な取引等
Ⅱ－３－２　利用者保護等
Ⅱ－３－２－１　与信取引等（貸付契約並びにこれに伴う担保・保証契約及びデリバティブ取引）に関する顧客への説明態勢
Ⅱ－３－２－２　顧客の誤認防止等
Ⅱ－３－２－３　顧客等に関する情報管理態勢
Ⅱ－３－２－４　外部委託
Ⅱ－３－２－５　預金・リスク商品等の販売・説明態勢
Ⅱ－３－２－６　苦情等への対処（金融ＡＤＲ制度への対応も含む）
Ⅱ－３－３　事務リスク
Ⅱ－３－４　システムリスク
Ⅱ－４　金融仲介機能の発揮
Ⅱ－５　地域密着型金融の推進
Ⅱ－６　将来の成長可能性を重視した融資等に向けた取組み
Ⅱ－７　消費者向け貸付けを行う際の留意点
Ⅱ－８　障がい者等に配慮した金融サービスの提供
Ⅱ－９　企業の社会的責任（CSR）についての情報開示等
Ⅱ－10「経営者保証に関するガイドライン」の融資慣行としての浸透・定着等
Ⅱ－11　経営者以外の第三者の個人連帯保証を求めないことを原則とする融資慣行の確立等
Ⅱ－12　秩序ある処理等の円滑な実施の確保
Ⅲ　銀行の検査・監督に係る事務処理上の留意点

（以下略）

この「中小・地域金融機関向けの総合的な監督指針」は全四四八ページであり、金融検査マニュアルは、全三八六ページです。監督指針には、「主要行向けの総合的な監督指針」全四九八ページもあります（二〇二三年六月二三日現在）ので、この監督指針こそ、金融検査マニュアル廃止後の検査官や金融機関役職員の総合的な指針書とも言えます。

したがって、金融庁が金融機関に施策を提案する場合は、まず、金融関連のガイドラインを公表します。各金融機関は自行庫の本部で、ガイドラインの役割や効果を判断し、次に、支店などの営業店を通して、顧客や地域の各機関に、そのガイドラインの実践を勧めます。実践後に、モニタリングを行い、金融庁にその反応を報告します。金融庁は、ガイドラインの効果を見ながら、「中小・地域金融機関向けの総合的な監督指針」や「主要行向けの総合的な監督指針」などの監督指針を加筆修正していきます。

「金融検査マニュアル」時代は、この与信管理の影響が大きかったために、ガイドラインも監督指針も効果は小さかったと思われます。

金融検査マニュアル廃止後も、やはり、金融検査マニュアルの残像が強く、各金融機関や顧客も、効果を出すことは難しいようでした。

しかし、これからのガイドラインは、多様性と対象層の個性を十分発揮して、各金融機関も、そのガイドラインの趣旨・指針・方向性とその効果を十分に評価していくことが重要になります。

その後、ガイドラインの進捗状況や社会への影響を斟酌して、監督指針に挿入するか否かを選択することになります。特に、ガイドラインが取引先企業に強く刺さるためには、それぞれの企業の内部統制の有無がポイントになります。受け手の企業にとっては、コーポレートガバナンス・コードとまでは言わないまでも、そのガイドラインに沿った経営改善計画策定のプロセスをフォローすること等で、ガイドラインの効果を判断することになります。

多様性に富んだガイドラインは、企業サイドの自己責任原則に沿った内部統制が整えば、ガイドラインの効果が見えて来るということです。ガイドラインは、企業によって相性が異なりますが、その浸透度は、企業組織の充実度によって、受け入れられるか否かが決まります。ワンマン経営の経営者だけではなく、社員全員がガイドラインの指針に共感することが大切です。皆が周知し、共通な方向性で活動できることが、ガイドラインのポイントになります。

金融庁は、ガイドラインによる企業の一連の動きを評価して、翌年度の監督指針に反映し、全国の金融機関に、ガイドラインの趣旨を監督指針によって知らせます。このことから、金融庁としては、金融機関に、中小企業の生産性向上や地域社会の活性化などの貢献に寄与することを狙います。種々の官公庁や諮問委員会から公表されるガイドラインは、各金融機関が取引先企業に伝え、その好事例などを金融庁にフィードバックすれば、翌年度の監督指針に反映して、全国の企業に徹底されるようになるということです。

この内容を図に示しますと、以下のようになります。

●金融検査マニュアル時代

金融検査マニュアル

↙ ↓ ↘

ガイドライン → 監督指針 → 各金融機関 → 金融機関の顧客など

《「金融検査マニュアル」の与信管理の影響が大きかったために、ガイドラインも監督指針も効果は小さかった》

●金融検査マニュアルの廃止後

ガイドライン → 監督指針 → 各金融機関 → 金融機関の顧客など

《金融検査マニュアル廃止後も、やはり、金融検査マニュアルの残像が強く、各金融機関や顧客も、効果を出すことは難しかった》

●ガイドラインが浸透した場合

ガイドライン → 各金融機関 → 金融機関の顧客など → 当該金融機関

《多様性に富んだガイドラインは、企業サイドの自己責任原則に沿った内部統制が整えば、ガイドラインの効果が見えて来る》

●ガイドラインの浸透が芳しくない場合

ガイドライン → 各金融機関 → 金融機関の顧客など → 当該金融機関 →
(顧客への浸透が芳しくない場合)

金融庁 → 監督指針 → 各金融機関
(翌年度の監督指針に反映)

《ガイドラインは、企業によって相性が異なり、その浸透度は、企業組織の充実度で決まる。金融庁は、ガイドラインの一連の動きを評価して、翌年度の監督指針に反映させるか否か決め、監督指針によって、公表する》

第6章

金融機関・中小企業が活用すべきガイドライン

1

企業の経営理念やライフステージを高度化するガイドラインの登場

1 多様性を尊重しながら自己責任原則で動くガイドライン

行政機関が公表する「所管法令・告示・通達」の各ガイドラインを俯瞰すると、膨大になっています。金融機関や中小企業経営者またその支援者などが、各企業経営とその周辺情報や未来の動きを把握するためには、自らの立場やニーズを固めて、そのガイドラインを選択して吸収し、深掘りをしていくことになります。「所管法令・告示・通達」で検索すれば、「e・GOVポータル」にて、そのすべてが出てきます。

例えば、金融機関や中小企業経営者また支援者としては、「金融庁－法令・指針等」の目次の中から、選択し、内容を吸収して実践に移していくことになります。次ページはその一部です。

これらのガイドラインは、経営理念や企業のライフステージをランクアップするきっかけになったり、良き情報源になるものです。金融機関としては、「所管法令・告示・通達」の内容は、表面的な施策情報の報告をさらに掘り下げた情報集であり、かつて旧大蔵省の担当者と金融機関の旧MOF担当者が質疑応答を重ねた内容を加えたもので、時にはQ＆Aを含めた厚みのある文章になっています。

一九九九年に「金融検査マニュアル」が公表されますが、この「金融検査マニュアル」は、金融機関や中小企業にとっては、バイブル的な存在になり、ガイドラインの考え方を包括するような存在になりました。「金融検査マニュアル」の文章は断定こそしないものの、過去の成功体験をベースに、具体的な行動を推進

法令・指針等

法令等

- 金融庁所管法令一覧（令和５年６月30日現在）
- 金融庁所管告示一覧（令和５年６月30日現在）
- 国会提出法案等
- e-Gov法令検索
- 日本法令外国語訳データベースシステム

金融検査・監督基本方針関係

- 金融検査・監督の考え方と進め方｜検査・監督基本方針（English）
- 検査マニュアル廃止後の融資に関する検査・監督の考え方と進め方
- 金融システムの安定を目標とする検査・監督の考え方と進め方｜健全性政策基本方針
- コンプライアンス・リスク管理に関する検査・監督の考え方と進め方｜コンプライアンス・リスク管理基本方針
  - コンプライアンス・リスク管理に関する傾向と課題（一部更新）
- 金融機関のITガバナンスに関する対話のための論点・プラクティスの整理
  - 金融機関のITガバナンスに関する実態把握結果（事例集）
  - システム統合リスク管理態勢に関する考え方・着眼点（詳細編）
- 金融機関における気候変動への対応についての基本的な考え方
- オペレーショナル・レジリエンス確保に向けた基本的な考え方
- 金融検査マニュアル関係（令和元年12月18日廃止）

するような文章になっていました。金融検査マニュアルが尊重されていた時代においても、ガイドラインは公表されていましたが、ガイドラインに沿った行動も、金融検査マニュアルの要請範囲の中に納められていました。

既にご紹介した「金融検査マニュアル別冊（中小企業融資編）」「リレーションシップバンキング施策」「経営者保証ガイドライン」などのガイドラインに沿った行動であろうとも、金融検査マニュアルの要請範囲の中に閉じ込められるようなものでした。

二〇一九年に「金融検査マニュアル」が廃止された後は、公表された「所管法令・告示・通達」のガイドラインの内容は、金融検査マニュアルの重《おも》しや呪縛が取れて、金融機関も企業もその活動や行動の多様性を尊重するようになっています。自行庫や自社の外部環境や内部環境を斟酌しながら、それぞれが内部の施策に落とし込んでいます。

金融検査マニュアル廃止後、すぐに起こったコロナ禍の中では、目の前のコロナ対策を先行しなければならず、所管法令・告示・通達に記されたガイドラインの趣旨を現実の行動に移すことは、やや難しかったかもしれませんが、いよいよ、ポストコロナ時代においては、その趣旨は生き続け、浮き彫りにされることになります。

特に、金融機関の取引先企業は、規模・特性に沿って、経営理念や方針が多様化しており、自己責任原則も強まっていますので、既定路線を無理に押し付けるような施策よりも、将来の指針を目指すガイドライン施策や行政手法が歓迎されるようになっています。行政サイドも、期限を迫って結果を報告させたり、期日や達成度の目標を定め、達成できないときはペナルティや行政処分で強制するような手法は控えられ、このような手法は、世界の先進各国では通用しなくなっています。金融検査マニュアルのように、債務者区分制度（格付け制度）の徹底を図って、プレッシャーを与えることは、既に、グローバル化やＥＳＧ化、またＤ

X化が進んだ、先進国では実行できなくなっています。

金融庁も、「中小・地域金融機関向けの総合的な監督指針」や「主要行向けの総合的な監督指針」において、金融機関に対して、「取引先企業の生産性向上と地域活性化の支援」「内部統制と経営力強化」を推奨していますが、その具体的手法としては、ガイドラインの役割が前提になっています。ガイドラインにおける、将来の指針を示して、金融機関や企業の多様性を尊重しながら、自己責任の行動や活動を勧奨して、その効果や結果をフォローし、支援や補助を行政が行うことになると思います。この支援や補助を実施することこそ、「中小・地域金融機関向けの総合的な監督指針」や「主要行向けの総合的な監督指針」であり、金融検査マニュアルとは一線を画するガイドラインであって、実践することがポイントになります。

また、金融機関を監督する金融庁は、財務省などの管轄の外にある内閣府の外局ですから、各省庁の壁を越えた施策を金融機関に期待します。そして、金融機関には、地域のリード役になってその活性化を求めていると思われます。目下、日本の最大の国家施策である「少子高齢化対策」も、金融機関にそのリード役を求めています。実際、金融庁は、銀行以外の保険会社、金融商品取引業者、信託会社、信用保証協会などの金融業界を対象に、各監督指針を公表し、それぞれの業界に、少子高齢化対策や地域活性化を求めています。この流れは、ガイドラインの提案に同調し、自行庫や自社の多様性を尊重しながら自己責任原則で動く民間機関の協力が必須になります。このような文脈の中に、ガイドライン行政が組み込まれていると思います。

今後とも、ガイドラインは多くの行政機関から公表されるでしょうが、金融機関としては、地域の代表として、各ガイドラインの指針を重視し、行動や活動を行った後に、その評価を行い、金融庁の監督指針へ報告を行うことや追加修正を申請する一方、行政機関は支援・補強策を実践していかなければなりません。

2 中小企業飛躍のステップボードとして注目される中小企業の「生産性向上」と「地域経済活性化」

今後の日本経済は、中小企業の「生産性の向上」と「地域経済の活性化」が成長の鍵を握っています。この中小企業と地域経済の成長については、金融庁公表の「中小・地域金融機関向けの総合的な監督指針」（令和五年六月一日適用）では、「地域密着型金融の推進」の項目に、詳しく記載されています。金融検査マニュアル時代には、この監督指針は黒子の位置づけで、また「生産性の向上」と「地域経済の活性化」も同様でした。しかし、金融検査マニュアル廃止後は、両者ともメインステージに立って、その後の金融庁や経済産業省・中小企業庁に関連するガイドラインも、この両者を中心に置くようになっています。「中小・地域金融機関向けの総合的な監督指針」における「地域密着型金融の推進」の項目こそ、金融検査マニュアル後の金融機関や取引先中小企業のバイブルになったといえます。そして、「地域密着型金融の推進」の「Ⅱ―5―1 経緯」と「Ⅱ―5―2 基本的考え方」に明記された「経営支援・金融サービス」と「最適なソリューションの提案」が、多くの中小企業飛躍のステップボードになるものと思います。以下に、その概要を述べていくことにします（次ページ参照）。

金融機関の顧客企業からは、金融機関に対して、「経営課題への適切な助言や販路拡大等の経営支援、ニーズに合致した多様な金融サービスの提供」が強く期待され、生産性向上と地域活性化の支援を要請されています。

具体的には、上記の「最適なソリューションの提案」に述べられていますが、ここでは、顧客企業は、他の金融機関、外部専門家、外部機関等と連携し、国や地方公共団体の中小企業支援施策を活用することが提案されています。

Ⅱ－５－１　経緯

(1)　地域密着型金融の推進については、平成19年８月に本監督指針を改正し、通常の監督行政の恒久的な枠組みとして位置付けるとともに、金融機関の自由な競争、自己責任に基づく経営判断の尊重、地域の利用者の目（パブリック・プレッシャー）を通じたガバナンスを基本としつつ、地域密着型金融が深化、定着するような動機付け、環境整備を行ってきた。

こうした中、地域金融機関（地域銀行、信用金庫、信用協同組合）においては、経営改善支援、事業再生支援、担保・保証に過度に依存しない融資等の取組みが行われてきている。一方、中小企業をはじめとした利用者からは、そうした取組みにとどまらず、経営課題への適切な助言や販路拡大等の経営支援、ニーズに合致した多様な金融サービスの提供が強く期待されている。

Ⅱ－５－２－１　顧客企業に対するコンサルティング機能の発揮

(2)　最適なソリューションの提案

顧客企業の経営目標の実現や経営課題の解決に向けて、顧客企業のライフステージ等を適切かつ慎重に見極めた上で、当該ライフステージ等に応じて適時に最適なソリューションを提案する。その際、必要に応じ、顧客企業の立場に立って、他の金融機関、外部専門家、外部機関等と連携するとともに、国や地方公共団体の中小企業支援施策を活用する。

特に、顧客企業が事業再生、業種転換、事業承継、廃業等の支援を必要とする状況にある場合や、支援にあたり債権者間の調整を必要とする場合には、当該支援の実効性を高める観点から、外部専門家・外部機関等の第三者的な視点や専門的な知見・機能を積極的に活用する。

なお、ソリューションの提案にあたっては、認定経営革新等支援機関（中小企業等経営強化法第26条第１項の認定を受けた者をいう。以下、同じ。）との連携を図ることも有効である。

金融機関は、顧客企業に対して、形式的ではなく実質的に顧客本位の業務運営を実現するように、原理原則を尊重したプリンシプルベースのアプローチに努めることになっています。ルールベースの細則主義の受け身的なアプローチではなく、顧客の規模・特性に沿った積極的で多様化したアプローチの提供のことです。このことは、よりその効果を高めるために、士族資格者や外部専門家などの専門的な知見・機能をも活用し、対話や傾聴の伴走支援をすることです。

上記「Ⅱ―5―2―1」の⑵に記されている「顧客企業のライフステージ等に応じて提案するソリューション(例)」における「外部専門家・外部機関等との連携」の内容は、プリンシプルベースのアプローチの効果を高める大きな示唆になります。

この「顧客企業のライフステージ等に応じて提案するソリューション(例)」における「金融機関が提携するソリューション／外部専門家・外部機関等との連携」については、以下に示す、「主なガイドライン」と「ガイドラインの主要テーマ」をベースにして、中小企業にとっては多様性の活用と自己責任原則で、地域の外部支援者にとっては、伴走支援で実現することを提案しています。

そして、以下に紹介するガイドラインの詳細・サマリーについては、後段にまとめています。これらのガイドラインについては、かなりのボリュームで概要、目的、メリットなどを詳細に説明した文章が行政機関から公表されています。採用する中小企業が、独力で処理するには、難しい点もありますので、金融機関の担当者が支援することが望ましいことです。ただし、かなり専門的な内容も含まれていますので、地域の税理士等・中小企業診断士・認定支援機関などと連携することもポイントになります。

顧客企業のライフステージ等の類型	主なガイドライン	ガイドラインの主要テーマ
創業･新事業開拓を目指す顧客企業	① 2021年3月、事業再構築指針の手引き（初版）、（経済産業省 中小企業庁）	❶ 事業再構築指針の手引き 「事業再構築」とは、「新市場進出（新分野展開、業態転換）」、「事業転換」、「業種転換」、「事業再編」を指し、それぞれに該当する事業計画を策定します。
成長段階における更なる飛躍が見込まれる顧客企業	② 2022年12月、収益力改善支援に関する実務指針（中小企業収益力改善支援研究会） ③ 2022年3月、ESG地域金融実践ガイド2.1（環境省環境経済課） ④ 2022年12月、業種別支援の着眼点（日本生産性本部）	❷ 収益力改善支援に関する実務指針 本実務指針は、収益力改善やガバナンス体制の整備に向けた取組を行うに当たり、経営者と支援者が、対話を通して、目線を合わせて信頼関係の構築等につなげることを目的としています。 ❸ ESG地域金融実践ガイド2.1 ESG地域金融を実践するには、「地域資源･課題」「主要産業」「個別企業」の3つのアプローチで、持続可能な地域の実現を目指すことです。また、ESG要素を考慮した事業性評価を行います。 ❹ 業種別支援の着眼点 事業者を支援するとき、各業種別の事業に共通する課題･特性を理解し、個社が抱える経営課題について共有し対話することを目指しますが、この情報をまとめています。
経営改善が必要な顧客企業 （自助努力により経営改善が見込まれる顧客企業など	② 2022年12月、収益力改善支援に関する実務指針（中小企業収益力改善支援研究会） ③ 2022年3月、ESG地域金融実践ガイド2.1（環境省環境経済課） ④ 2022年12月、業種別支援の着眼点（日本生産性本部）	●同上 収益力改善支援に関する実務指針 ESG地域金融実践ガイド2.1 業種別支援の着眼点

事業再生や業種転換が必要な顧客企業 （抜本的な事業再生や業種転換により経営の改善が見込まれる顧客企業など）	⑤ 2022年3月、中小企業の事業再生等に関するガイドライン（中小企業の再生等に関する研究会） ① 2021年3月事業再構築指針の手引き（初版）経済産業省 中小企業庁）	❺ 中小企業の事業再生等に関するガイドライン 債務者である中小企業者と債権者である金融機関等が、共通の認識の下で、事業再生等に向けた取組みを進めていき、第三者支援専門家が、中立かつ公正・公平な立場から、中小企業者や金融機関等による迅速で円滑な私的整理手続を可能とすることを目的としています。 ① 事業再構築指針の手引き 前記
事業の持続可能性が見込まれない顧客企業 （事業の存続がいたずらに長引くことで、却って、経営者の生活再建や当該顧客企業の取引先の事業等に悪影響が見込まれる先など）	⑤ 2022年3月、中小企業の事業再生等に関するガイドライン（中小企業の再生等に関する研究会）	❺ 中小企業の事業再生等に関するガイドライン 同上
事業承継が必要な顧客企業	⑥ 令和4年3月改訂、事業承継ガイドライン（第3版）、中小企業庁2021年3月 ① 事業再構築指針の手引き（初版）、（経済産業省 中小企業庁）	❻ 事業承継ガイドライン 一般的に、企業の成長力は高いものの経営者の経営意欲が減退している場合は、事業承継やM&Aで対応します。日本経済が持続的発展を続けるため、アイディア、技術・サービス等を、中小企業として承継することは重要です。 ① 事業再構築指針の手引き 前記

2　事業再構築指針の手引き

「顧客企業のライフステージ等の類型」における第一番目の「創業・新事業開拓を目指す顧客企業」では、その主なガイドラインとして、この「事業再構築指針の手引き」を紹介します。

1　事業再構築補助金の概要（中小企業等事業再構築促進事業）《12.0版 令和五年八月三日 中小企業庁》

1. 事業目的、申請要件

- ポストコロナ・ウィズコロナの時代の経済社会の変化に対応するため、中小企業等の思い切った事業再構築を支援することで、日本経済の構造転換を促すことを目的とします。
- コロナの影響で厳しい状況にある中小企業、中堅企業、個人事業主、企業組合等を対象とします。申請後、審査委員が審査の上、予算の範囲内で補助金交付候補者を採択します。
- 予算額として、令和２年度第３次補正予算で１兆1,485億円、令和３年度補正予算で6,123億円、令和４年度予備費で1,000億円、令和４年度第２次補正予算で5,800億円が計上されています。

必須要件

(1) 事業計画について認定経営革新等支援機関の確認を受けること

- 事業者自身で事業再構築指針に沿った事業計画を作成し、認定経営革新等支援機関の確認を受けること。補助金額が3,000万円を超える案件は金融機関（銀行、信金、ファンド等）の確認も受けること。金融機関が認定経営革新等支援機関を兼ねる場合は、金融機関のみで構いません。

(2) 付加価値額を向上させること

- 補助事業終了後３～５年で付加価値額の年率平均3.0～5.0％（申請枠により異なる）以上増加、又は従業員一人当たり付加価値額の年率平均3.0～5.0％（申請枠により異なる）以上増加させることが必要です。

※付加価値額とは、営業利益、人件費、減価償却費を足したものをいう。

1．事業再構築指針について

● 「事業再構築指針」（以下「指針」）は、事業再構築補助金の支援の対象を明確化するため、「事業再構築」の定義等について、明らかにしたものです。

● 「事業再構築」とは、「新市場進出（新分野展開、業態転換）」、「事業転換」、「業種転換」、「事業再編」又は「国内回帰」の5つを指し、本事業に申請するためには、これら5つのうち、いずれかの類型に該当する事業計画を認定支援機関と策定することが必要となります。

- 事業再構築指針
  - 事業再構築の定義
    - 新市場進出（新分野展開、業態転換）
      ……新たな製品等で新たな市場に進出する
    - 事業転換
      ……主な「事業」を転換する
    - 業種転換
      ……主な「業種」を転換する
    - 事業再編
      ……事業再編を通じて新市場進出（新分野展開、業態転換）、事業転換、又は業種転換のいずれかを行う
    - 国内回帰
      ……海外で製造等する製品について、その製造方法が先進性を有する国内生産拠点を整備する

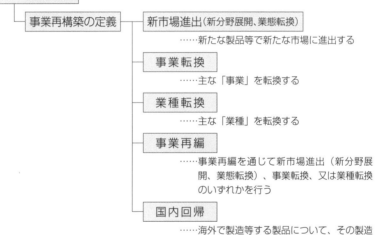

3 事業再構築とは

事業再構築の目的は、「ポストコロナ・ウィズコロナの時代の経済社会の変化に対応するため、中小企業等の思い切った事業再構築を支援することで、日本経済の構造転換を促す」ということです。

また、「事業再構築指針」は、事業再構築補助金の支援の対象を明確化するため、「事業再構築」の定義等について、明らかにしたものです。

民間の金融機関は短期資金調達と短期資金運用が基本で、融資については、短期資金支援が主流です。融資は時間ギャップ充当融資と資本構成ギャップ充当融資で、キャッシュフローの資金還流までのつなぎ融資と資本構成比率の正常化までのつなぎ融資が、金融機関の融資の本流です。事業再構築は企業の構造転換に伴う資金ニーズに充当する融資については、将来のキャッシュフローを明確にできない場合は、金融機関として支援は難しくなります。新市場進出の新分野展開や業態転換は、不確定要因が多く、将来のキャッシュフローの見込みは難しく、事業転換・業種転換・事業再編も同様です。そこで、返済やその条件を定めない、資本金のような事業再構築補助金の支援が大きな効果をもたらします。

特に、創業・新事業開拓と衰退期のライフステージの資金調達には、事業再構築補助金は有効であり、経営改善計画策定が難しい構造転換資金には、行政機関の資金支援が強みになります。

ただし、このような事業再構築補助金には、必ず、短期の資金ギャップを埋める短期融資ニーズが生じますので、民間金融機関の役割は大きくなります。また、企業の成長や構造転換は、将来、何回も生じる可能性もありますから、民間金融機関からの資金調達も多くなります。そのためにも、民間金融機関においても、この構造転換の事業再構築補助金の調達を行う中小企業への支援やアドバイスは必要になります。

4 事業再構築補助金導入企業のライフステージ別の資金ニーズ

創業・新事業開拓のライフステージの企業としては、新市場進出の事業再構築補助金を調達したとしても、さらなる新事業についての設備資金や運転資金ニーズがあります。創業・新事業開拓のライフステージの事業が好転した場合は、多くは新たな事業要請が生じ、かなりの短期資金ニーズが起こるモノです。最近では、デジタル人材の採用や役職員の教育研修など、デジタル環境の整備や知財・無形資産に対する資金ニーズも生じており、民間の金融機関への取引拡大要請も大きくなります。

成長期・成熟期のライフステージの企業に対しては、事業転換・業種転換の事業再構築補助金のニーズがありますが、このライフステージの企業については、売上増加による増加運転資金ニーズが大きいものです。また、ステークホルダーとのデジタル連携や自社内のＤＸやネットワーク化にともなう資金ニーズもあり、民間の金融機関の融資ニーズも大きくなります。

衰退期のライフステージの企業に対しては、中小企業の事業再生等に関するガイドラインや事業承継ガイドラインで、返済猶予や企業再生手法また事業再編手法を講じた後には、新分野展開や業態転換、事業転換・業種転換などの事業再構築補助金ニーズが発生します。補助金申請を行うものの、資金ニーズは安定せず、金額も固まらないことが予想されますので、民間金融機関のフットワークの良い対応が求められます。

その他にも、技術力や販売力に関連する資金ニーズや雇用や内部管理・内部統制関連の資金需要も発生しますので、民間金融機関の短期・長期の資金ニーズの発生が見込まれます。また、企業の経営改善計画策定スキルや内部統制機能が高まれば、取引金融機関数の圧縮も可能になり、他行融資の肩代わりの資金ニーズも発生します。

なお、最近まで、返済猶予や長期資金の期日延長を受けていた企業については、経営改善計画策定による、キャッシュフローと返済財源の開示を求められるようになります。金融機関メンバーからは、「あと何年で返済できるか（債務償還年数は何年か）」と問われると同時に、「事業再構築の計画はどんな内容か」と、聞かれると思います。このようなことに対するアドバイスができる金融機関メンバーが、今後は求められるようになります。

3 収益力改善支援に関する実務指針

「顧客企業のライフステージ等の類型」における第二番目「成長段階における更なる飛躍が見込まれる顧客企業」にこの「収益力改善支援に関する実務指針」をガイドラインとして紹介します。

1 ライフステージ別収益力改善支援

創業・新事業開拓のライフステージの企業は、成長期・成熟期のライフステージの企業になって行くにつれて、事業の数が増加してきます。また、仕入・在庫・販売などの事業の量も徐々に増加し、商品別・対象企業別・地域別などと管理分野も増えていきます。ステークホルダーや取締役などの数も増えて、これらが有機的に結びついて、企業が発展していきます。そして、衰退期のライフステージの企業になれば、収益力に差が生じて、一般的には事業の数を取捨選択して、経営者としては事業数を絞り込むようになります。このように収益力の増減によって、経営者への支援者が必要になっていきます。この「収益力改善支援に関する実務指針」では、その支援者を、金融機関、士業等としています。

2 「収益力改善支援に関する実務指針」の運用指針

この中小企業に対する運用指針は、以下のように述べています。

事業者が収益力改善に向けた取組を行う上では、「早く対応していれば深刻な経営状況に陥らずに済んだのに」ということにならないよう、早い段階で質の高い支援を受けることが重要である。また、支援者は、既に支援の必要性を認識している事業者の他にも、潜在的に支援ニーズを有する事業者を掘り起こしていくことも重要である。本実務指針は、支援を必要とするより多くの事業者に対し、早い段階での適切な支援を届けていくため、活用されることを期待している。

また、持続的な成長と中長期的な企業価値の向上を目指す上では、ガバナンス体制の整備は重要な課題である。この課題を解決していくためには、事業者が金融機関を含めた取引先等との良好な信頼関係を構築し、取引先との関係強化や経営者保証解除等の各種取引条件の改善、円滑な事業承継、思い切った事業展開等に舵を切れるよう、規律ある経営体制を整備する必要があり、本実務指針では、ガバナンス体制の整備に取り組む上での考え方も整理している。

3　「収益力改善支援に関する実務指針」の概要

企業は、成長段階における顧客企業や、経営改善が必要な顧客企業については、さらなる飛躍のためには、「収益力改善支援に関する実務指針」が必要になります。このポイントは、以下の概要に述べられているように、「収益力改善支援」「ガバナンス体制の整備支援」の通りです。

このガイドラインでは、経営者と金融機関また支援者について、次のように要請しています。

経営者に対しては、最終的には、支援者の支援がなくとも、経営者自らが経営課題、事業環境の変化を見極め、柔軟に対応・挑戦できるよう、自走していくことを期待していいます。

金融機関に対しては、この実務指針による収益力改善やガバナンス体制の整備が成された後も、引き続き、事業者のサポーターとして、経営者と定期的な情報共有をしつつ、さらなる収益力改善・ガバナンス体制の維持・強化に向けた支援を期待しています。

支援者には、課題設定→計画策定（課題解決策の検

[redacted]

● 経営改善計画策定支援事業（405 事業・ポスコロ事業）については、認定経営革新等支援機関が本実務指針に沿った支援を行うことを求める。

ガバナンス体制の整備支援の実務と着眼点

1．支援にあたっての考え方

○ガバナンス体制の整備に取り組む目的は持続的な成長と中長期的な企業価値向上の実現

○「中小企業の事業再生等に関するガイドライン」や「経営者保証に関するガイドライン」に示されている、経営の透明性確保及び事業者と経営者の資産等の分別管理等を踏まえた検討が必要

2．ガバナンス体制の整備に係る計画策定支援

①現状把握　…以下の着眼点に基づき、定性・定量両面で情報を整理

○経営の透明性確保

○事業者と経営者の資産等の分別管理

○内部管理体制の構築

②課題明確化…①を踏まえた課題の明確化と経営者の「ありたい姿」の実現に向けて経営者自らの意思で取り組む動機付け

③対応策の検討と事業者へのアドバイス

…①②を踏まえて解決策を検討（優先順位等も考慮）
「ガバナンス体制の整備に関するチェックシート」を活用した中小企業活性化協議会との意見交換の実施も有用

[redacted]

4. 報告支援　計画進捗状況等を整理し、金融機関等のステークホルダーと報告（共有）

5. 計画の見直しとPDCA サイクルの構築　取組を一過性のものとせず、課題設定→計画策定→実行→検証・見直しのPDCA サイクルの構築を支援

柔軟に対応・挑戦（自走）できることを期待

「収益力改善支援に関する実務指針」の概要

実務指針の狙いと運用方針

- 中小企業を取り巻く環境が激変する中、本源的な収益力の改善に向けた取組や、思い切った事業展開を行うためのガバナンス体制の整備が必要。
- 収益力改善やガバナンス体制整備の際に、経営者と支援者の対話に活用し、互いの目線合わせや信頼関係の構築につなげることを目的としている。

収益力改善支援の実務と着眼点

1．支援ニーズの掘り起こし

○２種類（経営者向け・支援者向け）の経営状況チェックリストを活用し、経営者と支援者が互いの視点から、収益力改善ニーズを早期に認識

2．支援者による相談対応

○対話と傾聴を基本姿勢に、「ローカルベンチマーク」や「経営デザインシート」等を活用しつつ、経営者が「腹落ち」できる取組を共に模索

○経営課題が多様化・高度化する中、よろず支援拠点等も活用しつつ、幅広い支援者と早い段階で連携

3．計画策定支援　※策定する目的や求める内容は個別に考慮

①現状分析 …「ローカルベンチマーク」等を活用して、財務、商流、業務フロー、内外の経営環境等を分析

②経営課題の明確化 …①を踏まえた課題の明確化と経営者の「ありたい姿」の実現に向けた動機付け

③課題解決策の検討 …効率的かつ実行可能性の高い解決策検討

④アクションプランの策定 …具体的に実行できる行動計画の策定

⑤数値計画の策定 …④による効果を踏まえた見通しの数値化

⑥資金繰りの検討 …資金収支の予測と過不足への対策検討

⑦金融支援内容の検討 …金融機関とできるだけ多くの情報を共有の上、金融支援の必要性や返済計画等の理解を求める

伴走支援の実務と着眼点

1. **進捗確認**　数値計画と実績の差異を多角的に確認（財務指標を活用しつつ、背景や要因等を含めて確認）
2. **取組状況の確認**　アクションプラン等の取組状況を確認（内部統制や人員体制等、数値以外の変化にも着目）
3. **対応策の検討と事業者へのアドバイス**　計画の進捗状況の原因を分析し対応策を検討（経営者が、計画に固執せず柔軟に取り組めるよう後押し）

経営者自らが経営課題や事業環境の変化を見極め、

討）→実行（伴走支援）→検証・見直しのＰＤＣＡサイクルを回すことを助言しています。その際、経営者がＰＤＣＡサイクルを回すこと自体を目的とせず、自らの経営を俯瞰し、環境の変化に対してスピード感を持って柔軟に経営課題に向き合っていくことを意識づけることも重要な役割としています。

「収益力改善支援に関する実務指針の概要」「経営者のための経営状況自己チェックリスト」「支援者による経営状況チェックリスト」「ガバナンス体制の整備に関するチェックシート」は、一一〇〜一一一ページおよび一一三〜一一五ページの通りです。

なお、「収益力改善支援に関する実務指針」における支援者としては、以下のガイドラインの利活用も、推奨しています。

・経営デザインシート
・ローカルベンチマーク
・地域経済分析システム（ＲＥＳＡＳ）

【別添1】

経営者のための経営状況自己チェックリスト

チェックポイント	自己チェック	
	YES	NO
①毎月の試算表を作成しており、資金繰り表等で当面（向こう1年分程度以上）の資金繰りを管理できている	□	□
②営業黒字が維持できており、繰越欠損はない	□	□
③借入金を増やさなくても運転資金は確保できている	□	□
④減価償却が必要な資産については、正しく費用を計上している	□	□
⑤税金・社会保険料の滞納がない	□	□
⑥経営理念やビジョンがあり、従業員と共有できている （社是、社訓、スローガン、パーパス(注)等も含む） (注)パーパス…企業の根本的な存在意義や究極的な目的等を示したもの	□	□
⑦自社の強みの活用や弱みの克服に向けた取組を行っている	□	□
⑧自社の業務フローや商流（取引の流れ）を十分理解している また、販売先（ユーザー）は複数に分散している	□	□
⑨市場動向（為替、原油価格、賃金水準等）で、何が経営に影響を与えるかを理解し、対応策を考えている	□	□
⑩事業を継続・発展させるための人材育成に取り組んでいる （後継者を含めた経営陣の育成、技術やノウハウの伝承等）	□	□

【別添2】

支援者による経営状況チェックリスト

財務状況		☐	**★試算表や資金繰り表が管理されていない**
		☐	売上が減少し続けている
		☐	営業赤字 又は 営業利益が減少し続けている
		☐	借入金が増加し続けている
		☐	借入金の返済能力が十分でない（キャッシュフロー等）
		☐	経営陣と会社の間で、金銭や不動産の貸借がある
		☐	売掛債権と買掛債権の回転率に大きな乖離がある
		☐	減価償却費が正しく計上されていない
		☐	税金・社会保険料の滞納がある
非財務	経営者	☐	**★経営者が経営理念やビジョンを持っていない**
		☐	経営者が自社の課題を把握できていない 又は 現状改善の意欲が見られない(向き合わない)
		☐	経営者の後継人材がいない
	事業	☐	自社の強みの活用及び弱みの克服に向けた取組が行われていない
		☐	事業環境の整備（ITへの投資や活用等）に着手していない
		☐	単位時間あたりの付加価値（生産性）の向上に向けた取組が行われていない
	環境・関係者	☐	同種・同業の他社と比較して強みが見当たらない
		☐	市場動向（原材料価格、為替、人件費等）や競合相手について関心がない
		☐	商流が特定の取引先に偏っている
		☐	従業員が定着していない　又は　十分な採用（人材確保）ができていない
		☐	取引金融機関数が極端に多い　又は　頻繁にメインバンクが変わっている
	内部管理体制	☐	各部門に責任者・キーパーソンがおらず指示命令系統が機能していない
		☐	事業計画や目標が従業員と共有できていない
		☐	新しい商品・サービスの開発や事業変革に取り組んでいない
		☐	技術やノウハウの伝承、現場における人材育成に取り組んでいない

ガバナンス体制の整備に関するチェックシート

【別添3】

【本シートの目的】
本シートは、事業者のガバナンス体制の整備・強化に向けて、経営者と支援者の目線を合わせて、その達成状況や今後の課題を議論できるよう策定したシートです。そのため、経営者のみならず、中小企業活性化協議会をはじめとする支援者の皆様に活用いただくことを想定しています。なお、本シートの項目、目安は例示であり、各企業の規模等によって適宜アレンジして使用することが望まれます。

【本シートの活用における留意点】
本シートの項目や各種の目安は例示です。この目安を全て満たさなければいけないといったものではありません。また、この目安を満たしたからといって、必ず経営者保証が解除されるものではありません。

【チェック項目】

	項目内容	チェックポイント（◎は特に重要な項目）		チェック欄
経営の透明性	経営者へのアクセス	◎	支援者が必要なタイミング又は定期的に経営状況等について内容が確認できるなど経営者とのコミュニケーションに支障がない。	
	情報開示	◎	経営者は、決算書、各勘定明細（資産・負債明細、売上原価・販管費明細等）を作成しており、支援者はそれらを確認できる。	
		◎	経営者は税務署の受領印（電子申告の場合、受付通知）がある税務関係書類を保有しており、支援者はそれらを確認できる。	
			経営者は試算表、資金繰り表を作成した上で、自社の経営状況を把握する。また、支援者からの要請があれば提出する。	
	内容の正確性	◎	経営者は日々現預金の出入りを管理し、動きを把握する。例えば、終業時に金庫やレジの現金と記帳残高が一致するなど収支を確認しており、支援者は経営者の取組を確認できる。	
			支援者は直近3年間の貸借対照表の売掛債権、棚卸資産の増減が売上高等の動きと比べて不自然な点がないことや、勘定明細にも長期滞留しているものがないことを確認する。	
			経営者は、会計方針が適切であるかどうかについて、例えば、「「中小企業の会計に関する基本要領」の適用に関するチェックリスト」等を活用することで確認した上で、会計処理の適切性向上に努めており、支援者はそれを確認できる。	
法人個人の分離	資金の流れ	◎	支援者は、事業者から経営者への事業上の必要が認められない資金の流れ（貸付金、未収入金、仮払金等）がないことを確認できる。	
		◎	支援者は、経営者が事業上の必要が認められない経営者個人として消費した費用（個人の飲食代等）を法人の経費処理としていないことを確認できる。	
			経営者は役員報酬について、事業者の業況が継続的に悪化し、借入金の返済に影響が及ぶ場合、自らの報酬を減額する等の対応を行う方針にあり、支援者はそれを確認できる。	
	事業資産の所有権		経営者が事業活動に必要な本社・工場・営業車等の資産を有している場合、支援者は法人から経営者に対して適正な賃料が支払われていることを確認できる。	

	項目内容		項目例（注1）	t-2期	t-1期	t期	目安（注2）	チェック欄
財務基盤の強化	債務償還力	◎	EBITDA有利子負債倍率				15倍以内	
	安定的な収益性	◎	減価償却前経常利益				2期連続赤字でない	
	資本の健全性	◎	純資産額				直近が債務超過でないこと	

（注1）事業者規模や業種等に応じて、項目は変更することを想定しています。例えば、金融機関によっては次のような項目を採用しているケースがあります。債務償還力はEBITDA有利子負債倍率（目安：15倍以内）、インタレスト・カバレッジレシオ（同：2.0倍以上）、債務償還年数（同：20年以内）等、安定的な収益性は減価償却前経常利益（同：2期連続赤字でない）、使用総資本事業利益率（同：10％以上）等、資本の健全性は純資産額（同：直近が債務超過でない）、自己資本比率（同：20％以上）、純資産倍率（同：2.0倍以上）等。
（注2）目安に記載した数値は絶対的な基準ではなく、事業者に応じて変わり得るものです。事業者の事業規模、業種等によっては本シートに記載した目安と異なりますので、経営者と金融機関をはじめとする支援機関との間で活用する場合、目安となる数値設定から意見交換していただくことを想定しています。

【参考情報】

経営の透明性等の確保・継続する手段として、取締役会による適切な牽制機能の発揮、会計参与の設置、外部を含めた監査体制の確立等によって、社内管理体制を整備していくことも考えられます。
経営者保証について、「徴求する/しない」の二択ではなく、事業者のガバナンス体制の整備状況に応じて、経営者保証による保証債務の効力の有無をコベナンツで設定するといった手法も考えられます。

4 中小企業への支援者・金融機関への支援内容

一一〇ページと一一一ページの図で、「収益力改善支援に関する実務指針の概要」の図表を示しましたが、「収益力改善支援の実務と着眼点」「ガバナンス体制の整備支援の実務と着眼点」「伴走支援の実務と着眼点」が、そのオリジナルの本文である「収益力改善支援に関する実務指針」の三本柱になっています。

この三本柱の中でポイントとなる項目を、以下に抜粋して紹介します。

「収益力改善支援の実務と着眼点」

2．3．7金融支援内容の検討

金融支援を検討する際、経営者は、自社の財務状況、経営状況（収支等）、キャッシュフロー状況及び金融支援が必要な理由を理解した上で、取引金融機関に報告・相談する必要がある。

経営者及び士業等は、借入金返済計画の実現可能性と、各金融機関の衡平性について留意の上、金融機関とできるだけ多くの情報を共有し、金融支援の必要性や返済計画等に理解を求めていくことが重要である。

金融機関においては、「金融支援の内容は事業者にとって有効なものか」、「計画は実行可能なものか」等の観点を踏まえ、支援の妥当性を判断する必要がある。

士業等は、「返済猶予」による支援が必要と判断する場合、安易に元金据置とせず、返済猶予が必要な理由も含めて検討の上、部分返済での対応可否についても検討する必要がある。また、返済を猶予することのみを目的とせず、「返済猶予中に本源的な収益力改善にどれだけ取り組めるか」、「事業の継続性はどうか」等についても検討していく必要がある。

「ガバナンス体制の整備支援の実務と着眼点」

3．2．2 課題明確化

現状分析で把握した課題点について、その原因と今後の対応等について検討し、事業者のガバナンス体制の整備に向けて対応すべき課題を明確化する。ここでは、経営者自身が納得した取組を自らの意思で行うことが重要であり、支援者は、経営者が思い描く「ありたい姿」、「将来像」（『2．2．1経営者との対話と傾聴』参照）を確認し、それに見合った課題を設定しつつ、適切に動機付けしていくことが重要である。このため、経営者と支援者は、なるべく多くの情報を共有した上で、経営者にとっての本質的な課題解決に向けて、ガバナンス体制の整備の目的を明確にしていくことも重要である。

「伴走支援の実務と着眼点」

4．4 報告支援

経営者及び士業等は、数値計画、改善策の実施状況等を整理し、金融機関等のステークホルダーに報告する。進捗状況を金融機関と共有することで、より事業者の実状に寄り添った対応が期待できる。その際、金融機関の視点でのガバナンス体制や経営上の課題点等を確認することが望ましい。

4 ESG地域金融実践ガイド2．1

成長段階や経営改善中の顧客企業については、その周囲の地域経済や地域社会に貢献する必要があり、金融機関の「ESG地域金融」と同調することが大切で、この「ESG地域金融実践ガイド2．1」を紹介します。

「収益力改善支援に関する実務指針」は、金融機関が士族などの支援者とともに、企業の収益力やガバナンス体制を改善することですが、「ESG地域金融実践ガイド2．1」は、地域金融機関が旗振り役となって、地域経済の活性化や地域資源の活用また自治体等との連携に努めて、地域社会の復興を目指すことです。そして、地域金融機関はESG要素を考慮したファイナンス（事業性評価など）を提供することにもなります。このESG地域金融は、持続可能な地域の実現（地域経済エコシステム／地域循環共生圏の構築）を目指して実践するもので、具体的には、「取引先の企業価値の向上」だけでなく、「取引先のバリューチェーン」「地域の環境・社会・経済への好影響」を目指すことが求められます。

また、持続可能な地域の実現に向けたアプローチを三つに分類して行います。①地域資源・課題を対象にした取組み、②地域資源の持続的な活用による地域活性化や主要産業持続可能性の向上に向けた支援に役立つもので、③個別企業を対象にして取引先の価値向上に繋げるものです。

現在の大企業や上場企業は、ESGへの貢献がなければ、グローバルな投資家から資金調達ができず、行政からも評価されないために、このESGは必須項目になっていますが、中小企業も、このESG地域金融によって、地域金融機関から、直接評価されることになりました。企業のライフステージで、成長段階や再生段階の企業は、金融機関からの円滑な資金調達を得る関係を目指すには、このＥＳＧ地域金融の知識は必須になり、この「ＥＳＧ地域金融実践ガイド２．１」の習得も欠かせません。

ESG地域金融の考え方（1）

環境省

- ESG地域金融の定義は「**『地域における持続可能な社会・経済づくり』を拡大するために地域金融機関が期待される役割、すなわち『地域の特性に応じたESG要素を考慮した金融機関としての適切な知見の提供やファイナンス等の必要な支援』**」である。
- わが国の地域経済社会は、高齢化や人口減少といった構造的下押し要因のほか、気候変動対応やネイチャーポジティブ経済への対応、SDGsといった世界的な潮流の影響も受けつつある中で、解決すべき地域課題を複数抱えている。こうした課題解決に取組み、地域経済の活性化や地域社会の復興を目指す上で、**地域金融機関は、自治体等と連携し、地域資源の活用にかかる知見やESG要素を考慮したファイナンス（事業性評価など）を提供することで、取組推進の核となる重要なポジション**にある。

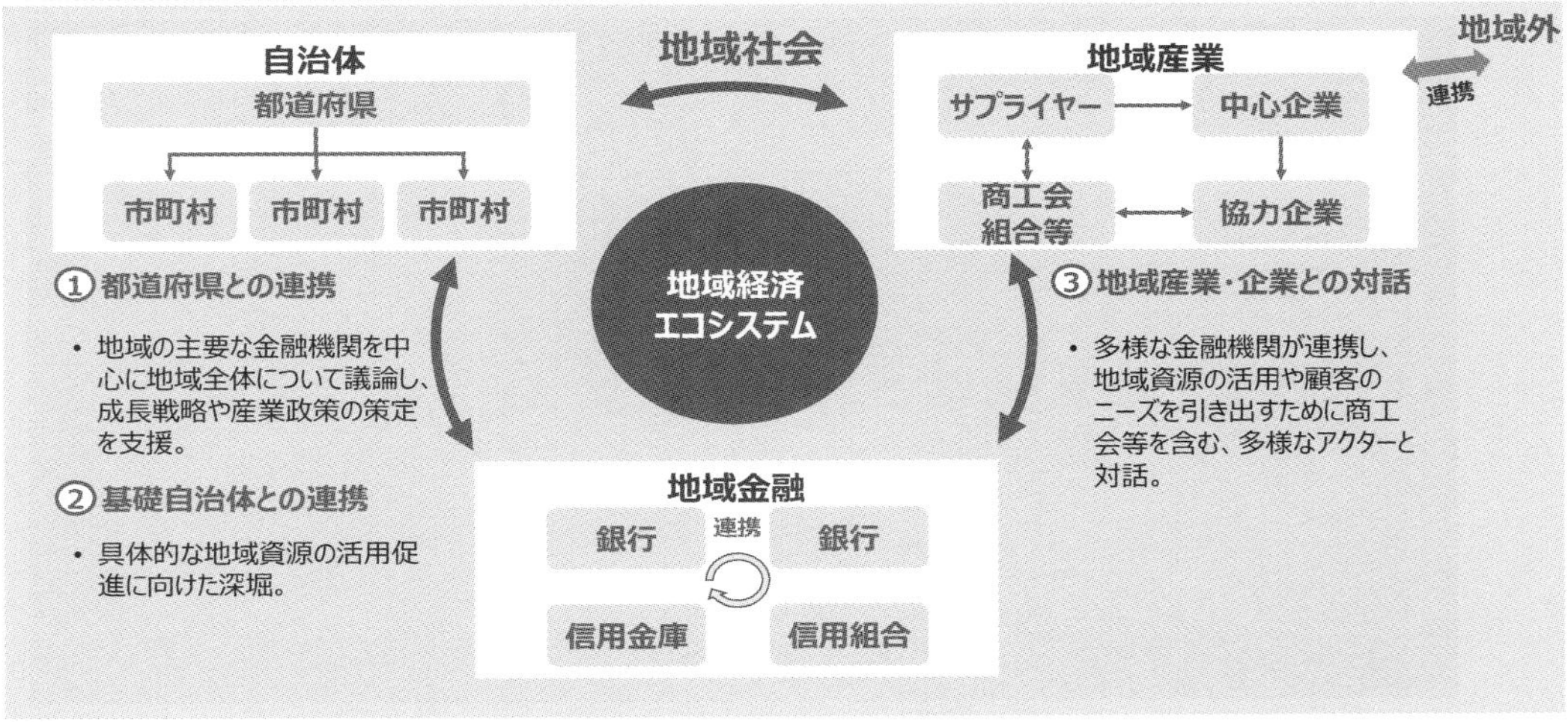

ESG地域金融の概念と目的｜ 1. ESG地域金融とは　実践内容の概要　アプローチ別

ESG地域金融の考え方（2）

環境省

■ **ESG要素（環境・社会・ガバナンス）を考慮したファイナンス**とは、地域課題の解決のためのニーズを経済的価値の源泉とする事業を発掘し、事業性を見極めつつ適切な融資・支援を行う金融行動である。これは、**従前から地域金融機関が取り組んできた、事業性評価での目利き、融資先への丁寧なモニタリング、本業支援等の延長線上にある。**

■ こうした金融行動を重ねることで、個社レベルでは企業価値向上や競争力強化、地域レベルではESG要素に関わるネガティブなインパクト※の抑制とポジティブなインパクトの創出が図られ、ひいては環境・社会課題の解決、経済の強靱化が期待される。

■ 当然、地域金融機関にとっては、こうした金融行動により地域経済が強化されることは、**自らの持続可能なビジネスモデルの構築や、経営基盤強化を通じた金融仲介機能の更なる発揮につながる可能性**を有している。

社会の変化・持続可能性課題の発生	事業環境の変化	リスク・機会	財務影響
■ 気候変動、自然災害の増加 ■ 世界人口の増加・途上国経済の拡大 ■ 国内の人口減少・高齢化 ■ 都市化、産業化、環境汚染の拡大 ■ 生物多様性の損失・自然資本の深刻な劣化・利用可能な天然資源の制約 ■ 格差拡大・貧困化 ■ デジタル革命、IoT、AI、ロボティックスの進展 ■ 新型感染症の流行による社会の変容	■ 消費者や顧客ニーズの変化 ■ 競合他社の変化 ■ 政策・規制の変化 ■ 原材料供給の変化 ■ 自然・社会関係資本の変化	■ リスク ・マーケットシフト、既存市場の縮小 ・炭素規制、排出コストの増大 ・資源価格の高騰 ・資源の欠乏 ・サプライチェーン分断、被災 ・人材不足　等 ■ 機会 ・脱炭素、安全、コネクテッド技術への需要増加、市場拡大 ・途上国・新興国市場の成長 ・生産効率化 ・優良企業という外部評価の獲得 ・バイオエコノミー型ビジネスの興隆　等	短期間でのコスト増大、収益減少 中長期的な収益拡大、コスト削減

※ 対象となる取組により引き起こされる環境・社会・経済にもたらすポジティブ又はネガティブな変化のこと。

ESG地域金融実践における基本的な考え方

- ESG地域金融は、持続可能な地域の実現（地域経済エコシステム/地域循環共生圏の構築）を目指して実践されるものである。そのため、ESG地域金融の実践にあたっては、**地域金融機関の取組（取引先への支援など）が与える影響**※**を考慮し**、可能な限りその**影響が全体としてポジティブなものとなるように考慮する**必要がある。
- 具体的には、**取引先に対する影響**だけでなく、**取引先のバリューチェーンへの影響**、**地域の環境・社会・経済への影響**を考慮することが求められる。

※影響を想定する範囲は、地域金融機関の役割を踏まえて定めることが望ましい。

「持続可能な地域の実現」

↑ **全体としてポジティブな影響**

支援時に創出すべき影響

企業／事業価値の向上	持続可能なバリューチェーン構築への寄与	地域の環境・社会・経済へのポジティブインパクトの創出
中長期的なリスク、機会を踏まえた取組を促進させ、取引先の中長期的なキャッシュフローへの影響の改善、企業／事業価値を向上させる	取引先の取組の変化によりサプライヤーや納品先等に対して好影響を与え、バリューチェーンの持続可能性を向上させる	取引先やバリューチェーンにおける取組の変化により環境・社会・経済に与えるネガティブなインパクトを抑制し、ポジティブなインパクトを増大させる

ESG地域金融における3つのアプローチの関係性と取組の成果

環境省

- 本ガイドでは、持続可能な地域の実現に向けた、**ESG地域金融の実践アプローチを3つに分類**している。
- ESG地域金融の３つのアプローチに関して、①地域資源・課題を対象にした取組、②主要産業を対象にした取組は、**金融機関の中長期的な方針・取組**等の構築に反映され、**地域資源の持続的な活用による地域活性化や、主要産業の持続可能性の向上に向けた支援に役立つ**ものである。また、③個別企業を対象にした取組は、**取引先の価値向上**につながるものである。
- これら3つのアプローチのうち、注力すべき資源や取り組むべき課題は地域により異なることを踏まえ、**どのアプローチからでも取組を始めることができ、それぞれの取組を有機的に結合させる**ことが取組の効果を高めることが可能となる。そのための仕組みを金融機関内で構築することが求められる。

3つのアプローチの関係性と取組の成果

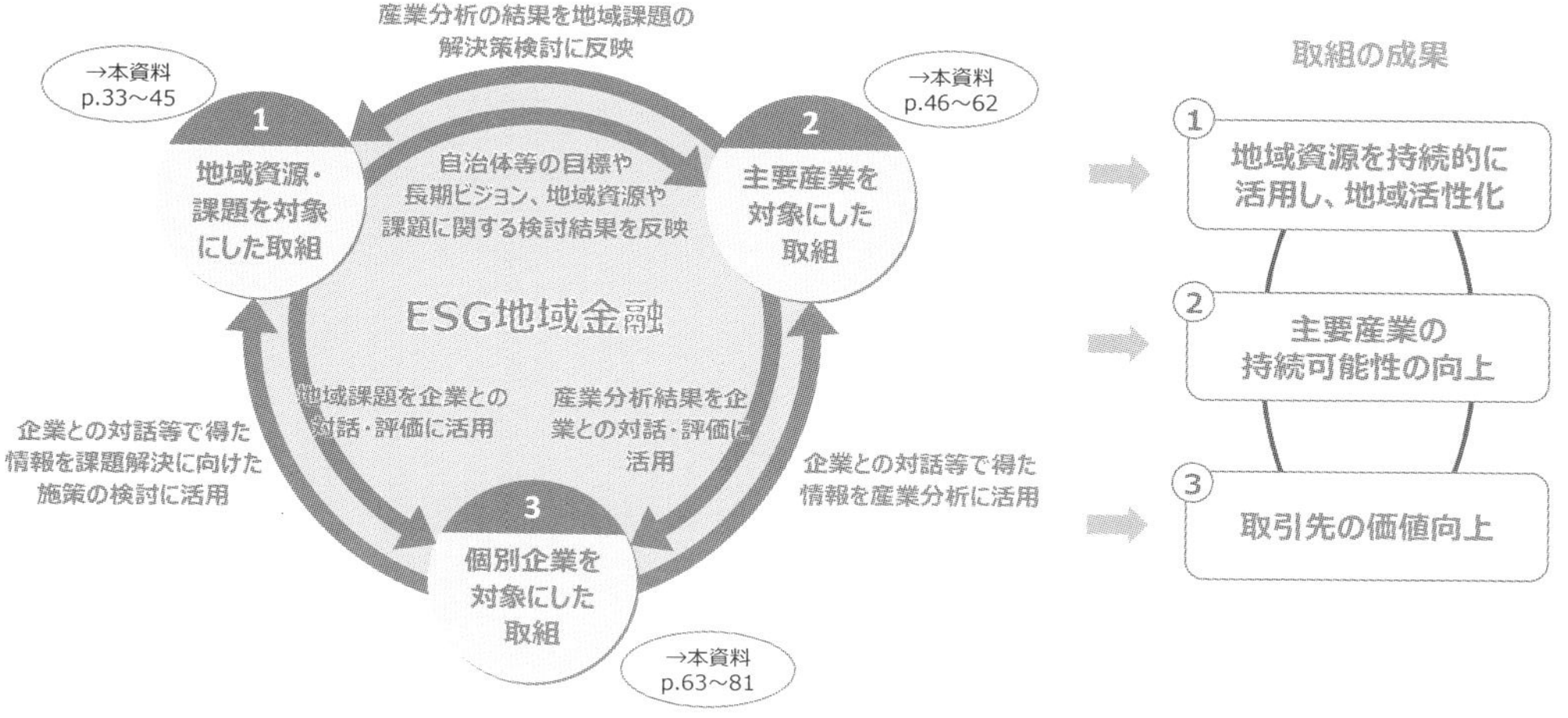

5 金融機関のコンサルティング手法の簡易版ガイドライン「業種別支援の着眼点」

金融機関担当者が、主に成長段階や経営改善段階のライフステージにある企業へのコンサル、特に伴走支援コンサルを行うためには、企業の属する業界の知識や情報が必要になり、この「業種別支援の着眼点」を紹介します。

バブル崩壊前のメイン銀行の融資担当者やその上司は、取引先企業とともに業界に関する知識をかなり保有していました。しかし、金融検査マニュアルによって与信管理が重視されると、融資担当者の取引先の商売とか、業界の知識は、低下してしまいました。金融機関としては、メイン銀行機能も弱まり、取引先経営者との対話も減り、融資業務が定型化したローンや保証協会保証融資に偏ることになって、取引先に関する突っ込んだ情報は、急速に減少しました。取引先の過去の財務データを重視し、未来の見通しなどの情報収集の動きが低下してしまいました。各金融機関の本部にあった(業界)調査部も姿を消し、各支店の取引先懇親会も情報交換機能もほとんど姿を消しています。

しかし、国のメイン施策となった「中小企業の生産性向上」や「伴走支援」は、金融機関の喫緊の課題になりました。これからの金融機関は、企業へのコンサルティング業務を活発化し、業界や個々の企業に関する情報交換を密にして、経営者や幹部との対話を重ねなければならなくなりました。そこで、金融庁は「業種別支援の着眼点」というガイドラインを作成し、金融機関担当者と取引先企業経営者との対話を増やし、金融機関担当者が取引先の業界情報や知識を習得することを期待するようになりました。

この「業種別支援の着眼点」は、業種別の解説書としては、選定した業種についてかなり深い内容まで踏み込める工夫がされています。金融機関の担当者が取引先経営者と、「業種別支援の着眼点」の内容で対話をすることができれば、取引先経営者としては、その担当者を信頼し、自社についてさらに詳しい情報や業界関連情報を発信し、双方の関係は深まることになります。

また、この「業種別支援の着眼点」は、中小企業の経営者や支援者である士族資格者にも役立ちます。かつて、金融機関向けの「金融検査マニュアル」における債務者区分の内容を、中小企業経営者や支援者の士族資格者が、スコアリングシートや格付け早見表などで習得して、金融機関交渉に役立てたことがありました。債務者区分の内容はかなり専門的でしたが、格付けという言葉によってか、皆、よく理解するようになりました。この「業種別支援の着眼点」というガイドラインも、金融機関のコンサルティング手法の簡易版ですから、今後、中小企業経営者や支援者も習得して、金融機関交渉の良きツールになると思われます。

なお、「業種別支援の着眼点」は、支援企業が属する業種に関する情報や知識を、日本生産性本部がまとめて、業種別の着眼点として公表したものです。

次ページに、例示として二〇二三年の「業種別支援の着眼点」の目次を載せましたので、ご参考にされることを期待します。

・『業種別支援の着眼点』（2023（令和５）年３月）の目次

1　コンセプト・ユースケース	5　小売業
2　全業種共通	6　卸売業
3　建設業	7　運送業
4　飲食業	

・『業種別支援の着眼点』の活用法

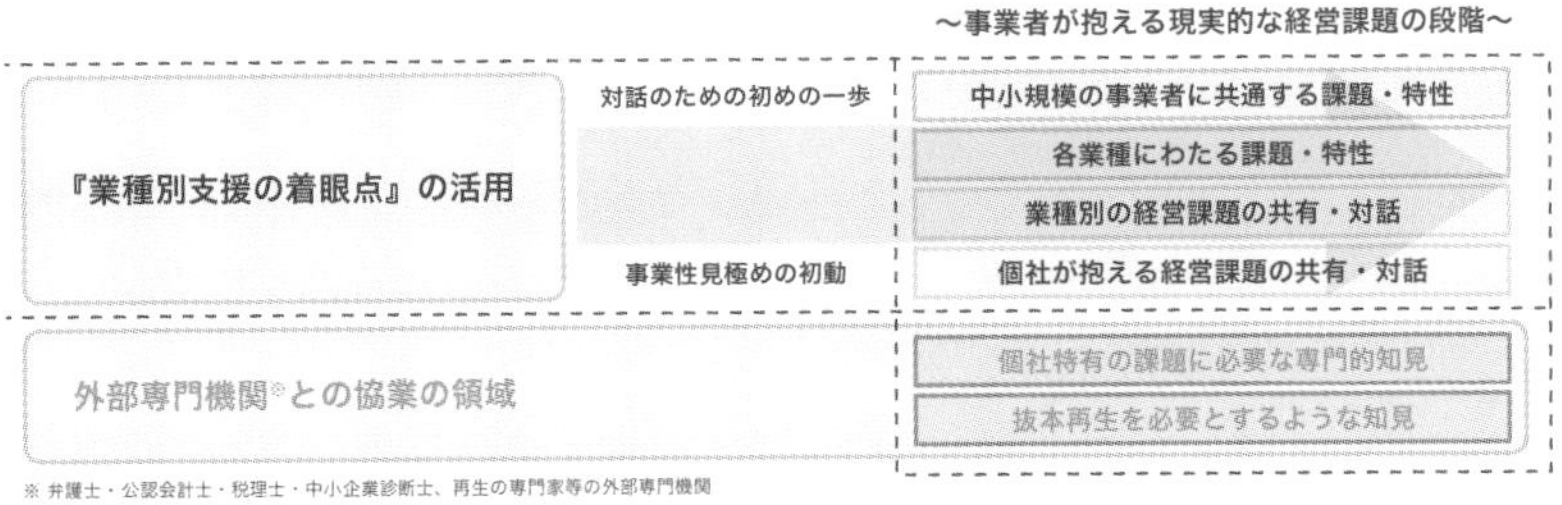

（ⅱ）「着眼点」の対象範囲

「着眼点」では「初動対応」の範囲を「事業者への訪問前の準備や、訪問時の事業者理解の深堀等、訪問後の支援方針の検討等」としており、こうした場面で「着眼点」が活用されることを念頭に置いている。このような「初動対応」の結果、踏み込んだ経営改善を支援する際には、外部の専門家や支援機関等と連携して対応していくことを想定している（図表35）。

（図表35）事業者支援における「初動」のイメージ

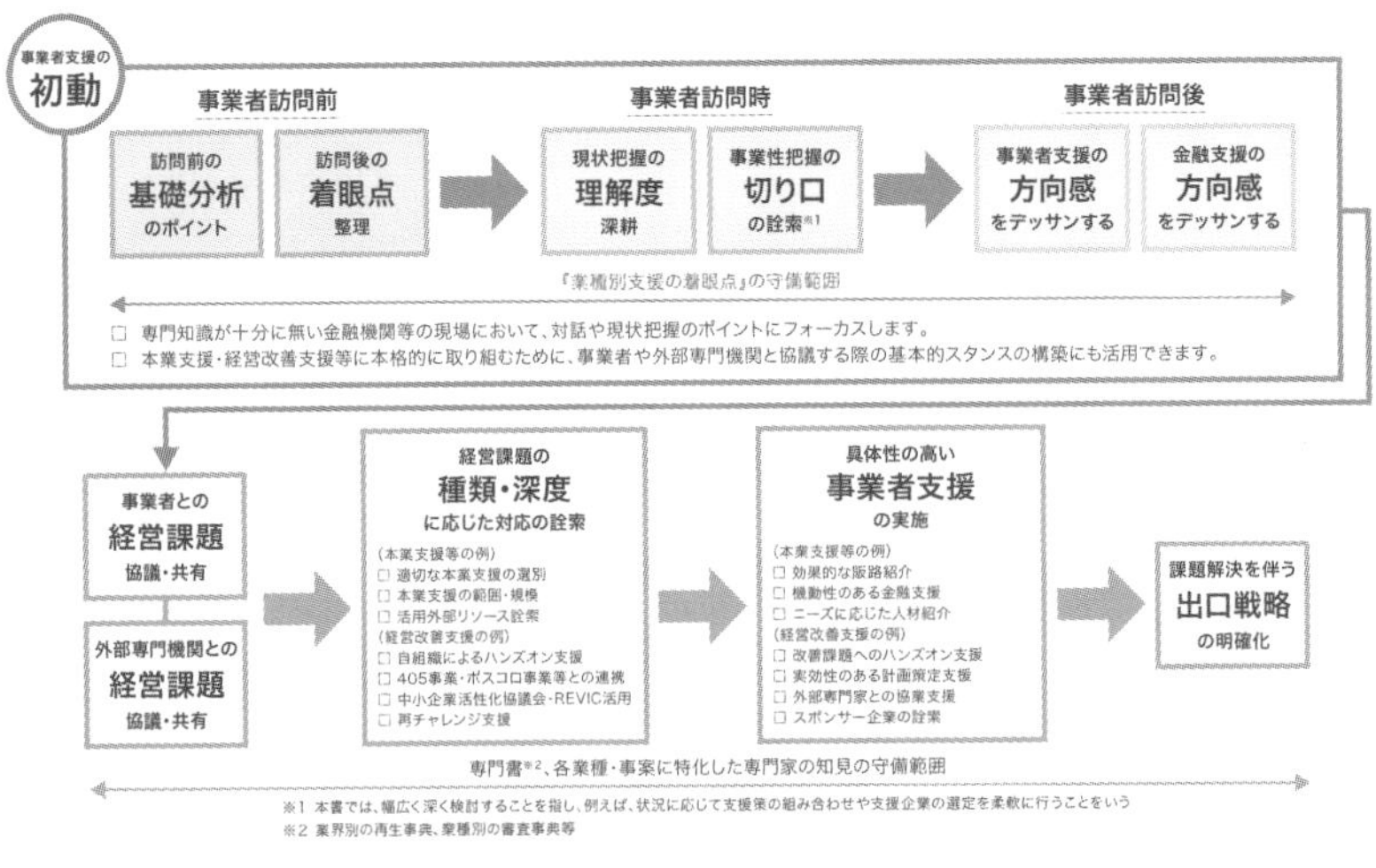

（資料）金融庁

なお、上記「業種別支援の着眼点」の建設業は18～27ページに、以下のように記載されています。他の業種も、それぞれの業種特性を生かした項目分けで述べられています。特に、建設業については、「中小建設業の目利き（将来の事業性・成長の可能性）」の項目が、経営改善計画作成等において参考になる内容であり、全文載せました。

『業種別支援の着眼点』　2023（令和５）年３月

3　建設業

業種別に事業者支援の「入口」となりうるポイントにフォーカスしています。また、事業者支援の実務家の方々の知見・ノウハウを取りまとめたものであり、実務者の主観的な表現等を含みます。
本書を出発点として、用途に応じてそれぞれの組織・個人で、内容の追加等の工夫を加えながら活用いただくことを期待しています。

中小建設業の目利き（将来の事業性・成長の可能性）　その1

建設業
事業性

ここでは、将来の事業性や成長の可能性について考えていきます。地域の中小建設業は生活インフラ（電気・ガス・水道・防災等）の維持に重要な役割も担っています。そこで、将来の事業性について、しっかりとした目線が持てるようなポイントをまとめます。

1　建設業の典型的な窮境パターン

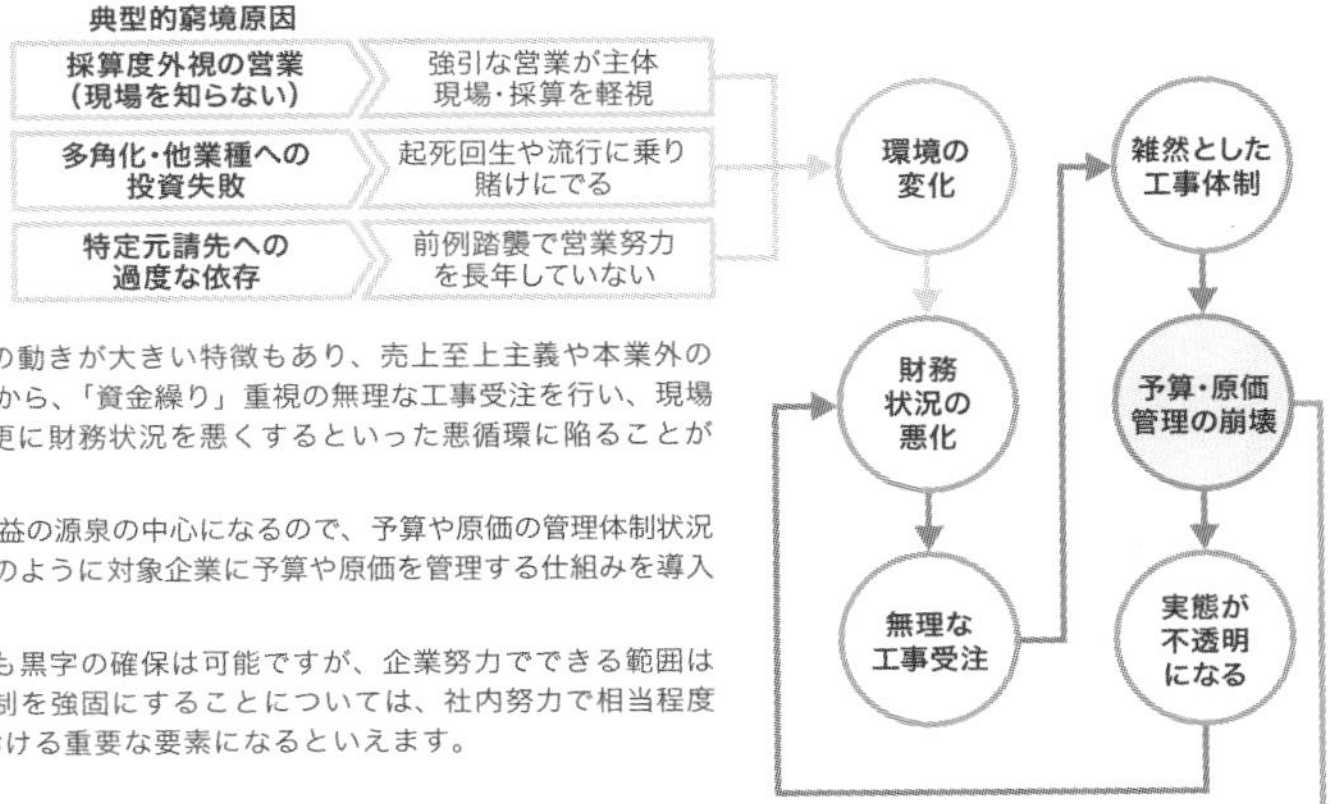

建設業は、底堅い利益が期待できる工事業種もありますが、資金の動きが大きい特徴もあり、売上至上主義や本業外の投資等で経営危機に陥るケースも少なくありません。財務状況の悪化から、「資金繰り」重視の無理な工事受注を行い、現場に心身両面の負担が掛かり、現場別の損益管理等の体制が崩壊し、更に財務状況を悪くするといった悪循環に陥ることが典型的な窮境パターンです。

特に不況期等の受注減衰期には、実行予算と工事原価管理の徹底が利益の源泉の中心になるので、予算や原価の管理体制状況は事業性評価には不可欠です。（なお、企業再生の分野においては、どのように対象企業に予算や原価を管理する仕組みを導入して運用するかが、カギになります。）

もちろん、受注環境が劇的に好転すれば、管理がある程度杜撰でも黒字の確保は可能ですが、企業努力でできる範囲は限られるケースが多いともいえます。一方で、予算や原価の管理体制を強固にすることについては、社内努力で相当程度の効果が期待できるうえ、着手が容易であることからも経営改善における重要な要素になるといえます。

2　好循環プロセスの確認

積算・見積から始まる好循環プロセスが機能しているかが事業性のカギともいえます。「工事さえ取れれば何とかなる」と、予算や原価の管理の着手を忌避する事業者もいますが、ここの改善着手は、結果として受注精度の向上にも繋がり、好循環を機能させるのに必要不可欠な段階といえます。

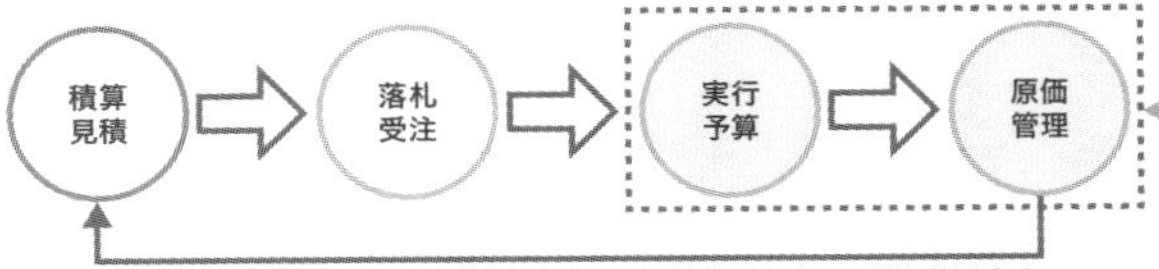

原価管理の精度向上 ＝ 利益精度向上 ＝ 積算精度向上 ＝ 受注精度向上

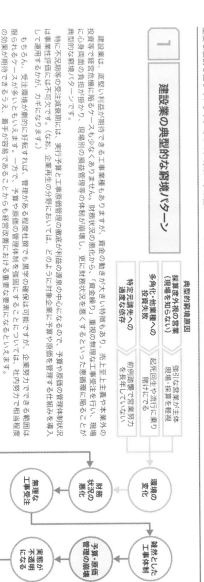

中小建設業の目利き（将来の事業性・成長の可能性） その2

建設業
事業性

ここでは、将来の事業性や成長の可能性について考えていきます。地域の中小建設業は生活インフラ（電気・ガス・水道・防災等）の維持に重要な役割も担っています。そこで、将来の事業性について、しっかりとした目線が持てるようなポイントをまとめます。

3 事業性・成長の課題

業界特性として

全体感

画一的な評価や支援手法が通用しない代表的な業種

中小建設業は製造業と類似しており、業界内のポジションや事業規模、取扱い工事種別によって、事業性・成長の可能性の評価や、経営改善・企業再生の支援手法が大きく変化する代表的な業種といえます。

個別の視点

近未来への対応：低コスト工法や環境系技術への投資

例えば管更生工事※に代表されるような、低コスト新工法へのヒト・モノの投資や、太陽光パネルや地熱発電に関わる施工技術を体得するなどの新しい技術への関心や対応、少額であってもそれらの受注実績の有無も事業性の見極めには重要と思われます。

※ 老朽化した給水管・排水管の更生工事のことで、既存の管を取り換えることなく延命させる工事のこと

需要減退期への対応：工事業種別歩掛管理の導入

建設業においては、予算や原価の管理を現場別に行うことは、命綱のようなものですが、管理と単なる集計では大きな差があります。工事の原価管理や生産管理は、現場別に「工事業種別かつ費目別」で歩掛※や進捗が管理されないと本質的な損益改善には繋がりません。

※ ひとつの作業を行うにあたり、必要な作業の手間を数値化したもの

人材不足への対応1：労務管理と最新技術への関心

人材不足はそのまま受注確保に大きな影響を与えます。社員の勤続年数や退職率等は、建設業の事業性を計る大切な要因になります。加えて、ITやドローン等の先端技術への関心度合いや導入姿勢も、事業性や成長の可能性を推し測るには重要な要素になりますので、注視するポイントです。

人材不足への対応2：外国人技能実習生との良好な関係構築

外国人技能実習生の受け入れも、建設業の将来の事業性・成長の可能性向上には極めて重要です。単に労働力という認識ではなく、疎外感を抱かせないような受入体制や出身国の文化や風習に対する理解ができているかが大切といえます。

どのような業種であっても、その将来の事業性や成長の可能性を過去の財務分析等だけで推し測るのは困難を極めます。特に中小企業は経営資源が十分ではなく、外部環境に事業性が左右されやすい面がありますので、なおのことといえます。

地域の建設業においては、特に自治体の財政事情や高齢化等の地域問題とも、その事業性が密接に関わっていますので、それらに対してどの程度の認識や準備、場合によっては取組みをしているかという「個別の視点」からの事業性の判断が必要になると考えられます。

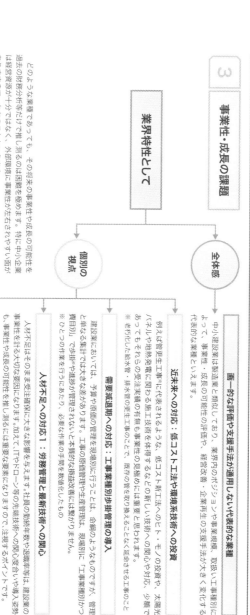

6 中小企業の事業再生等に関するガイドライン

金融機関は、事業再生や業種転換が必要な企業や事業の持続可能性が見込まれない顧客に対して、自力再生を促すことがあります。金融機関は、融資返済の期日を延ばしたり、返済を猶予して、企業自身が自力で再生することを待つことがよくあります。このことが、事業再生策のアクションプランの第一歩といえるからです。この返済期日延期や返済猶予をきっかけにして、取引先企業は、金融機関から、再生に向けて強く背中を押されることになるのです。

さて、企業にとっては、事業再生こそ、経営の総合力を発揮しなければならない施策です。金融機関の意向に沿って、企業は早く返済をスタートするために、営業拡大や経費節減また支援先の発掘などで、何とかして収益を出し、キャッシュフローを捻出し返済財源を生み出さなければなりません。とは言っても、金融機関が設定する融資期日までに、再生の目途を立てることは、簡単なことではありません。そこで、外部の専門家や支援機関などからの協力が必要になります。

「中小企業の事業再生等に関するガイドライン」は、今後の中小企業者の成長を展望して、事業再生等を後押しする指針を示し、つれて、日本経済・地域経済の活性化を目指しています。金融機関は、融資の条件緩和や債務減免などの実行を行うと同時に、必要に応じて、取引先が信頼している実務専門家等と協力しながら、事業再生計画の策定支援や経営相談・経営指導を行います。事業再生の施策達成の状況を管理して、継続的にモニタリングを実施します。また、策定当初に予期しえなかった外部環境の変化が生じた場合は、事業再生計画の見直しを判断して、取引先企業や連携先の実務専門家等とともに、対策を検討して、中小企業者やその支援先と協働もすることになります。

「中小企業の事業再生等に関するガイドライン」の目的は、中小企業の「平時」「有事」「事業再生計画成立後のフォローアップ」などの段階において、中小企業者、金融機関それぞれが果たすべき役割を明確化し、中小企業者の事業再生等に関する基本的な考え方を示すことでもあります。そして、より迅速かつ柔軟に、中小企業が事業再生等に取り組めるよう、新たな「準則型私的整理手続」である「中小企業の事業再生等のための私的整理手続」を定めてもいます。

この私的整理とは、会社更生法や民事再生法などの手続によらずに、債権者と債務者の合意に基づき、経営困難な状況にある企業を再建するためのものですので、事業価値が著しく毀損されている企業を救うことになります。再建に支障が生じたり、そのおそれがある企業には、この私的整理に沿った行動が、債権者・債務者の双方にとって、経済的に合理性があるということです。

さらには、外部専門家や従来の支援機関等よりも、専門性の高く、中立かつ公正・公平な立場の「第三者支援専門家」が、私的整理の強力な支援者になります。弁護士、公認会計士等の専門家で私的整理手続の適格認定を得た、「第三者支援専門家」は、中小企業や金融機関と協力して、「再生型私的整理手続」や「廃業型私的整理手続」を進めることも行います。「中小企業の事業再生等に関するガイドライン」は、そのプロセスも述べています。

このガイドラインの種々のプロセスによって、事業再生等の光が見えることになれば、成熟期から衰退期のライフステージへと落ち込んでしまった企業に対して、事業再構築などのガイドラインで示された新手法が適用されれば、企業の活性化を図ることが可能になります。事業の持続可能性が見込まれない企業に対して、事業転換、業種転換や業態転換などの企業の構造改革手法が講じられれば、成長・発展の兆しが見えるようになります。

以下は、「中小企業の事業再生等に関するガイドライン」の目次であり、このプロセスを具体的に表しています。

＜第一部 本ガイドラインの目的等＞
1．はじめに
2．目的
3．本ガイドラインの対象企業・対象金融機関等

＜第二部 中小企業の事業再生等に関する基本的な考え方＞
1．平時における中小企業者と金融機関の対応
2．有事における中小企業者と金融機関の対応
3．私的整理検討時の留意点
4．事業再生計画成立後のフォローアップ

＜第三部 中小企業の事業再生等のための私的整理手続＞
1．対象となる私的整理
2．本手続の基本的な考え方
3．本手続の適用対象となる中小企業者
4．再生型私的整理手続
5．廃業型私的整理手続

＜附則＞

なお、「中小企業の事業再生等に関するガイドライン」に関して、事業再生計画などにより債権放棄等が行われた場合の税務上の取扱いについて、国税庁への照会の結果を踏まえて、「中小企業の事業再生等に関するガイドライン」Q&Aが改訂されました。この点は、このQ&Aの「Q95－Q99」をご参照ください。

また、この「中小企業の事業再生等に関するガイドライン」Q&Aの「Q2」は、平成十三年に公表された当初の「私的整理に関するガイドライン」と、今回の「中小企業の事業再生等に関するガイドライン」の相違点を明らかにしていますので、理解を深めるために、以下に紹介します。

「中小企業の事業再生等に関するガイドライン」Q＆A

（令和４年４月１日制定、令和４年４月８日一部改訂）

Q２ ガイドライン第三部で定める「中小企業の事業再生等のための私的整理手続」と平成13年に策定された「私的整理に関するガイドライン」の相違点は何ですか。

A.「中小企業の事業再生等のための私的整理手続（以下「中小企業版私的整理手続」といいます。)」と「私的整理に関するガイドライン」は異なる準則型私的整理手続であり、具体的な内容について種々の相違がありますが、主要な相違点は、以下のとおりです。

①「中小企業版私的整理手続」は、中小企業者（Q３参照）を対象としています。

②「中小企業版私的整理手続」は、第三者である支援専門家（Q 30、31 参照）が、中立かつ公正・公平な立場から、中小企業者の策定する計画の検証等を行うことが特徴であり、これにより、迅速かつ円滑な手続を可能としています。

③「中小企業版私的整理手続」では、事業再生計画案の内容として含むべき数値基準である実質的な債務超過解消年数や有利子負債の対キャッシュフロー比率を中小企業者の実態に合わせた数値基準としています。また、小規模企業者が債務減免等の要請を含まない事業再生計画を作成する場合には、上記の実質的な債務超過解消年数や有利子負債の対キャッシュフロー比率等を満たさない計画であっても許容される場合があるとしています。

④「中小企業版私的整理手続」では、自然災害や感染症の世界的流行等にも配慮しつつ、経営責任を明確にし、さらに、債務減免等を受けるにあたっては株主責任を明確にすることとしています。また、中小企業者の規模や特性に照らし、経営規律の確保やモラルハザードの回避といった観点も踏まえつつ、債務減免等を受ける企業の経営者の退任や株主の権利の全部又は一部の消滅を必ずしも必須とはしていません（Q 23、24 参照）。

7 事業承継ガイドラインと事業再構築指針の手引き

「顧客企業のライフステージ等の類型」における第六番目の「事業承継が必要な顧客企業」では、その主なガイドラインとして、「事業承継ガイドライン」と「事業再構築指針の手引き」を紹介します。

「顧客企業のライフステージ等に応じて提案するソリューション（例）」のライフステージを見るに、その第四番目「事業再生や業種転換が必要な顧客企業」、第五番目「事業の持続可能性が見込まれない顧客企業」、第六番目「事業承継が必要な顧客企業」となっていますが、これを「企業の成長力」と「経営者の意欲」で図示化すると次ページのようになります。この図では、第四番目は再生と業種転換、第五番目は自主廃業、第六番目はM＆A・事業承継を表します。

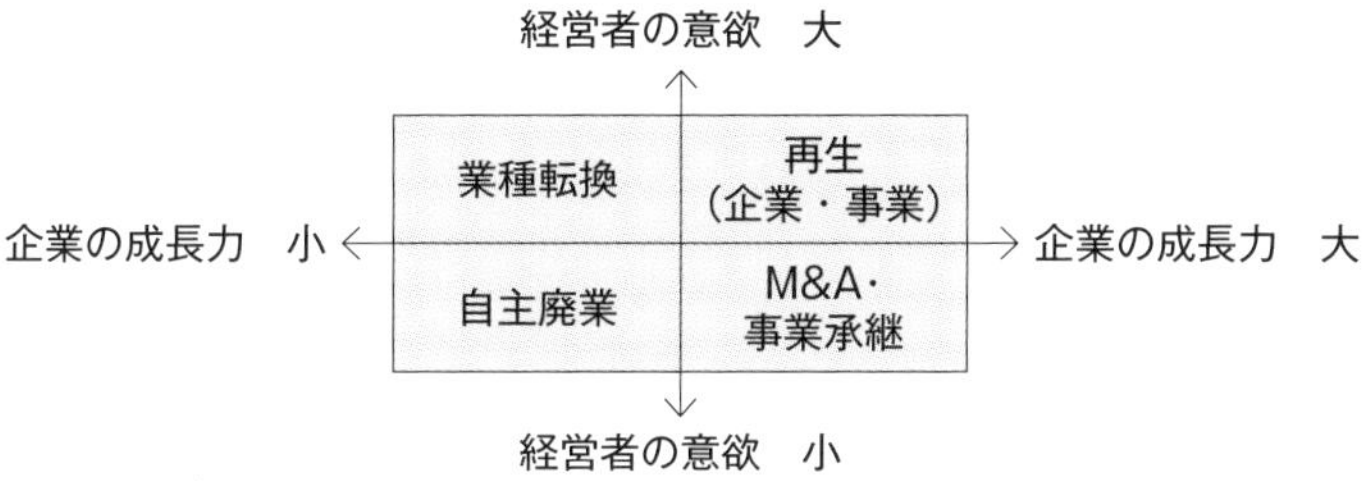

第六番目「事業承継が必要な顧客企業」については、上図のように、「企業の成長力」はあるものの、「経営者の意欲」が低下して、経営者がその経営を引き継ぎたくなかったり、外部に売却したいと思っている企業のことを言います。しかし、「経営者の意欲」が大きくなれば、再生を目指すようになって、もはや、Ｍ＆Ａ・事業承継も求めようとは思いません。したがって、「事業承継が必要な顧客企業」こそ、経営者の意欲を高めなければならないということになります。

企業のライフステージにおいて、成長期・成熟期から衰退期に入った場合は、上図の「経営者の意欲」と「企業の成長力」の軸による、四つの象限の内容を吟味する必要があります。そのためには、前段の「中小企業の事業再生等に関するガイドライン」と「事業再構築指針の手引き」、また、「事業承継ガイドライン」の各ガイドラインを良く理解し、活用する必要があると思います。

この「事業承継ガイドライン」における「親族内・従業員承継の場合」と「社外への引継ぎの場合」は、一三七ページのステップ4―1と一三八ページのステップ4―2の通りです。ご参考にしてください。

・事業承継ガイドライン（平成28年12月 令和4年3月改訂　中小企業庁）の目次

（以下 略）

ステップ４－１：事業承継計画の策定（親族内・従業員承継の場合）

（１）事業承継計画策定の重要性

前記ステップ２、ステップ３記載のとおり、まずは自社を知り、そして自社を強くすることが、事業承継の準備においては重要である。

一方、具体的に事業承継（資産の承継・経営権の承継）を進めていくに当たっては、自社や自社を取り巻く状況を整理した上で、会社の将来（例えば10年後）を見据え、いつ、どのように、何を、誰に承継するのかについて、具体的な計画を立案しなければならない。この計画が、事業承継計画である。

事業承継計画は、後継者や親族と共同で、取引先や従業員、取引金融機関等との関係を念頭に置いて策定し、策定後は、これらの関係者と共有しておくことが望ましい。こうすることで、関係者の協力も得られやすく、関係者との信頼関係維持にも資するものである。さらに、後継者や従業員が事業承継に向けて必要なノウハウの習得や組織体制の整備などの準備を行うことができるなど、様々な利点がある。

なお、事業承継計画の策定に当たっては、成果物としての計画書を作成すること自体は最終的な目的ではないという点に留意すべきである。現経営者と後継者が事業承継に向けて共通の目的意識のもと対話しながら計画を策定するプロセスや、計画の活用による円滑な事業承継の実現といった点にこそ、意味があるものである。また、後継者を誰にするかという問題は、経営者の親族にとっても強い関心事であるため、事業承継計画の策定に当たっては、早期に家族会議・親族会議を開催し、親族との対話を図るなどして、親族の同意を得ておくことが極めて重要である。その際には、必要に応じて身近な支援機関に相談することが望ましい。

（２）事業承継計画策定の前に

事業承継計画は、上記のとおり、資産や経営権をどのように承継するかを基本とするものである。しかし、事業承継の根幹のひとつとして、自社の経営理念を承継することの重要性を忘れてはならない。いわゆる老舗企業において、時代が変わっても受け継いでいく想いを大切にしている例が多いことからも、資産や経営権のみならず、会社の理念や経営者の想いの伝承の重要さが示されている。

その意味でも、事業承継計画の策定に先立ち、経営者が過去から現在までを振り返りながら、経営に対する想い、価値観、信条を再確認するプロセスは、事業承継の本質といえる。可能であれば明文化し、後継者のほか、従業員や取引先といった関係者と共有しておけば、その理解や協力を得る上でも有用であり、また事業承継後の経営においてもブレることのない強さを維持できるだろう。

なお、事業承継「計画」を策定するというイメージから、現在から将来に向かっての計画のみを考えるものと認識されがちである。しかし、経営理念の承継の重要性を踏まえると、そもそも創業者は「なぜその時期に」「なぜその場所で」「なぜその事業を」始めたのか、その時の事業状況・外部環境がどうであったのか、その後の変遷の中で転機となることがらが生じた状況がどうであったか、といった振り返りから始めることが有効である。

ステップ４－２：Ｍ＆Ａの工程の実施（社外への引継ぎの場合）

①　M&A 仲介機関の選定

M&A を選択する場合、自力で一連の作業を行うことが困難である場合が多いため、専門的なノウハウを有する仲介機関に相談を行う必要がある。

仲介機関の候補としては、公的機関である事業引継ぎ支援センターを活用することが考えられる。また、M&A 専門業者や取引金融機関、士業等専門家等も存在しており、選定にあたっては、日頃の付き合いやセミナー等への参加を通じて、信頼できる仲介機関を探し出すことが重要である。

なお、個人事業主については、事業引継ぎ支援センターにおいて、起業家とのマッチングを支援する「後継者人材バンク」事業を実施している。

②　売却条件の検討

M&A を行うにあたっては、「どのような形での承継を望むのか」について、経営者自身の考えを明確にしておく必要がある。例えば、「会社全体をそのまま引き継いでもらいたい」、「一部の事業だけ残したい」、「従業員の雇用・処遇を現状のまま維持したい」、「社名を残したい」等が考えられる。

仲介機関に事前に売却条件を伝えた上で、条件に合った相手先を見つけることが最善の方法である。

また、「事業再構築指針の手引き」については、以下の「事業再構築指針の手引き（３.０版）」（令和五年三月三十日 経済産業省 中小企業庁）の「６. 事業再編について」（P17〜18）を示します。

６－１．事業再編について（定義）

- 「事業再編」とは会社法上の組織再編行為等を交付決定後に行い、新たな事業形態のもとに、新市場進出（新分野展開、業態転換）、事業転換、又は業種転換のいずれかを行うことを指します。
- 「事業再編」に該当するためには、組織再編要件、その他の事業再構築要件の2つを満たす（＝事業計画において示す）必要があります。

事業再編の定義

会社法上の組織再編行為（合併、会社分割、株式交換、株式移転、事業譲渡）等を補助事業開始後に行い、新たな事業形態のもとに、新市場進出、事業転換又は業種転換のいずれかを行うこと

事業再編に該当するためには（事業計画で示す事項）

①事業再編に該当するためには、会社法上の組織再編行為（※１）等を行う必要があります。**【組織再編要件】**

（※１）合併、会社分割、株式交換、株式移転又は事業譲渡を指します。

②事業再編に該当するためには、その他の事業再構築のいずれかの類型（※２）の要件を満たす必要があります。**【その他の事業再構築要件】**

（※２）新市場進出（新分野展開、業態転換）、事業転換又は業種転換を指します。

「株式交換」、「株式移転」又は「事業譲渡」等判断は以下のとおりです。

事業再構築の該当性の判断	
組織再編行為等を行う前の範囲	組織再編行為等を行った後の範囲
吸収合併後存続する会社と吸収合併後消滅する会社の合計	吸収合併後存続する会社
吸収合併後消滅する会社の合計	吸収合併後新設される会社
事業を引き渡す会社の該当事業と事業を引き継ぐ会社の合計	事業を引き継ぐ会社
事業を引き渡す会社から引き渡す事業を除いたもの	事業を引き渡す会社
事業を引き渡す会社の該当する事業	新設される会社
事業を引き渡す会社から引き渡す事業を除いたもの	事業を引き渡す会社
親会社	親会社
子会社	子会社
親会社	親会社
子会社	子会社
事業譲渡元の会社の譲渡する事業と事業譲渡先の会社の合計	事業譲渡先の会社
事業譲渡元の会社の譲渡する事業を除いた事業	事業譲渡元の会社

6−2.組織再編要件について

組織再編要件とは、「合併」、「会社分割」、を指し、それぞれの場合の事業再構築の該当性の

組織再編行為等	概要	事業再構築を行う会社
合併（吸収合併）	合併により消滅する会社の権利義務の全部を合併後存続する会社に承継させるもの	合併後存続する会社
合併（新設合併）	合併により消滅する会社の権利義務の全部を合併により設立する会社に承継させるもの	合併後新設される会社
会社分割（吸収分割）	その事業に関して有する権利義務の全部又は一部を分割後他の会社に承継させること	事業を引き継ぐ会社
		事業を引き渡す会社
会社分割（新設分割）	その事業に関して有する権利義務の全部又は一部を分割により設立する会社に承継させること	新設される会社
		事業を引き渡す会社
株式交換	発行済株式の全部を他の会社に取得させること	親会社
		子会社
株式移転	発行済株式の全部を新たに設立する会社に取得させること	親会社
		子会社
事業譲渡	事業の全部又は重要な一部を譲渡すること等	事業譲渡先の会社
		事業譲渡元の会社

第7章

「内部統制と経営力強化」に関するガイドライン

1

「内部統制と経営力強化」の注目度が高まる

「中小・地域金融機関向けの総合的な監督指針」（令和五年六月一日適用）によれば、「内部統制と経営力強化」に関しては、「中小・地域金融機関向け監督指針策定の趣旨」で、以下のように述べられています。

本監督指針策定の趣旨については、上記金融審議会金融分科会第二部会報告において、以下のとおりとされている。

①中小・地域金融機関の業務については、営業地域が限定されており、特定の地域、業種に密着した営業展開を行っている中小企業又は個人を主要な融資対象としている等の基本的特性を有しており、リレーションシップバンキング、すなわち、金融機関が顧客との間で親密な関係を長く維持することにより顧客に関する情報を蓄積し、この情報を基に貸出等の金融サービスの提供を行うビジネスモデルを展開している。

②本来、このようなビジネスモデルは、中小企業や地域経済の実態に根差した情報が活用されることで、地域の中小企業への金融の円滑、貸し手・借り手双方の健全性の確保が図られるものであり、これにより、中小企業の再生と地域経済の活性化に果たす役割は大きいと考えられる。

③一方、中小・地域金融機関は、地方経済を取り巻く厳しい環境の下、中小企業や地域経済から期待される役割を果たすため、取引先や地域への過大なコミットメントコストを負担することにより、かえって収益力や健全性の低下といった状況を招いている場合がある。このように、中小・地域金融機関の実態は、リレーションシップバンキング本来のあり方から乖離している面があり、リレーションシップバンキングの機能強化を図り、地域の金融ニーズへの一層適切な対応や、持続可能性（サステイナビリティ）の確保を図る必要があると考えられる。

④さらに、リレーションシップバンキングが有効に機能するためには、

中小・地域金融機関、とりわけ非上場行や協同組織金融機関は、市場による経営チェックが行われにくいため、相対的にガバナンスが弱いのではないか等の指摘があること

中小・地域金融機関の経営の健全性が損なわれた過去の事例をみると、「創業者一族による長期経営」、「経営トップによる過度なワンマン経営」、「特定大口先の融資拡大」等の弊害が明らかとなっていること

等を踏まえると、中小・地域金融機関自らの取組みに加え、経営に対する外部からの規律付けを十分に図っていく必要があり、情報開示等による規律付けとともに、当局による規律付けの必要性も大きいと考えられる。

⑤以上の点を踏まえれば、これまでの早期是正措置や早期警戒制度が視野に入れている領域にとどまらず、コーポレートガバナンスや経営（マネジメント）の質、地域社会や取引先企業へのコミットメント（地域貢献）が収益力や財務の健全性に与える影響等の観点も取り入れた、より多面的な評価に基づく総合的な監督体系を構築する方向で検討することが必要であると考えられる。）

地域金融機関は、その地域で長期間営業を行い、地域全般に対する情報も豊富に保有していますから、その中の、企業の周辺情報も多く持っています。

ただし、地域に対してコミットメント（責任・約束事）もありますから、そのシガラミに対するコストもあります。情報とシガラミのバランスは課題になりますが、やはり情報の効果は大きいはずです。

最近では、コーポレートガバナンス、マネジメント、地域貢献などの多面的な評価が、考え方の変化をもたらしています。


この中小・地域金融機関向け監督指針策定の趣旨については、金融機関の「内部統制と経営力強化」のポイントについて、述べています。

上記の①と②では、「リレーションシップバンキング（金融機関が顧客との間で親密な関係を長く維持することにより顧客に関する情報を蓄積し、この情報を基に貸出等の金融サービスの提供を行うビジネスモデル）は、健全性の確保などで、中小企業の再生と地域経済の活性化に果たす役割は大きいと考えられる。」と述べられています。

2 RESASとローカルベンチマークによるデータの収集

最近では、地域データの精度が高まり、地域の企業や経済の把握は一層容易になっています。以下で示す、経済産業省のＲＥＳＡＳ（地域経済分析システム）や総務省の経済センサスで、地域情報は、簡単に入手ができます。以下のホームページをご参照してください。

https://resas.go.jp/#/13/13101

https://www.stat.go.jp/data/e-census/2019/index.html

一方、一四五ページの③と④では、「中小企業や地域経済から期待される役割を果たすため、取引先や地域への過大なコミットメントコストを負担することにより、かえって収益力や健全性の低下といった状況を招いている場合がある。」と述べています。また、「創業者一族による長期経営」、「経営トップによる過度なワンマン経営」、「特定大口先の融資拡大」等の弊害も目立っています。

とは言いながら、以下に示す、経済産業省のローカルベンチマークは、中小企業に対して自社の情報開示のやり方を提示し、多くの中小企業が利活用するようになったことで、これらのコストや弊害も減少しています。

そして、一四五ページの⑤では、「コーポレートガバナンスや経営（マネジメント）の質、地域社会や取引先企業へのコミットメント（地域貢献）が、収益力や財務の健全性に与える影響等の観点も取り入れた、より多面的な評価に基づく総合的な監督体系を構築する方向で、検討することが必要である。」と述べられ

ローカルベンチマーク（通称：ロカベン）とは

●ロカベンは、3つのシートに会社の情報を記入することで、経営状態や経営に活かすことのできる強みを把握することができるツールです。

●記入にあたっては、「社長１人で」「社員のみんなで」「支援機関や金融機関を交えて」など、様々な取組方法があり、それぞれにメリットがあります。

シート❶

業務フロー・商流

製品・商品・サービスを提供する流れを整理

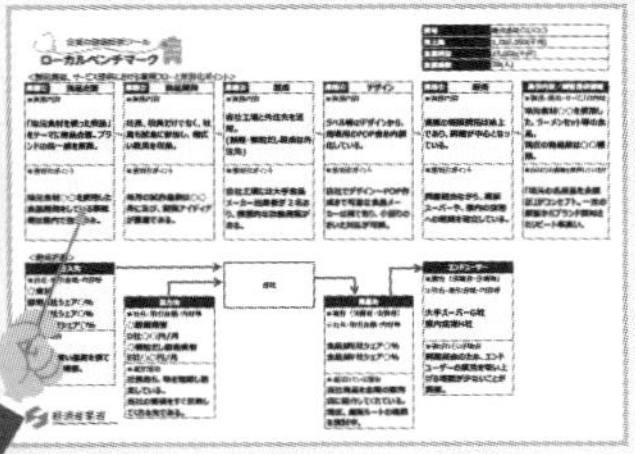

シート❷

4つの視点

経営全体を様々な視点から整理

シート❸

財務分析

決算書情報を入力して財務状況を分析

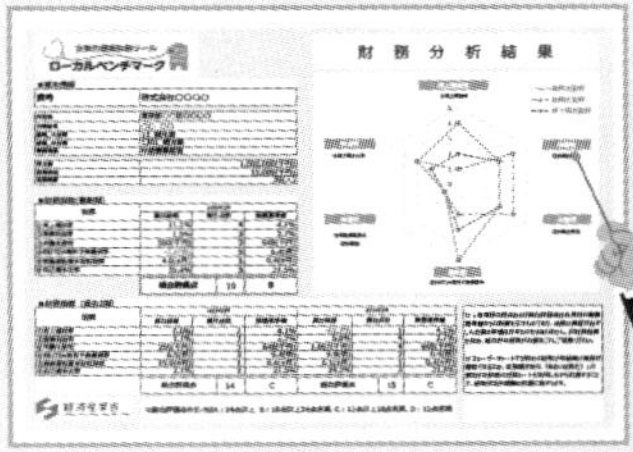

「業務フロー・商流」、「4つの視点（経営者、事業、企業を取り巻く環境・関係者、内部管理体制）」のシートには知的資産経営の考え方が取り入れられており、会社の見えない強みに気づき、経営に活かすきっかけとなります。

ています。

実際、地域金融機関の多くは上場企業であり、上場していなくとも、金融庁の検査などで、自行庫の内部統制を指導され、金融機関の顧客・取引先にもその管理状況をフォローするように指導されています。地域金融機関は、ＳＤＧs、ＥＳＧ、ＧＸなどの普及を使命づけられ、社会的なミッションとして、要請されています。

上場企業は、プライム・スタンダード・グロースの各市場に分かれ、例外なく、コーポレートガバナンス・コードとその関連指針によって、内部管理や内部統制を既に整えています。上場会社のステークホルダーが提出する報告書も情報開示資料も、それぞれの上場企業などで厳格にチェックされています。かつては、地域の中小企業が金融機関に提出する開示資料は、そこそこのレベルで認められていましたが、今や、中小企業が上場企業に提出する資料は、相当に高いレベルを求められています。コーポレートガバナンス・コードに縛られた上場企業は、その取引先などに、正確な数値を求めざるを得ません。ＩＴ化やＤＸ化が進んだ企業は、概数報告ではなく実数報告を求め、ホームページなどの情報開示は正確性や社会性を要求されています。また、上場企業と親密取引を行う企業（かつての下請企業も）も、発注企業の責任で内部管理や内部統制が進んで来ています。下請企業の工場に人権問題があったために、その上場企業の製品・商品に不買運動が生じるケースも多々あります。取引する中小企業も、取締役会主導の内部統制や情報開示の信頼性も求められるようになっています。情報開示に対する社会からの反応も的を射たものになり、外部からの規律化もチェックされるようになっています。

最近では、多くの中小企業は、リレーションシップバンキングのビジネスモデルよりも、コーポレートガバナンスや経営（マネジメント）、また地域社会や取引先企業へのコミットメント（地域貢献）などが重視され、いわゆる多面的な価値観や長期戦略また自己責任原則を重んじる「ガイドライン」の徹底が必要になっています。

経営理念やロマンなどに影響する「ガイドライン」が公表され、金融機関やその取引先また支援者に、受け入れられるようになっています。特に、最近の経営は、多様性や自己責任原則が必須項目になり、企業における経営理念は、ますます重要になっています。

従来、経営理念と言えども、道徳の教科書の見出しのような文言でした。例えば、「最高の品質で社会に貢献」「安心と信頼を基礎に、夢にあふれる未来に貢献しよう」「人の力、技術の力、マーケティングの力を結集して、日々の暮らしに役立つ優良製品を提供する」などというニュアンスの耳障りの良い言葉が並ぶものでしたが、最近では、このような言葉だけではインパクトがなく、企業のメンバーやステークホルダーには、認められなくなっているようです。

とは言うものの、未だに多くの中小企業の経営者は高齢であって、「創業者一族による長期間の経営」や「経営トップによる過度なワンマン経営」などが多く残っており、中小企業の経営は必ずしも高度化が図られていません。経営理念や社是においても、例えば、上記の例のように、その企業の枠を超えることのないものが多く、なかなか心に刺さらないようです。企業の枠を超えた、地域貢献や社会貢献、またSDGsやESG、GX、DX、などの国際的なコンセンサスに通じる理念が求められています。

そこで、「経営デザインシート」や「サステナビリティ・トランスフォーメーション（SX）」のガイドラインが注目され、その内容を踏まえた経営理念や社是が検討されるような動きになっています。

3 経営デザインシート

「経営デザインシート」は、企業の「投入する資源」が「ビジネスモデル群」を通して、「提供する価値」を生み出すプロセスを、多面的な角度で検討し、俯瞰しながら、デザインしています。過去の「投入する資源」から、将来の「提供する価値」を、価値創造メカニズムとして述べています（首相官邸-政策会議-経営をデザインする（知財のビジネス価値評価）より）。

「経営デザインシートの概要」（一五四ページ）における「（C）長期的な視点で「これから」の在りたい姿を構想する。（D）それに向けて今から何をすべきか戦略を策定する。」とは、「バックキャスティング」で、目標の未来の姿から考え、現状にとらわれない自由なアイデアを駆使し、「移行戦略」を策定することです。すなわち、バックキャスティングという未来起点の発想法は、現在の姿からの延長線ではなく、目標となる未来のあるべき姿を定めた上で、そこを起点に現在までを振り返り、これから何をすべきか考える手法です。

社会・経済環境が、安定的なモノの供給が市場を牽引する20世紀型から、体験や共感を求めるユーザの多様な価値観が市場を牽引する21世紀型へと変化する中、経営の牽引力の源泉となる知財が果たす役割は増大しています。企業がユーザの多様な価値観に訴求するためには、価値創造のメカニズムを機動的・継続的にデザインしてイノベーションを創出すること、そのために知財が価値創造のメカニズムにおいて果たす役割を的確に評価することが期待されます。

本ページでは、知財が企業の価値創造メカニズムにおいて果たす役割を的確に評価して経営をデザインするためのツール（経営デザインシート）やその活用事例等を紹介します。

経営デザインシートとは

内閣府
知的財産戦略推進事務局

ひとことでいうと

将来を構想するための思考補助ツール (フレームワーク)

100文字でいうと

環境変化に耐え抜き持続的成長をするために、自社や事業の

(A) **存在意義を意識**した上で、

(B) **「これまで」を把握**し、

(C) 長期的な視点で**「これから」の在りたい姿を構想**する。

(D) それに向けて今から何をすべきか**戦略を策定**する。

目的　環境変化に耐え抜くためには長期ビジョンが重要

⇒　**環境変化を見据え、自社や事業の「これまで」の理解に基づき「これから」を構想**

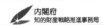

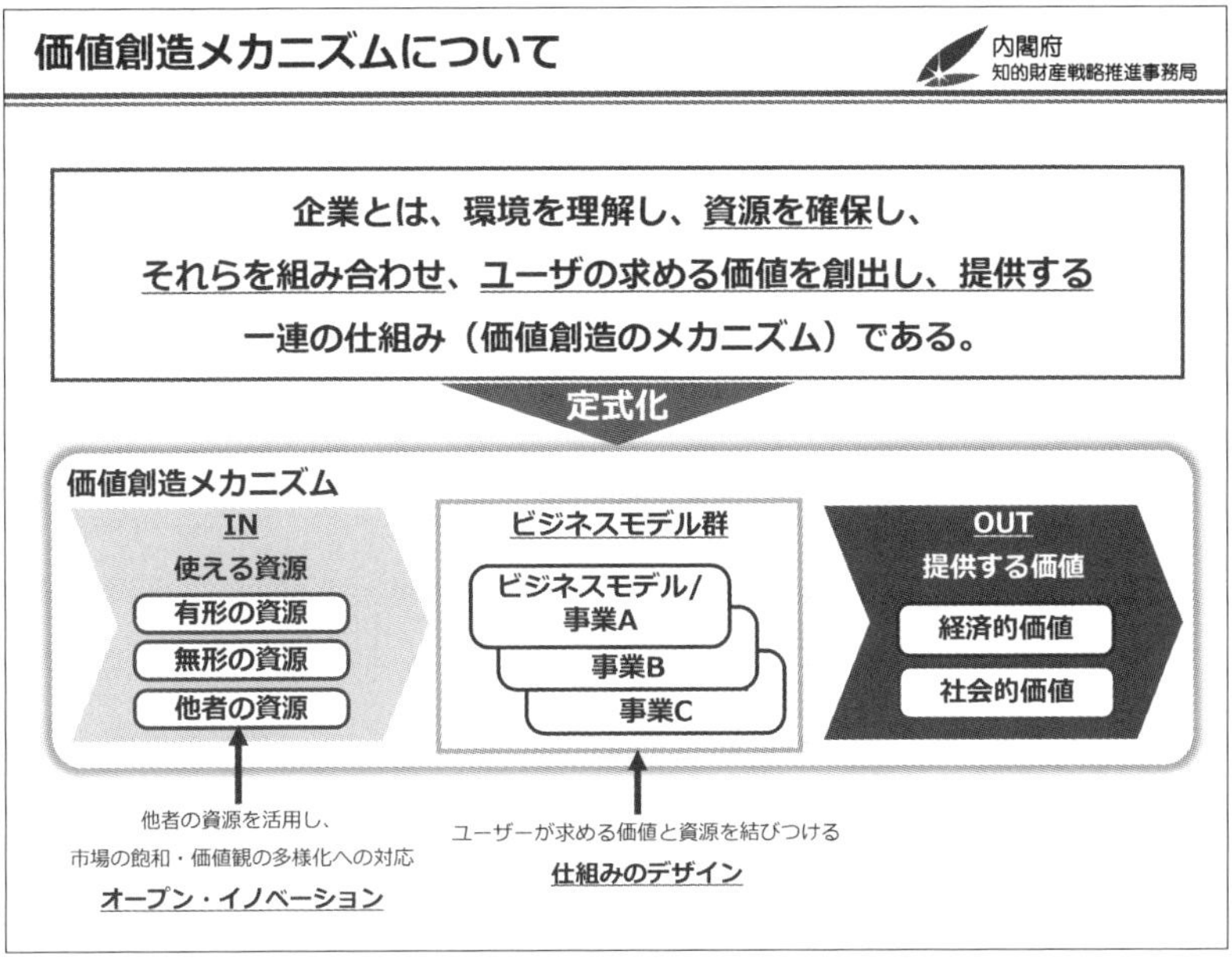
価値創造メカニズムについて
内閣府
知的財産戦略推進事務局
企業とは、環境を理解し、資源を確保し、
それらを組み合わせ、ユーザの求める価値を創出し、提供する
一連の仕組み（価値創造のメカニズム）である。
定式化
価値創造メカニズム
IN
使える資源
有形の資源
無形の資源
他者の資源
ビジネスモデル群
ビジネスモデル/
事業A
事業B
事業C
OUT
提供する価値
経済的価値
社会的価値
他者の資源を活用し、
市場の飽和・価値観の多様化への対応
オープン・イノベーション
ユーザーが求める価値と資源を結びつける
仕組みのデザイン

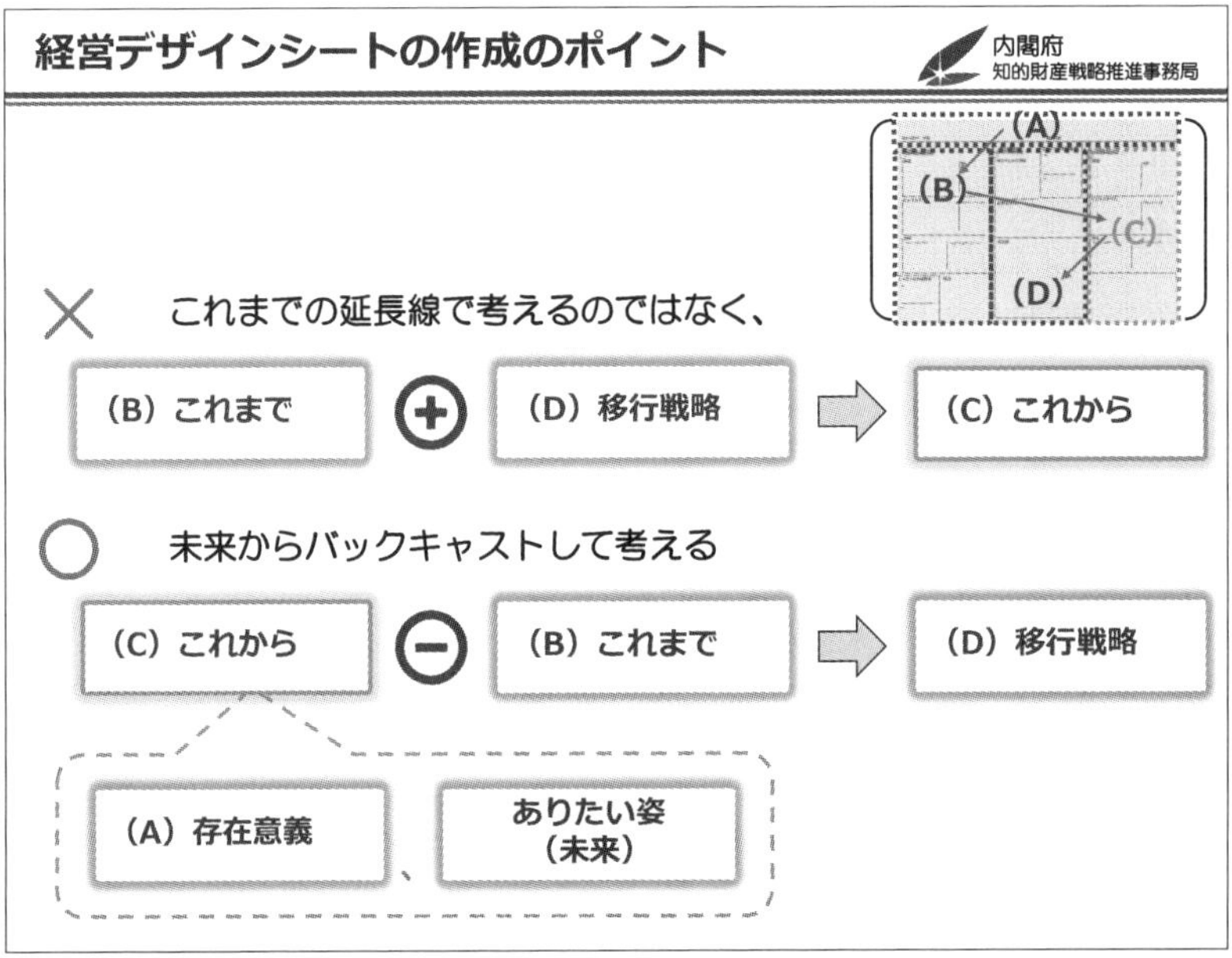
経営デザインシートの作成のポイント
内閣府
知的財産戦略推進事務局
(A)
(B)
(C)
(D)
× これまでの延長線で考えるのではなく、
（B）これまで
＋
（D）移行戦略
（C）これから
○ 未来からバックキャストして考える
（C）これから
－
（B）これまで
（D）移行戦略
（A）存在意義
、
ありたい姿
（未来）

経営デザインシートの概要

内閣府
知的財産戦略推進事務局

環境変化に耐え抜き持続的成長をするために、自社や事業の**(A)存在意義を意識**した上で、**(B)「これまで」を把握**し、**(C)** 長期的な視点で**「これから」の在りたい姿を構想**する。**(D)** それに向けて今から何をすべきか**戦略を策定**する。

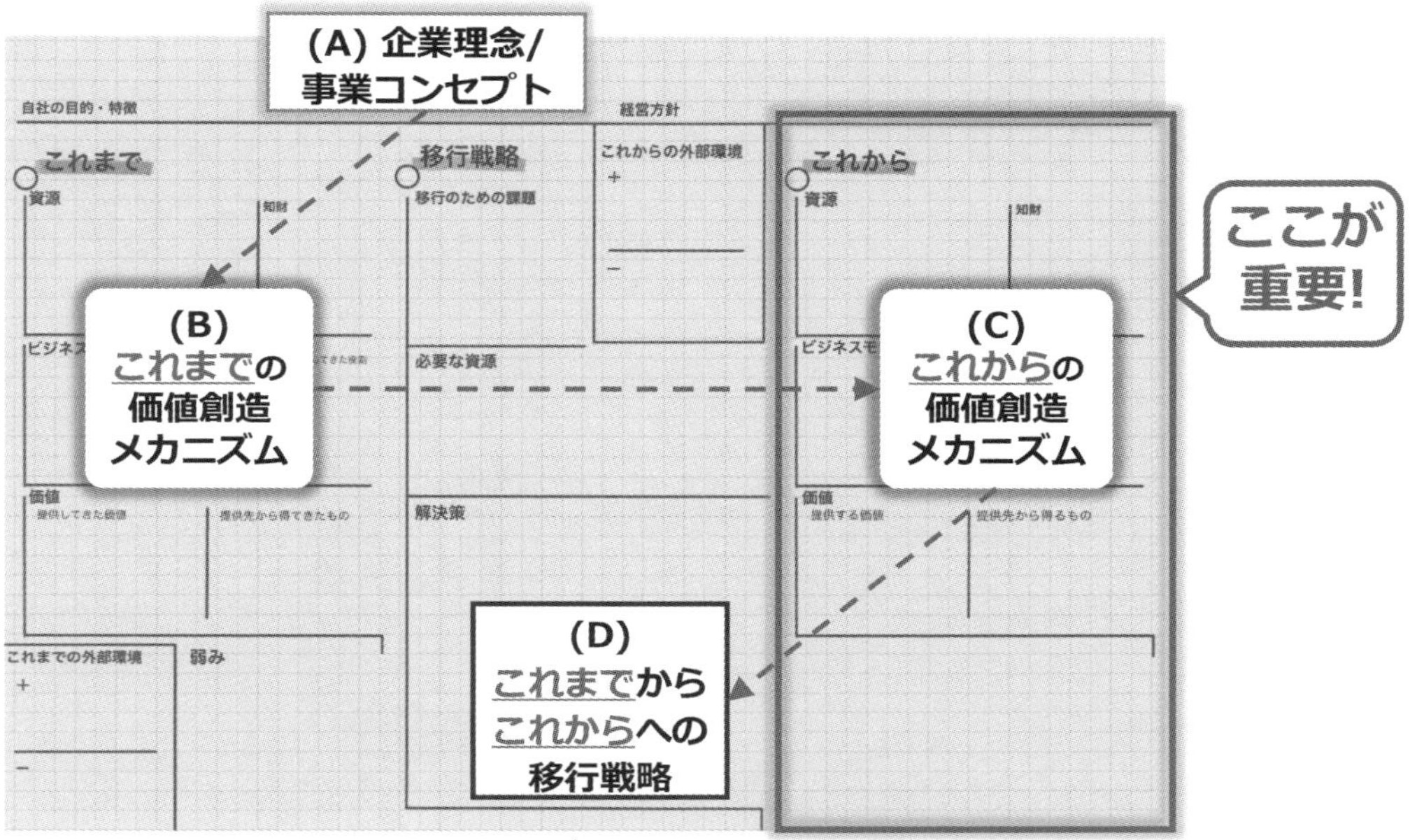

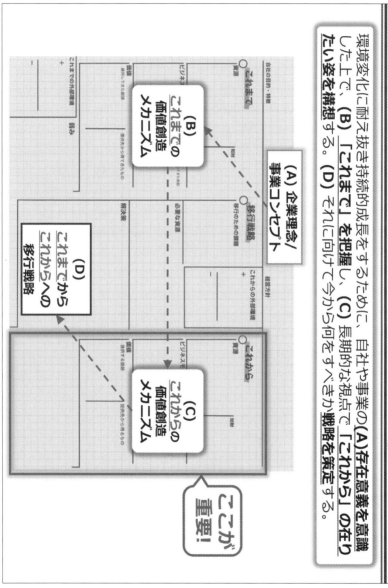

4 サステナビリティ・トランスフォーメーション（SX）

経営デザインシートは、多様性と自己責任原則の経営を目指して、「投入する資源」から「ビジネスモデル群」を通して、将来の「提供する価値」を生み出す価値創造メカニズムによって、これから何をするべきかの戦略を策定することと述べました。このサステナビリティ・トランスフォーメーション（SX）は、このプロセスを一層、深掘りするもので、さらには、持続可能な経営を目指します。SXは、「価値観⇓長期戦略⇓実行戦略⇓成果と重要な成果指標⇓ガバナンス」という、経営の思考・行動・管理のプロセスで、持続可能な体制を構築することになります。SXの価値観を、「投入する資源」から生み出す理念と見なせば、経営デザインシートとサステナビリティ・トランスフォーメーションは、重なるプロセスとも言えます。

SXは、以下に図示されるように、「複雑化する事業環境の中で、持続的な競争優位を確保していき、強靱な価値創造ストーリーの協創と、その実装が期待される」と述べ、「企業や投資家等の多様なプレイヤーが、長期経営の在り方につき、建設的・実質的な対話を行って、SXを実践する」というように、かなり複雑化した高度化スキームに見えます。とは言うものの、経営デザインシートにおける、将来の「提供する価値」を生み出す「価値創造メカニズム」とも、簡略化することができます。

サステナビリティ・トランスフォーメーションの図表は、多くのガイドラインや経営手法を集積して示していますが、それらを俯瞰すれば、今後の企業経営の全体像が見えてきます。そして、それぞれのガイドラインの関わりや相乗効果も、把握することになると思われます。このサステナビリティ・トランスフォーメーションは、以下の「伊藤レポート3.0・価値協創ガイダンス2.0の概要」にまとめられています。

【参考資料】

伊藤レポート3.0・価値協創ガイダンス2.0の概要

2022年8月

経済産業省 経済産業政策局 産業資金課・企業会計室

※本資料は、伊藤レポート3.0及び価値協創ガイダンス2.0の全体像を分かりやすく伝えるための参考資料であり、詳細については、それぞれレポートとガイダンスの本文を参照されたい。

SX（サステナビリティ・トランスフォーメーション）とは

- 「SX（サステナビリティ・トランスフォーメーション）」とは、**社会のサステナビリティと企業のサステナビリティを「同期化」させていくこと、及びそのために必要な経営・事業変革**を指す。
- 「SX」の実現のためには、企業、投資家、取引先など、インベストメント・チェーンに関わる様々なプレイヤーが、持続可能な社会の構築に対する要請を踏まえ、長期の時間軸における企業経営の在り方について建設的・実質的な対話を行い、磨き上げていくことが必要。
- 気候変動や人権などのサステナビリティ課題の多様化、これらを含む様々なルール環境の変化、サプライチェーン・リスクやサイバーセキュリティ等の経済安全保障関連課題の顕在化など、**複雑化する事業環境の中で持続的な競争優位を確保**していくため、SX実現に向けた強靱な価値創造ストーリーの協創と、その実装が期待。

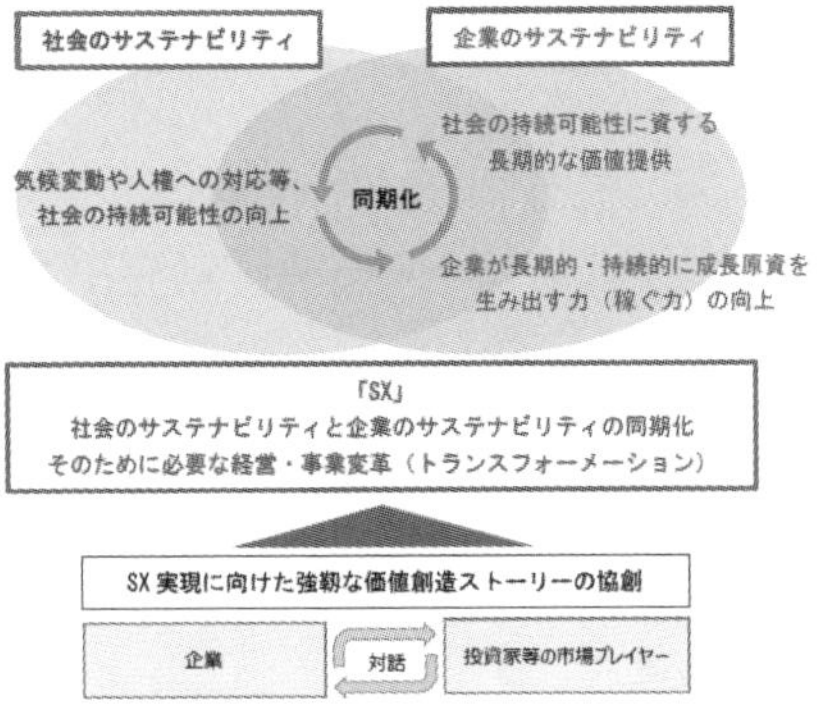

（補足）SX、GX、DXの関係

「新しい資本主義」において重点投資として位置づけられているGX（グリーン・トランスフォーメーション）についても、気候変動をはじめとする幅広いサステナビリティ課題を対象とするSXの中に位置づけて取り組むことが、両者を一体的かつ効率的に推進していく上で有用である。

その際、SXとGXをさらに効果的かつ迅速に推進していくためには、DX（デジタル・トランスフォーメーション）と一体的に取り組んでいくことが望まれる。

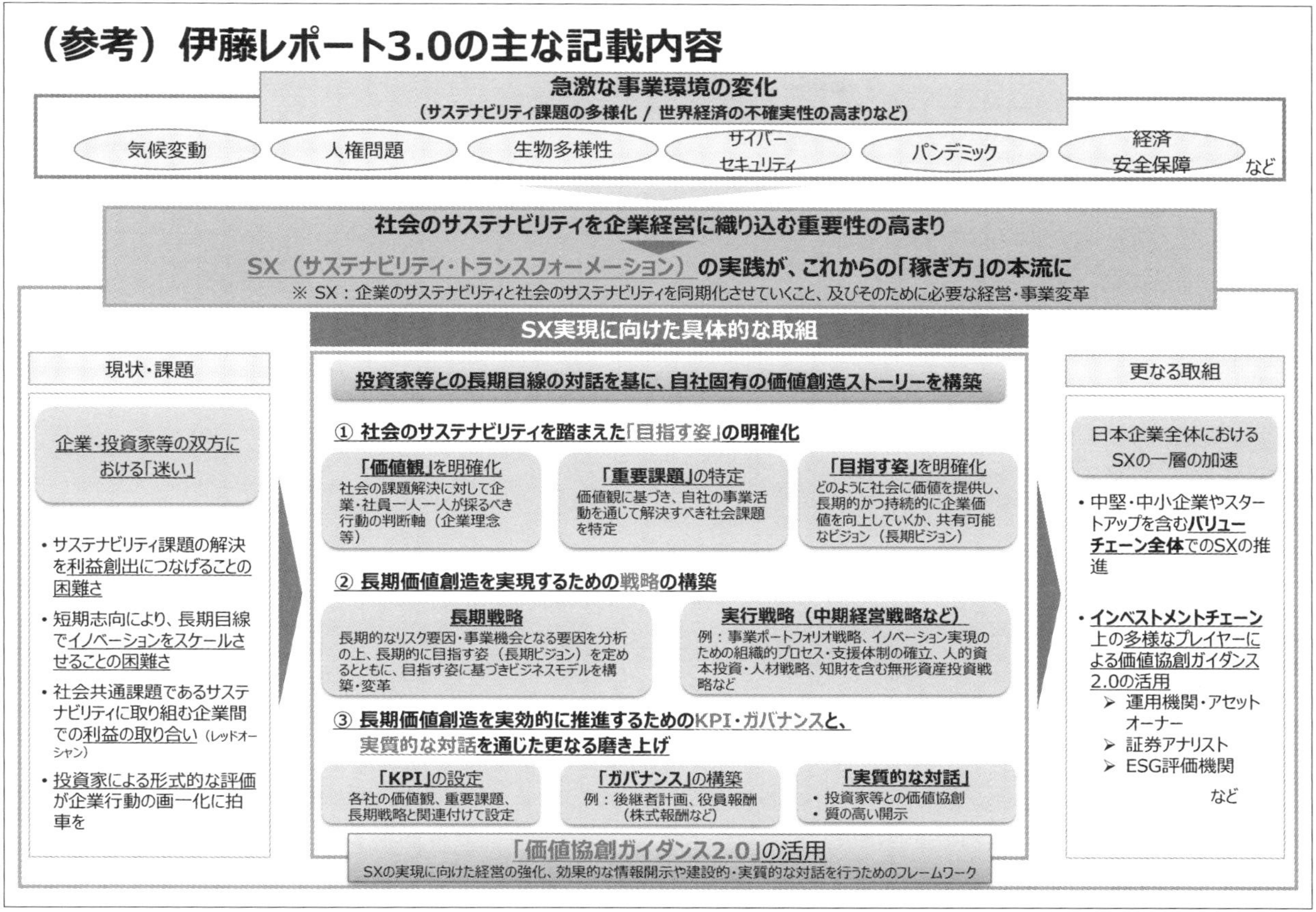
（参考）伊藤レポート3.0の主な記載内容
急激な事業環境の変化
（サステナビリティ課題の多様化 / 世界経済の不確実性の高まりなど）
気候変動
人権問題
生物多様性
サイバーセキュリティ
パンデミック
経済安全保障
など
社会のサステナビリティを企業経営に織り込む重要性の高まり
SX（サステナビリティ・トランスフォーメーション）の実践が、これからの「稼ぎ方」の本流に
※ SX：企業のサステナビリティと社会のサステナビリティを同期化させていくこと、及びそのために必要な経営・事業変革
SX実現に向けた具体的な取組
現状・課題
企業・投資家等の双方における「迷い」
・サステナビリティ課題の解決を利益創出につなげることの困難さ
・短期志向により、長期目線でイノベーションをスケールさせることの困難さ
・社会共通課題であるサステナビリティに取り組む企業間での利益の取り合い（レッドオーシャン）
・投資家による形式的な評価が企業行動の画一化に拍車を
投資家等との長期目線の対話を基に、自社固有の価値創造ストーリーを構築
① 社会のサステナビリティを踏まえた「目指す姿」の明確化
「価値観」を明確化
社会の課題解決に対して企業・社員一人一人が採るべき行動の判断軸（企業理念等）
「重要課題」の特定
価値観に基づき、自社の事業活動を通じて解決すべき社会課題を特定
「目指す姿」を明確化
どのように社会に価値を提供し、長期的かつ持続的に企業価値を向上していくか、共有可能なビジョン（長期ビジョン）
② 長期価値創造を実現するための戦略の構築
長期戦略
長期的なリスク要因・事業機会となる要因を分析の上、長期的に目指す姿（長期ビジョン）を定めるとともに、目指す姿に基づきビジネスモデルを構築・変革
実行戦略（中期経営戦略など）
例：事業ポートフォリオ戦略、イノベーション実現のための組織的プロセス・支援体制の確立、人的資本投資・人材戦略、知財を含む無形資産投資戦略など
③ 長期価値創造を実効的に推進するためのKPI・ガバナンスと、実質的な対話を通じた更なる磨き上げ
「KPI」の設定
各社の価値観、重要課題、長期戦略と関連付けて設定
「ガバナンス」の構築
例：後継者計画、役員報酬（株式報酬など）
「実質的な対話」
・投資家等との価値協創
・質の高い開示
「価値協創ガイダンス2.0」の活用
SXの実現に向けた経営の強化、効果的な情報開示や建設的・実質的な対話を行うためのフレームワーク
更なる取組
日本企業全体におけるSXの一層の加速
・中堅・中小企業やスタートアップを含むバリューチェーン全体でのSXの推進
・インベストメントチェーン上の多様なプレイヤーによる価値協創ガイダンス2.0の活用
➢ 運用機関・アセットオーナー
➢ 証券アナリスト
➢ ESG評価機関
など

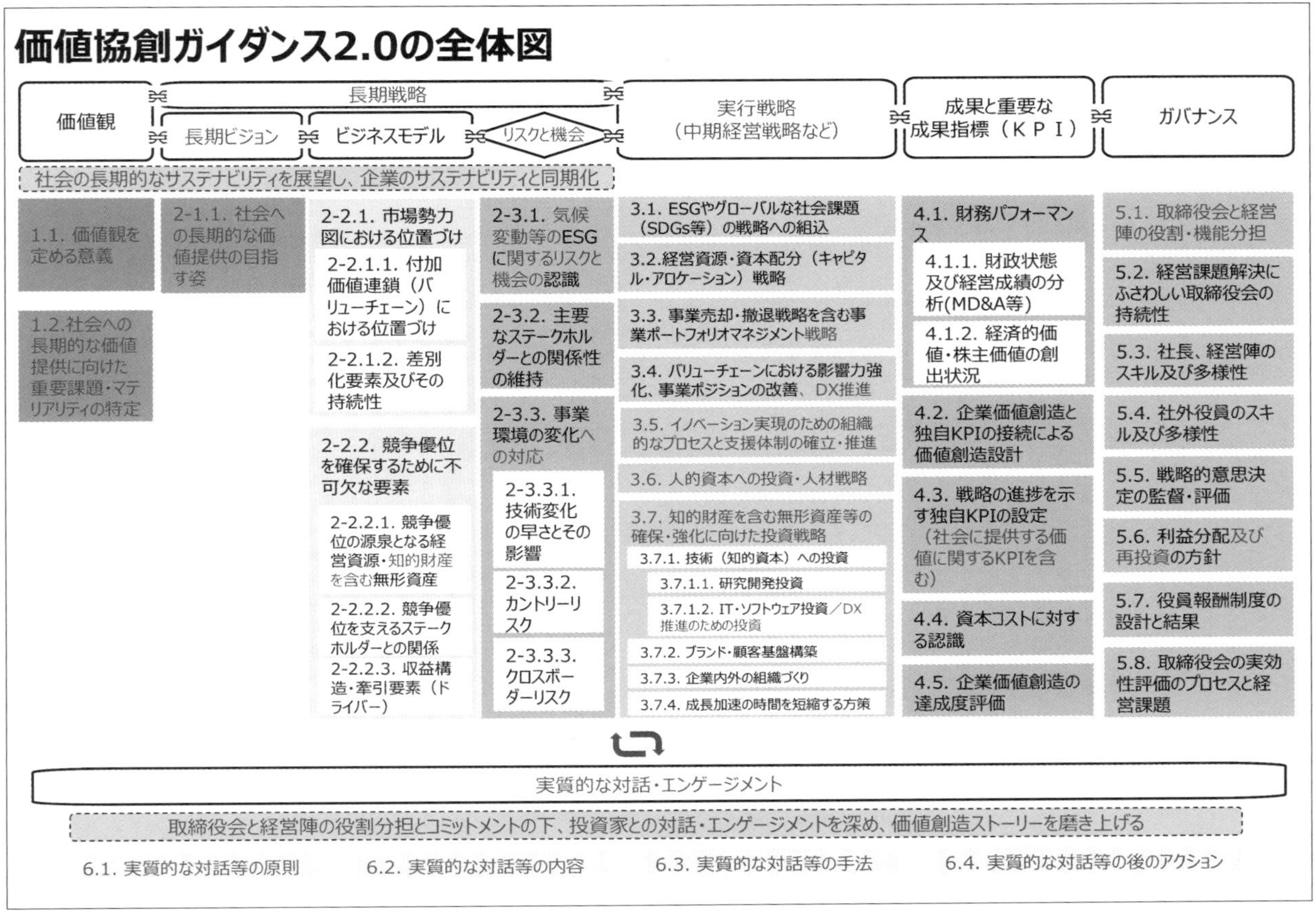
価値協創ガイダンス2.0の全体図
価値観
長期戦略
長期ビジョン
ビジネスモデル
リスクと機会
実行戦略（中期経営戦略など）
成果と重要な成果指標（ＫＰＩ）
ガバナンス
社会の長期的なサステナビリティを展望し、企業のサステナビリティと同期化
1.1. 価値観を定める意義
1.2.社会への長期的な価値提供に向けた重要課題・マテリアリティの特定
2-1.1. 社会への長期的な価値提供の目指す姿
2-2.1. 市場勢力図における位置づけ
2-2.1.1. 付加価値連鎖（バリューチェーン）における位置づけ
2-2.1.2. 差別化要素及びその持続性
2-2.2. 競争優位を確保するために不可欠な要素
2-2.2.1. 競争優位の源泉となる経営資源・知的財産を含む無形資産
2-2.2.2. 競争優位を支えるステークホルダーとの関係
2-2.2.3. 収益構造・牽引要素（ドライバー）
2-3.1. 気候変動等のESGに関するリスクと機会の認識
2-3.2. 主要なステークホルダーとの関係性の維持
2-3.3. 事業環境の変化への対応
2-3.3.1. 技術変化の早さとその影響
2-3.3.2. カントリーリスク
2-3.3.3. クロスボーダーリスク
3.1. ESGやグローバルな社会課題（SDGs等）の戦略への組込
3.2.経営資源・資本配分（キャピタル・アロケーション）戦略
3.3. 事業売却・撤退戦略を含む事業ポートフォリオマネジメント戦略
3.4. バリューチェーンにおける影響力強化、事業ポジションの改善、DX推進
3.5. イノベーション実現のための組織的なプロセスと支援体制の確立・推進
3.6. 人的資本への投資・人材戦略
3.7. 知的財産を含む無形資産等の確保・強化に向けた投資戦略
3.7.1. 技術（知的資本）への投資
3.7.1.1. 研究開発投資
3.7.1.2. IT・ソフトウェア投資／DX推進のための投資
3.7.2. ブランド・顧客基盤構築
3.7.3. 企業内外の組織づくり
3.7.4. 成長加速の時間を短縮する方策
4.1. 財務パフォーマンス
4.1.1. 財政状態及び経営成績の分析(MD&A等)
4.1.2. 経済的価値・株主価値の創出状況
4.2. 企業価値創造と独自KPIの接続による価値創造設計
4.3. 戦略の進捗を示す独自KPIの設定（社会に提供する価値に関するKPIを含む）
4.4. 資本コストに対する認識
4.5. 企業価値創造の達成度評価
5.1. 取締役会と経営陣の役割・機能分担
5.2. 経営課題解決にふさわしい取締役会の持続性
5.3. 社長、経営陣のスキル及び多様性
5.4. 社外役員のスキル及び多様性
5.5. 戦略的意思決定の監督・評価
5.6. 利益分配及び再投資の方針
5.7. 役員報酬制度の設計と結果
5.8. 取締役会の実効性評価のプロセスと経営課題
実質的な対話・エンゲージメント
取締役会と経営陣の役割分担とコミットメントの下、投資家との対話・エンゲージメントを深め、価値創造ストーリーを磨き上げる
6.1. 実質的な対話等の原則
6.2. 実質的な対話等の内容
6.3. 実質的な対話等の手法
6.4. 実質的な対話等の後のアクション

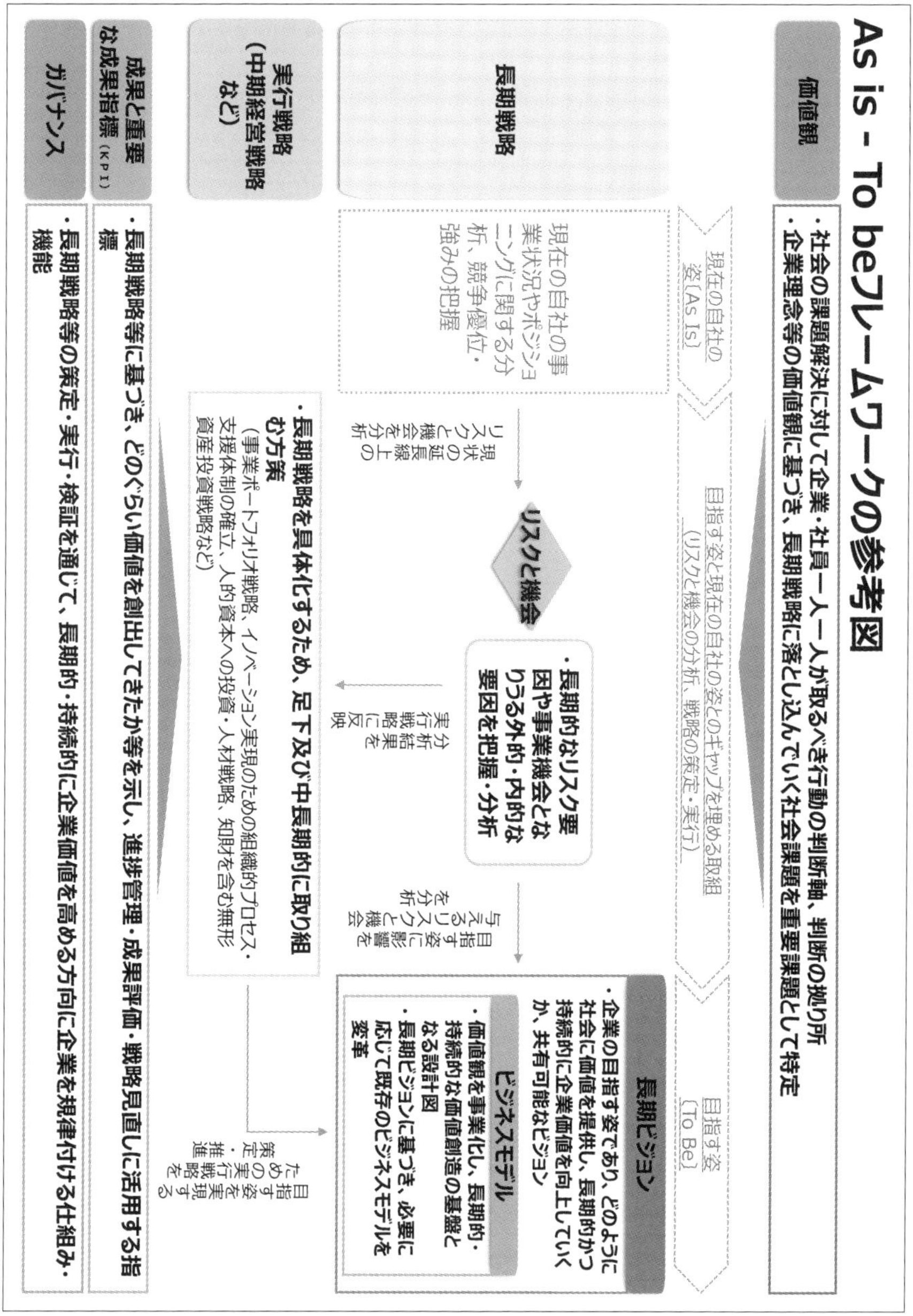
As is - To beフレームワークの参考図
価値観
・社会の課題解決に対して企業・社員一人一人が取るべき行動の判断軸、判断の拠り所
・企業理念等の価値観に基づき、長期戦略に落とし込んでいく社会課題を重要課題として特定
現在の自社の姿（As Is）
目指す姿と現在の自社の姿とのギャップを埋める取組（リスクと機会の分析、戦略の策定・実行）
目指す姿（To Be）
長期戦略
現在の自社の事業状況やポジショニングに関する分析、競争優位・強みの把握
現状の延長線上のリスクと機会を分析
リスクと機会
・長期的なリスク要因や事業機会となりうる外的・内的な要因を把握・分析
目指す姿に影響を与えるリスクと機会を分析
長期ビジョン
・企業の目指す姿であり、どのように社会に価値を提供し、長期的かつ持続的に企業価値を向上していくか、共有可能なビジョン
ビジネスモデル
・価値観を事業化し、長期的・持続的な価値創造の基盤となる設計図
・長期ビジョンに基づき、必要に応じて既存のビジネスモデルを変革
分析結果を実行戦略に反映
実行戦略（中期経営戦略など）
・長期戦略を具体化するため、足下及び中長期的に取り組む方策
（事業ポートフォリオ戦略、イノベーション実現のための組織的プロセス・支援体制の確立、人的資本への投資・人材戦略、知財を含む無形資産投資戦略など）
目指す姿を実現するための戦略を策定・実行する
成果と重要な成果指標（KPI）
・長期戦略等に基づき、どのぐらい価値を創出してきたか等を示し、進捗管理・成果評価・戦略見直しに活用する指標
ガバナンス
・長期戦略等の策定・実行・検証を通じて、長期的・持続的に企業価値を高める方向に企業を規律付ける仕組み・機能

● 特定の分野や業種を対象に価値創造ストーリー全体を更に深掘りする上で効果的なガイドライン等

- ① 気候関連財務情報開示に関するガイダンス2.0（TCFDガイダンス2.0） (*1)
- ② サーキュラー・エコノミーに係るサステナブル・ファイナンス促進のための開示・対話ガイダンス (*1)
- ③ 知財・無形資産ガバナンスガイドライン (*1)
- ④ 産業保安及び製品安全における統合的開示ガイダンス
- ⑤ バイオメディカル産業版「価値協創ガイダンス」

など

● 価値協創ガイダンス2.0上の各要素を更に深掘りする上で効果的なガイドライン等

- ⑥ CGSガイドライン
- ⑦ 事業再編ガイドライン
- ⑧ グループガイドライン
- ⑨ DX推進ガイドライン
- ⑩ デジタルガバナンスコード
- ⑪ 市場形成ガイダンス　～ルール形成型市場創出の実践に向けて～
- ⑫ 価値創造マネジメントに関する行動指針
- ⑬ 人材版伊藤レポート
- ⑭ 人材版伊藤レポート2.0
- ⑮ ダイバーシティ2.0行動ガイドライン
- ⑯ 人的資本可視化指針
- ⑰ 責任あるサプライチェーンにおける人権尊重のためのガイドライン（2022/8/29までパブリックコメント実施中） (*2)
- ⑱ サイバーセキュリティ経営ガイドライン (*2)

など

(*1) ①・②は価値協創ガイダンス2.0の2-3.1.等の要素を、③は同3.7.の要素を深掘りする上でも、効果的に活用することができる。

(*2) 「ビジネスと人権」や「サイバーセキュリティ」は、価値協創ガイダンス2.0では「リスクと機会」のコラムで言及されているところ、他の分野と同様に、リスクと機会の分析を踏まえてどのように長期的な価値創造につなげていくかを検討する観点から、「実行戦略」の構築段階でも⑰・⑱を活用することが望ましい。

価値協創ガイダンス2.0と他のガイドライン等との関係図

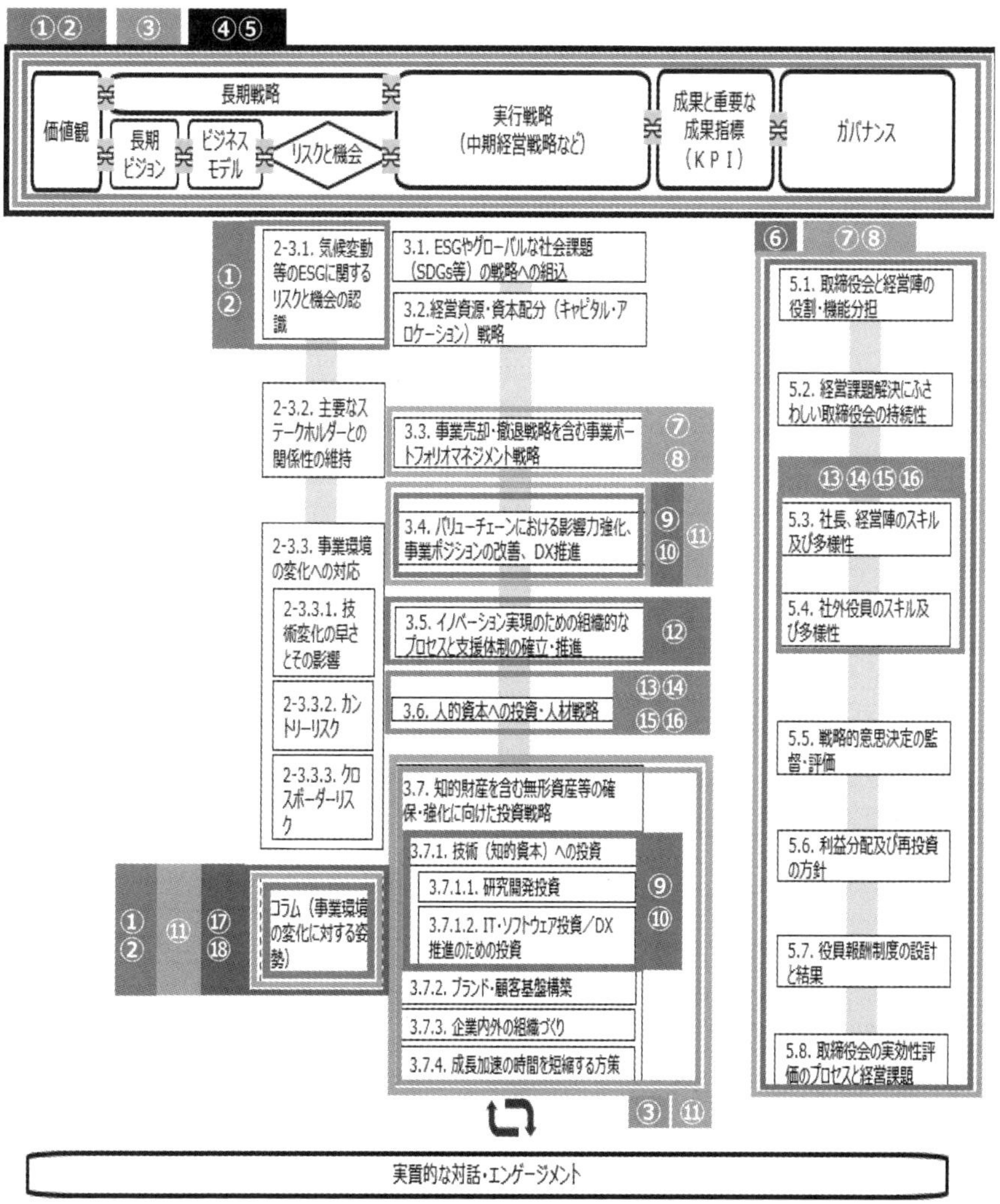

※ ①～⑱のいずれについても、価値協創ガイダンスの構成や記述全体を踏まえつつ、価値協創ガイダンス2.0と併読して統合的に理解を深めることが望ましいが、本図では、①～⑱のそれぞれにつき、特に関連が深い価値協創ガイダンス2.0上の項目等を明示する観点から、相互の関係性を整理している。

一六〇〜一六一ページの図表では、経営管理のプロセスである「価値観⇒長期戦略⇒実行戦略⇒成果と重要な成果指標⇒ガバナンス」の整理の下に、多くのガイドラインが列挙されていますが、そのガイドラインの中には、「GX（グリーン・トランスフォーメーション）」「知財・無形資産ガバナンス」「DX（デジタル・トランスフォーメーション）」「CGSガイドライン」など、現在話題になり、早期に定着を目指すものが含まれています。これらは、SXの重要な要因になっていますので、個々のガイドラインを、さらに深掘りする必要があります。

また、これらの要因は、前ページの「価値協創ガイダンス2．0と他のガイドライン等との関係図」では、「①GX、気候関連財務情報開示に関するガイダンス2．0」「③知財・無形資産ガバナンスガイドライン」は、小分類「特定の分野や業種を対象に価値創造ストーリー全体をさらに深掘りする上で効果的なガイドライン等」にまとめられ、「⑥CGSガイドライン」「⑨DX推進ガイドライン、⑩デジタルガバナンスコード」は、小分類「価値協創ガイダンス2．0上の各要素を更に深掘りする上で効果的なガイドライン等」の中に分けられています。

これらのガイドラインについては、その周囲に記載されている、他の多くのガイドラインとの絡みや連携を検討することで、その位置づけをさらに浮き彫りにすることができると思います。これらに注目しながら、経営管理のプロセスを俯瞰することは、一層、理解を深めることになります。

ちなみに、SXとは、社会のサステナビリティと企業のサステナビリティを「同期化」させていくこと、および、そのために必要な経営・事業変革を指しますから、企業としては必須事項となります。

今まで述べてきた「企業経営のガイドライン」は、ライフステージの流れに沿った「取引先企業の生産性向上と地域活性化の支援」のガイドラインと、企業の価値観を定めることに重点をおいた「内部統制と経営力強化」に関するガイドラインに分けることができます。

「内部統制と経営力強化」のガイドラインは、「価値協創ガイダンス２．０と他のガイドライン等との関係図」で、比較しながら全体を見れば、価値創造ストーリーや各要素の機能を見て、その中のガイドラインと経営全般の位置づけを整理することができます。まさに、社会のサステナビリティと企業のサステナビリティを「同期化」させていくことであり、経営理念の構築には欠かせません。

特に、「ＧＸ（グリーン・トランスフォーメーション）」「知財・無形資産ガバナンス」「ＣＧＳガイドライン」「ＤＸ（デジタル・トランスフォーメーション）のガイドラインは、これからの企業経営の方向性を示すものであり、企業が組み込まれている社会や環境の方向性をも示唆するテーマで、経営全般をカバーすることになっています。

5 GX（グリーン・トランスフォーメーション）のガイドライン

1 GXの閣議決定

グリーン・トランスフォーメーション（GX）とは、脱炭素社会を目指し経済社会システムを変革させることですが、「二〇五〇年カーボンニュートラルや二〇三〇年の国としての温室効果ガス削減目標の達成に向けて、排出削減と産業競争力の向上の実現に向けて、経済の成長を目指すこと」とも言われています。また、環境保全を経済成長と同時に実現させようとするものです。

また、GX（グリーン・トランスフォーメーション）は、SDGsの考え方の延長線上にあります。SDGsの17のゴール（目標）では、GXと直接関わる目標は、目標7「エネルギーをみんなに、そしてクリーンに」で、気候変動への対策として脱炭素による地球温暖化の抑制を掲げています。目標13「気候変動に具体的な対策を」が、GXによって経済成長と新たな雇用が生み出されることになれば、目標8「働きがいも経済成長も」も関連することになります。

GXに取り組むことは、環境だけでなく、横断的なテーマとなり、雇用、教育、福祉などさまざまな課題を同時に解決することになります。

なお、中堅・中小企業にとっては、このGXは、超長期で超ワイドのテーマであり、資金的にも桁の違う課題に思われますが、SXとして、社会のサステナビリティと企業のサステナビリティを「同期化」させるためには、必要事項であり、経営理念には欠かせないテーマです。実際は、サプライチェーンやバリューチェーンの上流企業との連携で対応していくテーマになると思います。

ということで、このＧＸは、二〇二三年二月に閣議決定され、経済産業省のＨＰに掲載されていますので、見ていくことにします。

次ページの閣議決定の「ＧＸ実現に向けた基本方針」の「2. 概要」の①②は、一六九ページの「ＧＸ実現に向けた基本方針の概要」に、具体的に記載されています。この個別内容は「徹底した省エネの推進」「再エネの主力電源化」「原子力の活用」などで、まさに国家施策であり、動かす資金量も兆円単位となるものです。

したがって、中堅・中小企業として単独で動くことはなかなかできません。そこで、国や大企業などの、直接働き掛けるプッシュ型の動きに対して、中堅・中小企業は、当面は同調し、サプライチェーン・バリューチェーンの全体の取組みに協力することが、現実的な行動になるものと思われます。

「GX実現に向けた基本方針」が閣議決定されました

2023 年 2 月 10 日

2022 年 2 月のロシアによるウクライナ侵略以降、エネルギー安定供給の確保が世界的に大きな課題となる中、GX（グリーントランスフォーメーション）を通じて脱炭素、エネルギー安定供給、経済成長の 3 つを同時に実現するべく、GX 実行会議や各省における審議会等での議論を踏まえ、2022 年末に「GX 実現に向けた基本方針」を取りまとめました。同基本方針について、パブリックコメント等を経て、本日閣議決定を行いました。

1. 背景

2022 年 7 月 27 日から岸田内閣総理大臣を議長とする GX 実行会議が開催され、2022 年末に基本方針が取りまとめられました。その後、パブリックコメント等を経て、本日、閣議決定されました。

2. 概要

気候変動問題への対応に加え、ロシア連邦によるウクライナ侵略を受け、国民生活及び経済活動の基盤となるエネルギー安定供給を確保するとともに、経済成長を同時に実現するため、主に以下二点の取組を進めます。

①エネルギー安定供給の確保に向け、徹底した省エネに加え、再エネや原子力などのエネルギー自給率の向上に資する脱炭素電源への転換など GX に向けた脱炭素の取組を進めること。

② GX の実現に向け、「GX 経済移行債」等を活用した大胆な先行投資支援、カーボンプライシングによる GX 投資先行インセンティブ、新たな金融手法の活用などを含む「成長志向型カーボンプライシング構想」の実現・実行を行うこと。

したがって、GXの内容を具体的に見ていけば、中堅・中小企業では、行動的・資金的にも負担が大き過ぎ、難しいことがわかります。そこで、中堅・中小企業には、可能なものから取り組み、段階的に開示内容を高めていくことが、現実的な動きになります。GXの実現に向けた、国や大企業の直接的なプッシュ型の動きに同調するためには、いかなる行動を取るべきかを、考えるべきです。

中堅・中小企業は、大企業のサプライチェーン全体における、GXの一部を担うことがあります。大企業のプッシュ的な動きの一環として、GXの開示を実践することもできます。自社のGXへの取組みを開示することで、サプライチェーンでのGXを求める大企業へのアピールも可能です。このことが、GXに対し、距離を置いている、他の競合企業に対して、ビジネスチャンスの拡大で優位となることもあります。

例えば、再生可能エネルギー設備の導入や、エネルギーの使用量を減らすこと、また、電力プランの切替えによって再エネ電力を利用することなどは、中堅・中小企業として可能な行動ですので、その実践状況を情報開示することで、GXへの取組みを示すことができます。

企業で消費するエネルギーの脱炭素化を進めるためには、再生可能エネルギーの使用が欠かせません。国や自治体からの補助金などによる支援があるため、太陽光パネルや風力・水力などの再生可能エネルギー発電設備の導入は、低いコスト負担でできます。製造活動で発電の温室効果ガス排出量をゼロにすることは難しくても、消費電力を減らすことで排出量を減少させることはできます。省エネのために、エアコンの設定温度を低くすることも可能ですし、照明設備をオフにすることなども実行できます。よりエネルギー効率の高い省エネ器具への交換もできます。また、電力関連では、多くの電力プランがありますので、このような電力プランに切り替えることで、自社の再エネ電源比率を高めることも可能で、結果としてGXに一歩近づくことができます。

その他にも、カーボンクレジットやRE100で、資金面を活用したGXの貢献もあります。カーボンク

（２）「成長志向型カーボンプライシング構想」等の実現・実行

- 2022年5月、岸田総理が今後10年間に150兆円超の官民GX投資を実現する旨を表明。その実現に向け、国が総合的な戦略を定め、以下の柱を速やかに実現・実行。

①GX経済移行債を活用した先行投資支援

- 長期にわたり支援策を講じ、民間事業者の予見可能性を高めていくため、GX経済移行債を創設し(国際標準に準拠した新たな形での発行を目指す)、今後10年間に20兆円規模の先行投資支援を実施。民間のみでは投資判断が真に困難な案件で、産業競争力強化・経済成長と排出削減の両立に貢献する分野への投資等を対象とし、規制・制度措置と一体的に講じていく。

②成長志向型カーボンプライシング(CP)によるGX投資インセンティブ

- 成長志向型CPにより炭素排出に値付けし、GX関連製品・事業の付加価値を向上させる。
- 直ちに導入するのでなく、GXに取り組む期間を設けた後で、エネルギーに係る負担の総額を中長期的に減少させていく中で導入（低い負担から導入し、徐々に引上げ）する方針を予め示す。

⇒ 支援措置と併せ、GXに先行して取り組む事業者にインセンティブが付与される仕組みを創設。

<具体例>

(i) GXリーグの段階的発展→多排出産業等の「排出量取引制度」の本格稼働 【2026年度～】

(ii) 発電事業者に、EU等と同様の「有償オークション」※を段階的に導入 **【2033年度～】**

※ CO_2排出に応じて一定の負担金を支払うもの

(iii) 化石燃料輸入事業者等に、「炭素に対する賦課金」制度の導入 **【2028年度～】**

※なお、上記を一元的に執行する主体として「GX推進機構」を創設

③新たな金融手法の活用

- GX投資の加速に向け、「GX推進機構」が、GX技術の社会実装段階におけるリスク補完策（債務保証等）を検討・実施。
- トランジション・ファイナンスに対する国際的な理解醸成へ向けた取組の強化に加え、気候変動情報の開示も含めた、サステナブルファイナンス推進のための環境整備を図る。

④国際戦略・公正な移行・中小企業等のGX

- 「アジア・ゼロエミッション共同体」構想を実現し、アジアのGXを一層後押しする。
- リスキリング支援等により、スキル獲得とグリーン等の成長分野への円滑な労働移動を共に推進。
- 脱炭素先行地域の創出・全国展開に加え、財政的支援も活用し、地方公共団体は事務事業の脱炭素化を率先して実施。新たな国民運動を全国展開し、脱炭素製品等の需要を喚起。
- 事業再構築補助金等を活用した支援、プッシュ型支援に向けた中小企業支援機関の人材育成、パートナーシップ構築宣言の更なる拡大等で、中小企業を含むサプライチェーン全体の取組を促進。

（3）進捗評価と必要な見直し

- GX 投資の進捗状況、グローバルな動向や経済への影響なども踏まえて、「GX 実行会議」等において進捗評価を定期的に実施し、必要な見直しを効果的に行っていく。
- これらのうち、法制上の措置が必要なものを第 211 回国会に提出する法案に明記し、確実に実行していく。

GX 実現に向けた基本方針の概要

背景

GX 実現に向けた基本方針の概要

✔カーボンニュートラルを宣言する国・地域が増加（GDP ベースで 9 割以上）し、排出削減と経済成長をともに実現する GX に向けた長期的かつ大規模な投資競争が激化。GX に向けた取組の成否が、企業・国家の競争力に直結する時代に突入。また、ロシアによるウクライナ侵略が発生し、我が国のエネルギー安全保障上の課題を再認識。

✔こうした中、我が国の強みを最大限活用し、GX を加速させることで、エネルギー安全供給と脱炭素分野で新たな需要・市場を創出し、日本経済の産業競争力強化・経済成長につなげていく。

✔第 211 回国会に、GX 実現に向けて必要となる関連法案を提出する（下線部分が法案で措置する部分）。

（1）エネルギー安定供給の確保を大前提としたGXの取組

①徹底した省エネの推進

- 複数年の投資計画に対応できる省エネ補助金を創設など、中小企業の省エネ支援を強化。
- 関係省庁が連携し、省エネ効果の高い断熱窓への改修など、住宅省エネ化への支援を強化。
- 改正省エネ法に基づき、主要5業種（鉄鋼業・化学工業・セメント製造業・製紙業・自動車製造業）に対して、政府が非化石エネルギー転換の目安を示し、更なる省エネを推進。

②再エネの主力電源化

- 2030年度の再エネ比率36～38%に向け、全国大でのマスタープランに基づき、今後10年間程度で過去10年の8倍以上の規模で系統整備を加速し、2030年度を目指して北海道からの海底直流送電を整備。これらの系統投資に必要な資金の調達環境を整備。
- 洋上風力の導入拡大に向け、「日本版セントラル方式」を確立するとともに、新たな公募ルールによる公募開始。
- 地域と共生した再エネ導入のための事業規律強化。次世代太陽電池(ペロブスカイト)や浮体式洋上風力の社会実装化。

③原子力の活用

- 安全性の確保を大前提に、廃炉を決定した原発の敷地内での次世代革新炉への建て替えを具体化する。その他の開発・建設は、各地域における再稼働状況や理解確保等の進展等、今後の状況を踏まえて検討していく。
- 厳格な安全審査を前提に、40年＋20年の運転期間制限を設けた上で、一定の停止期間に限り、追加的な延長を認める。その他、核燃料サイクル推進、廃炉の着実かつ効率的な実現に向けた知見の共有や資金確保等の仕組みの整備や最終処分の実現に向けた国主導での国民理解の促進や自治体等への主体的な働き掛けの抜本強化を行う。

④その他の重要事項

- 水素・アンモニアの生産・供給網構築に向け、既存燃料との価格差に着目した支援制度を導入。水素分野で世界をリードするべく、国家戦略の策定を含む包括的な制度設計を行う。
- 電力市場における供給力確保に向け、容量市場を着実に運用するとともに、予備電源制度や長期脱炭素電源オークションを導入することで、計画的な脱炭素電源投資を後押しする。
- サハリン１・２等の国際事業は、エネルギー安全保障上の重要性を踏まえ、現状では権益を維持。
- 不確実性が高まるLNG市場の動向を踏まえ、戦略的に余剰LNGを確保する仕組みを構築するとともに、メタンハイドレート等の技術開発を支援。
- この他、カーボンリサイクル燃料（メタネーション、SAF、合成燃料等）、蓄電池、資源循環、次世代自動車、次世代航空機、ゼロエミッション船舶、脱炭素目的のデジタル投資、住宅・建築物、港湾等インフラ、食料・農林水産業、地域・くらし等の各分野において、GXに向けた研究開発・設備投資・需要創出等の取組を推進する。

レジットとは、企業などが自社の取組みによって削減した温室効果ガスの排出量を市場で売買する仕組みです。他社が販売したクレジットを購入することで、自社では温室効果ガスの排出削減が難しい企業でも、排出削減をしたことになります。これは、温室効果ガス排出削減が可能でクレジットを販売したい会社の排出削減を促進することにより、結果としてGXに役立つことになります。

RE100とは、使用するエネルギーを100％再生可能エネルギーで調達することを目標とする企業などによる国際的イニシアティブです。RE100に加盟し、実際に再生可能エネルギーの導入などを行うことで、再生可能エネルギーの普及に繋がり、GXに貢献することができます。また「中小企業のSBT（中長期温室効果ガスの削減目標）の認定制度」を活用することもできます。これらの活動を、中堅・中小企業が一覧表にしたり、数値化して効果を見える化して、情報開示を行うことも、重要なことです。GXには、参加し貢献していることを主張することが必要です。

2 気候関連財務情報開示に関するガイダンス3.0

昨今は、記録ずくめの猛暑・大雨・山火事が続いていますので、気候問題がいよいよ命の命題になってきています。「気候関連財務情報開示に関するガイダンス3.0（TCFDガイダンス3.0）」こそ、GXと切り離せない課題になっています。その「はじめに」の「背景」では以下のように述べており、その概要は、一七三ページの図表のとおりです。

「はじめに」の「背景」の抜粋

二〇一五年十二月に採択されたパリ協定を受け、気候変動の緩和及び適応の両面での取組が世界中で進んでいる。金融業界においては、気候変動は投融資先の企業の事業活動に多大な影響を与える可能性があることから、保有資産に対する気候変動の影響を評価する動きが広まっている。特に、長期的な投資を行う機関投資家（年金基金、保険会社等）の間では、投資判断における企業のリスク・機会の要因として気候変動を含むＥＳＧ（環境、社会、ガバナンス）要素を重視する考え方が進展しており、世界のＥＳＧ投資額は二〇一四年から二〇二〇年の六年間で二倍近くに拡大している。なお、二〇二〇年からの新型コロナウイルス（ＣＯＶＩＤ‐19）感染拡大も契機の一つとなって従業員等のステークホルダーに対する社会的課題にもスポットが当たり始め、投資判断におけるＥＳＧの重要性はさらに増しつつある。その中でも環境に配慮した経済回復は国内外で注目を集めており、気候変動はその中心的なテーマとして捉えられている。

上記ＴＣＦＤガイダンス第2章の「中堅・中小企業の対応（8．中堅・中小企業におけるＴＣＦＤ提言への対応の進め方について）」では、次の内容が述べられています（抜粋）。

『ＴＣＦＤ提言では、「ガバナンス」と「リスクマネジメント」については、全ての企業で財務報告書による開示が推奨されている。また、近年創設された気候変動に係る一連の金融機関イニシアティブは、アセット・オーナー、アセット・マネージャー、銀行、保険会社の保有資産、管理資産、投融資、引受ポートフォリオをそれぞれ二〇五〇年までに「ネットゼロ」とするような排出経路に整合させることを目的としており、日本の大手金融機関も参加している。

このような流れを受けて、中堅・中小企業や非上場企業に対してもTCFD提言への対応が求められるようになりつつある。ただし中堅・中小企業においては、TCFD提言への対応は負担が大きく、全ての項目について即時の対応を求めることは困難である。

したがって、まず可能なものから取り組み、段階的に開示内容を充実させていくことが中堅・中小企業には望まれる。TCFD提言の4テーマのうち、全ての企業に対して財務報告書での開示が推奨されている「ガバナンス」と「リスクマネジメント」については、既存の企業のガバナンスとリスクマネジメントの体制に気候変動関連の検討を付加するものであり、初期段階の開示が比較的容易と考えられる。近年、TCFDにおいてScope3排出量の開示が推奨されているが、中堅・中小企業もまた顧客である大企業のサプライチェーン全体でのGHG排出量削減に対する取組の一環としてGHG（温室効果ガス）排出量の開示を求められる場合がある。そのため、サプライチェーンでのGHG排出量削減を求める大企業に対するアピールとなる。中堅・中小企業においては、ガバナンスとリスクマネジメントの体制の開示と並行し、自社の Scope1及びScope2排出量の算定を、燃料や電力消費量等を基に行うことが望ましい。

なお、タスクフォースは、すべての組織に対してスコープ3GHG排出量の開示を強く奨励する。タスクフォースは、スコープ3のGHG排出量の算定に関連するデータと方法論上の課題を認識しているが、その排出量は、組織の気候関連のリスクと機会へのエクスポージャーを反映した重要な指標であると考えている。』

TCFDガイダンス3.0の概要

- **「環境と成長の好循環」**の実現に向けて、気候変動対策に積極的に取り組む企業に資金が供給されることが重要。**企業のTCFD提言に基づいた開示を促進するため**、2018年12月に経済産業省が「TCFDガイダンス」を策定。民間主導で設立された**TCFDコンソーシアム**において、2020年7月に「TCFDガイダンス2.0」を策定。
- **昨今の情勢の進展**、TCFD等による**ガイダンス文書の充実**を踏まえ、**開示への取り組みを開始した機関を主な対象**として、全面的に改訂した「TCFDガイダンス3.0」を2022年10月に策定。
- 業種別の開示推奨項目を別冊化し、本編はコンパクトな構成とした。なお、事例集は最新動向を盛り込み別途発表予定。

〈TCFDガイダンス3.0　本編の構成〉

項目	概要	旧版からの主な改訂
第1章　はじめに	● TCFDを巡る背景、ガイダンス作成及び改訂の趣旨、本ガイダンスの位置づけについて説明。	● TCFDを巡る状況のアップデートを実施。
第2章　TCFD提言に沿った開示に向けた解説	● TCFDの4テーマ「ガバナンス」「戦略」「リスクマネジメント」「指標と目標」に加え、「情報の開示媒体」「異なるビジネスモデルを持つ企業の開示」「中堅・中小企業の対応」についてガイダンスを記載。	● 有価証券報告書への開示、戦略における移行計画、「指標と目標」における産業横断的指標等の最新動向を反映。
第３章　TCFD開示を通じた企業価値の向上に向けて	● 「TCFD開示と企業価値の向上」「開示に取り組むことの重要性」「ブラッシュアップ」等、全体の結語的な内容。	● 情報のアップデートを実施。
第４章　補論（新規）	● 最新動向として重要なもの、コラム的なものについてとりまとめた。 ● ①各種関連ガイダンス、②気候関連情報に関する日本の主な開示制度、③他のフレームワーク、スタンダード等におけるTCFD対応、④IFRSサステナビリティ開示基準、⑤トランジションに関する議論の動向、⑥TCFDからの刊行物、の6つについて記載。 ● ①②③⑤は現在のコラムからの移行及びアップデート、④⑥は新規作成。	

上記の補足説明としての「TCFD提言の4テーマ」と「スコープ1～3」は、以下の図表のとおりです。

TCFD提言の4テーマ

推奨される気候関連財務開示の中核要素

ガバナンス

気候関連のリスクと機会に関する組織のガバナンス

戦略

気候関連のリスクと機会が組織の事業、戦略、財務計画に及ぼす実際の影響と潜在的な影響

リスクマネジメント

気候関連リスクを特定し、評価し、マネジメントするために組織が使用するプロセス

指標と目標

関連する気候関連のリスクと機会の評価とマネジメントに使用される指標と目標

図1　推奨される気候関連財務情報開示における中核要素

（出所）TCFD、2021、『気候関連財務情報開示タスクフォースの提言の実施』（訳：TCFD コンソーシアム、特定非営利活動法人サステナビリティ日本フォーラム、監訳：長村政明、TCFD コンソーシアム企画委員会）

スコープ１～３

図I: バリューチェーン全体のGHGプロトコルのスコープ及び排出量の概略

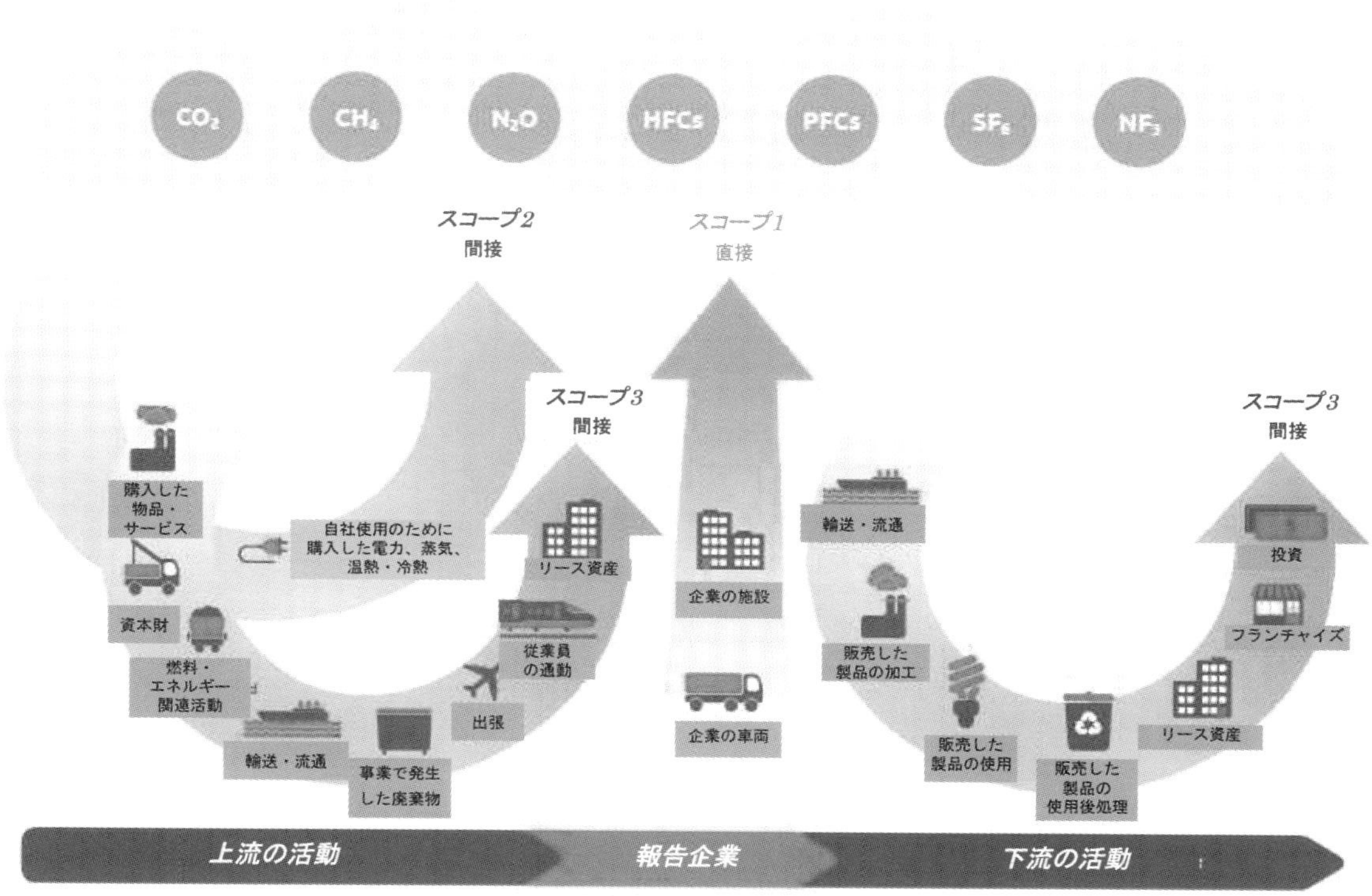

（出所）スコープ3基準、図1.1
〔GHG プロトコル、スコープ 3 排出量の算定技術ガイダンス、企業のバリューチェーン（スコープ 3）の算定・報告基準の補足、より〕

企業のバリューチェーンの温室効果ガス（ＧＨＧ）管理を可能にする国際的に認可された手法を、スコープ1・2・3で表しています。このスコープ3カテゴリーの説明 図Ⅰはスコープ3に属する15の報告カテゴリーを示しており、スコープ1（所有又は管理する発生源からの直接排出量）及びスコープ2（報告企業が購入し消費する電力、蒸気、熱及び冷却からの間接排出量）と、スコープ3との関係も示しています。スコープ3は、企業のバリューチェーンで発生するその他すべての間接的排出量を対象としています。

3 「コーポレートガバナンス・コード」の補充原則

二〇二一年六月に改訂された「コーポレートガバナンス・コード」においては、プライム市場の上場企業に対して「ＴＣＦＤまたはそれと同等の枠組みに基づく開示の質と量の充実を進めるべき」との内容が盛り込まれました。

プライム市場の上場企業には、銀行などの金融機関が多く含まれていますが、その融資等に起因する排出を削減する試みを進める中で、中堅・中小企業や非上場企業に対しても、同様の取組みを求めています。

上記の改訂では、プライム市場上場企業によるＴＣＦＤ提言に対応した開示について、次ページのように「補充原則」3-1③の下段において記載しています。

4 中堅・中小企業へのＴＣＦＤの開示対応

中堅・中小企業においては、ＴＣＦＤへの上場企業のような対応は負担が大きく、すべての項目について即時に対応を変えることは、難しいと見られています。中堅・中小企業には、まず可能なものから取り組

【原則３－１．情報開示の充実】

上場会社は、法令に基づく開示を適切に行うことに加え、会社の意思決定の透明性・公正性を確保し、実効的なコーポレートガバナンスを実現するとの観点から、（本コードの各原則において開示を求めている事項のほか、）以下の事項について開示し、主体的な情報発信を行うべきである。

〈補充原則〉

３－１③　上場会社は、経営戦略の開示に当たって、自社のサステナビリティについての取組みを適切に開示すべきである。また、人的資本や知的財産への投資等についても、自社の経営戦略・経営課題との整合性を意識しつつ分かりやすく具体的に情報を開示・提供すべきである。

特に、プライム市場上場会社は、気候変動に係るリスク及び収益機会が自社の事業活動や収益等に与える影響について、必要なデータの収集と分析を行い、国際的に確立された開示の枠組みであるＴＣＦＤまたはそれと同等の枠組みに基づく開示の質と量の充実を進めるべきである。

み、段階的に開示内容を充実させていくことを勧奨しています。

ただし、最近は、ＴＣＦＤにおいてＳｃｏｐｅ３の排出量の開示が推奨されています。大企業は、サプライチェーン・バリューチェーンに組み込まれた中堅・中小企業を含む全体でのＧＨＧ排出量削減の開示を求められています。そのため、中堅・中小企業は、サプライチェーン・バリューチェーンのＧＨＧ排出量削減を要請されている大企業に対して、ＴＣＦＤへの対応を情報開示でアピールすることが重要になるということです。このことが、ＴＣＦＤに関心が薄い競合他社に対しても、ビジネスチャンスの拡大に繋がるものと、考えられます。

6 「知財・無形資産ガバナンス」のガイドライン

1 知財・無形資産とは

経済産業省のホームページには、知的資産・知的資産経営について、次ページのように示され、分類も図示されています。

2 知財・無形資産の経営貢献度の高まりと需要サイド事情

今までの経営においては、「知財・無形資産」は、施設や設備等の「有形資産」に比べて、重視されていませんでした。しかし、最近では、知財・無形資産は、付加価値を引き上げ、生産性を高め、競争力の源泉になるものとして、注目されるようになっています。経営人材も含む「人的資本」や技術そして知的財産等の「知的資本」、ブランドといった無形資産に投資することは、イノベーションを生み出し、企業価値を高め、「有形資産」を増やすことよりも、重要性が高まることになっています。時間の経過とともに、「有形資産」の価値は減価することになりますが、「人的資本、知的資本、ブランド」の価値は、教育研修やネットワークの充実で幾何級数的に増加することがあります。

米国では、「S&P500の市場価値に占める無形資産の割合（出典：Ocean Tomo,LLC）」で示すように、有形資産が占める割合が年々少なくなっており、無形資産が増加しています（一九七五年の一七％から

知的資産・知的資産経営とは

「知的資産」とは、人材、技術、組織力、顧客とのネットワーク、ブランド等の目に見えない資産のことで、企業の競争力の源泉となるものです。

これは、特許やノウハウなどの「知的財産」だけではなく、組織や人材、ネットワークなどの企業の強みとなる資産を総称する幅広い考え方であることに注意が必要です。

さらに、このような企業に固有の知的資産を認識し、有効に組み合わせて活用していくことを通じて収益につなげる経営を「知的資産経営」と呼びます。


知的財産権、知的財産、知的資産、無形資産の分類イメージ図

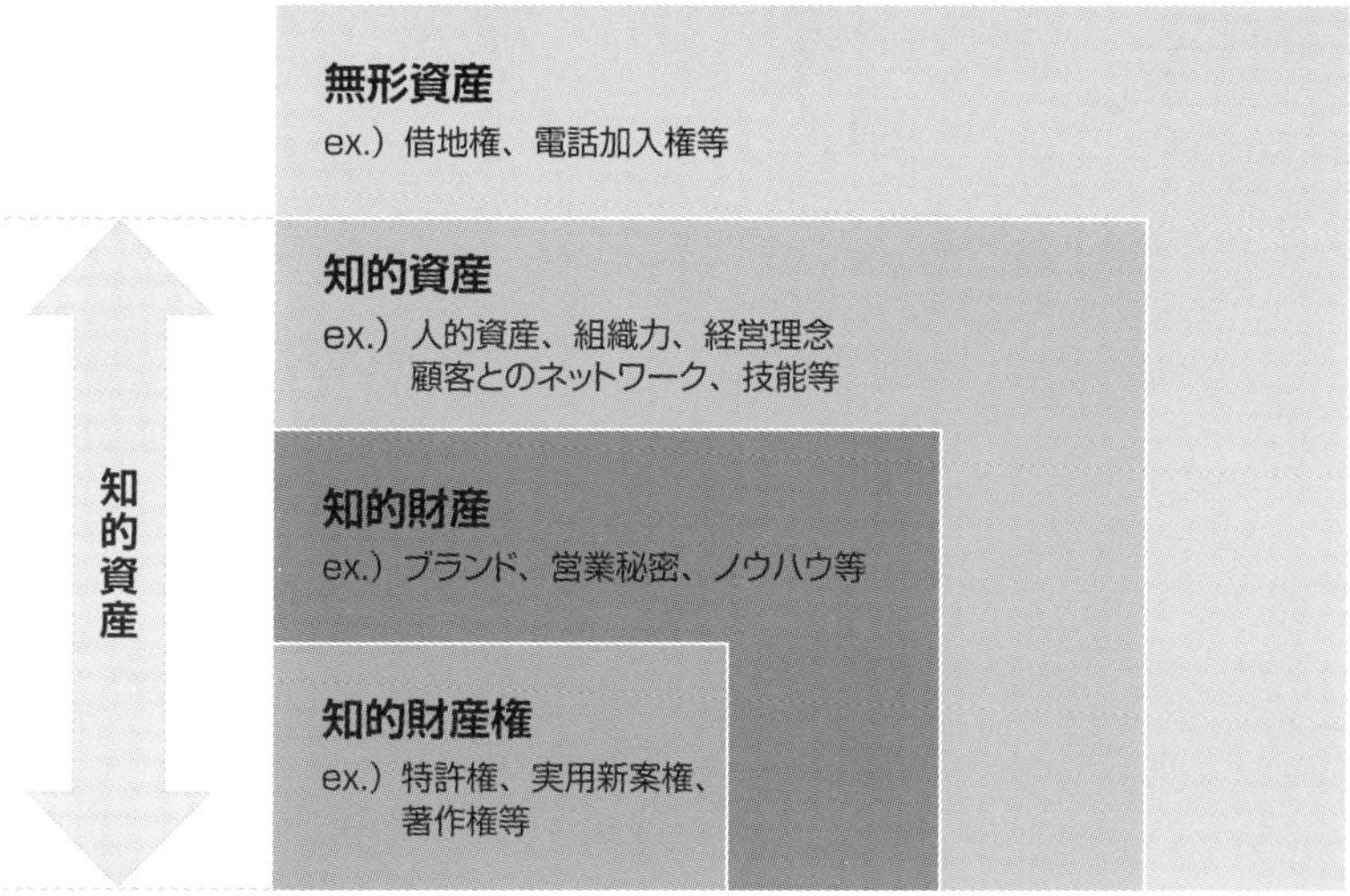

注）上記の無形資産は、貸借対照表上に計上される無形固定資産と同義ではなく、企業が保有する形の無い経営資源全てと捉えている。

二〇一五年は八三％）。

また、日本においても、この無形資産の優位性は、定着しています。このことは、「伊藤レポート2．0、持続的成長に向けた長期投資（ＥＳＧ・無形資産投資）研究会報告書（二〇一七年十月二十六日）」の「第一章 企業の競争環境の変化の2 競争力の源泉としての無形資産」に述べられています。

付加価値のもとになる需要サイドのニーズは、ますます無形資産・知的資産のウェイトが高まっています。ものづくりに美学を求めている日本も、周回遅れかもしれませんが、徐々に物品や財とは異なる無形・知的資産が強いニーズとなってきました。日本においては、無形・知的資産はサービスのジャンルに入り、対価を取って、その価値を販売することに、文化的に受け入れられないところがあります。モノに具現化された価値ならば、時空を超えて賛同を得られますが、在庫が効かずＴＰＯが限定されるサービス価値は認められませんでした。特に、高齢の中小企業経営者にとっては、受け入れにくいことでした。また、サービス価値はデジタル化に具現されることが多くなっていますが、そのデジタル化が極度に遅れた日本では、情報やデザインなどの高度のサービス価値は、中小企業には、まだまだ浸透していないのが現実です。

そこで、日本における無形・知的資産の状況を客観的にタイムリーに捉えた資料は少ないことから、ここでは、「伊藤レポート2．0」の一部を引用させていただきます。

日本企業の無形資産への投資額を見ると（図表5：略)、無形資産への投資額は90年代以降2007年のピークまで増え続け、その後、若干減少している。投資の項目では、情報化投資が約10兆円、R&D投資が約14兆円と大きな割合を占めている。「その他の革新的投資」には、著作権やデザイン等が含まれており、これも一定の割合を占めている。ブランドへの投資は4～5兆円程度で推移、人材育成・組織再編投資については、1998年の約6兆円をピークに減少傾向をたどり、2012年にはピーク時の6割程度にとどまっている。

無形資産投資が有形資産投資に占める割合を見ると（図表6：略)、他国と同様、日本においても無形資産投資の割合が増えてはいるものの、国際比較すると、我が国の無形資産への投資比率（無形資産投資／有形資産投資）は、欧米諸国と比べて低い水準であることがわかる。特に米国と英国においては、無形資産投資が有形資産投資を上回る（比率が1を超える）水準に達している。

本研究会においては、日本の無形資産投資比率が欧米諸国と比べて低い背景として、経済環境と産業構造の違いが挙げられた。前者は、各国がIT投資を活発化させた時期、日本は不良債権処理に追われて新規事業や人材への投資、特にIT投資が遅れたのではないかとの指摘である。後者については、米国等がソフトウェアを中心とした産業構造に転換してきた一方、日本では伝統的な製造業が強く、有形資産への投資に向かう傾向が強かったのではないかとの指摘がなされた

3 研究開発投資等知財・無形資産の供給サイド事情

無形・知的資産の供給サイドに位置する研究開発投資についても、他の先進国に比べて、日本の劣勢が目立っています。この内容については、日本の研究開発投資が短期で、一括費用処理傾向に起因することがあります。高度成長期については、短期の一年決算でプロジェクトを評価できましたが、低成長下ではDX・GX・SXなどに関する投資は、長期・ワイドの視点による投資の評価が必要になります。特に、中小企業の多くは、一年決算で高収益を上げることと、合法的な節税を行うことに美学を見いだしていましたので、どうしても、経営の目標は一年間の短い年度の決算を重視することになっていました。

これらの点も、上記の「伊藤レポート2.0」の「第二章 長期的な戦略投資」における「1. 企業の戦略投資の必要性」の「1. 3 短期利益を圧迫する無形資産投資」に書かれた分析を参考にすることができます。

1.3.短期利益を圧迫する無形資産投資

第一章で見たように、財務諸表に表れにくい無形資産への投資が競争力の源泉となる中、企業がそれらの投資をどのように評価し意思決定するのか、また、それを投資家にどのように伝え理解を得るのかということが重要になってくる。

財務会計上、設備投資については、資産として計上され一定期間にわたって減価償却される。これに対し、無形資産投資の多くは費用として処理され、短期的に利益を押し下げる。これは、第一章で見た環境・社会面の課題に対応するための多くの取組についても同様である（図表13）。

コーポレートガバナンス改革の動きを背景として企業の収益性向上への要請が高まる中、これら費用が将来に向けた投資として適切に評価されなければ、短期利益を重視して中長期的な企業価値向上につながる投資が抑制される恐れがある。

必ずしもこのような事情だけが理由ではないが、事実として、日本企業の研究開発投資が短期的な収益に結びつきやすい既存技術の改良や短期的な研究開発に偏ってきているとの調査結果もある（図表 14、15）。

このような状況は日本企業に限られるものではない。海外のグローバル企業の情報開示等を見ると、このような短期的な収益を圧迫する研究開発や人材への投資等をどのように投資家等に対して正当化できるかということが課題として認識されていることがわかる。

図表13：短期利益を圧迫する無形資産投資

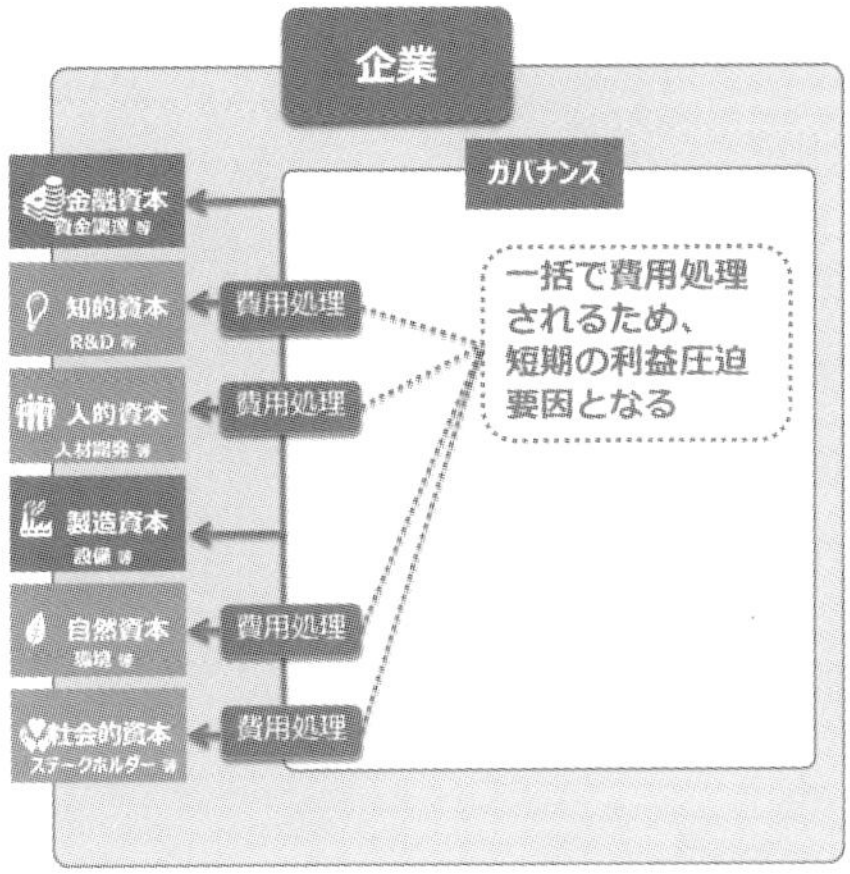

図表14：既存技術改良に偏る研究開発

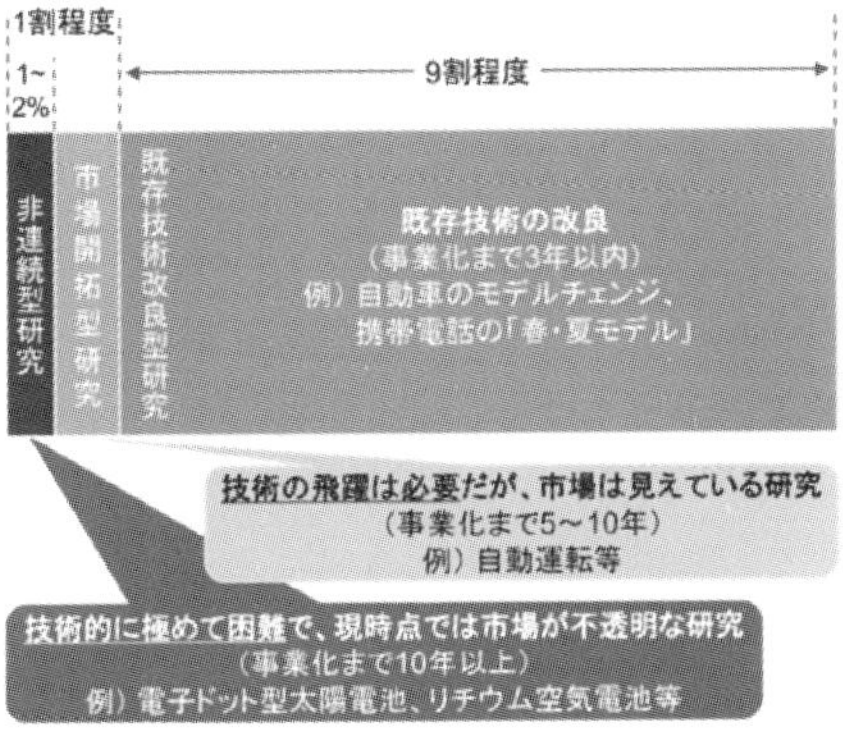

図表15：短期化する研究開発投資

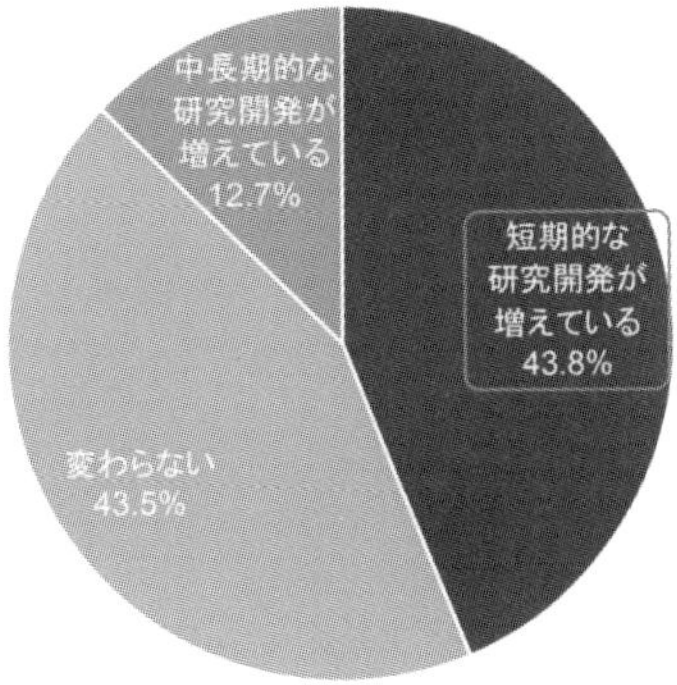

出典：経済産業省「平成28年度産業技術調査事業研究開発投資効率の指標の在り方に関する調査（フェーズⅡ）最終報告書」

4 知財・無形資産に関する内部統制のガイドライン

一般に資産と言えば、有形資産でしたが、最近では、知財・無形資産のシェアが増加してきています。そこで、この知財・無形資産に関するガイドラインも多く公表されており、金融機関の融資担当者や中小企業経営者、また、士族資格者や認定支援機関などの中小企業支援者の方々も、この知財・無形資産については、かなり突っ込んだ知識や情報が必要になり、その有効活用の提案も求められています。ここでは、「知財・無形資産の投資・活用戦略の開示及びガバナンスに関するガイドライン」のポイントを紹介します。このガイドラインは、企業、投資家・金融機関に求められる「5つのプリンシプル（原則）」、企業に求められる取組みである「7つのアクション」及び、企業と投資家・金融機関における価値協創を加速すべく、両者における共通の枠組みである「コミュニケーション・フレームワーク」を提示しています。

知財・無形資産の投資・活用戦略の開示及びガバナンスに関するガイドライン

(略称：知財・無形資産ガバナンスガイドライン) Ver.2.0(概要)

～企業と投資家・金融機関の対話を通じて将来の企業価値を創造する～

2023年3月

内閣府知的財産戦略推進事務局

※本資料は、伊藤レポート3.0及び価値協創ガイダンス2.0の全体像を分かりやすく伝えるための参考資料であり、詳細については、それぞれレポートとガイダンスの本文を参照されたい。

「知財・無形資産の投資・活用促進」の実現に向けて

- コーポレートガバナンス・コードの見直しにより、上場企業は知的財産への投資等を、自社の経営戦略との整合性を意識しつつ、具体的に情報開示すること、取締役会においてガバナンスを強化することが明記された。今後は、**投資家の役割を明確化**することにより、知財・無形資産の投資・活用を促進する
- 中小企業においても、知財・無形資産を活用した融資を受けられるよう、**知財・無形資産を含めた事業全体に対する担保制度（事業成長担保権（仮称））の創設**が検討されている

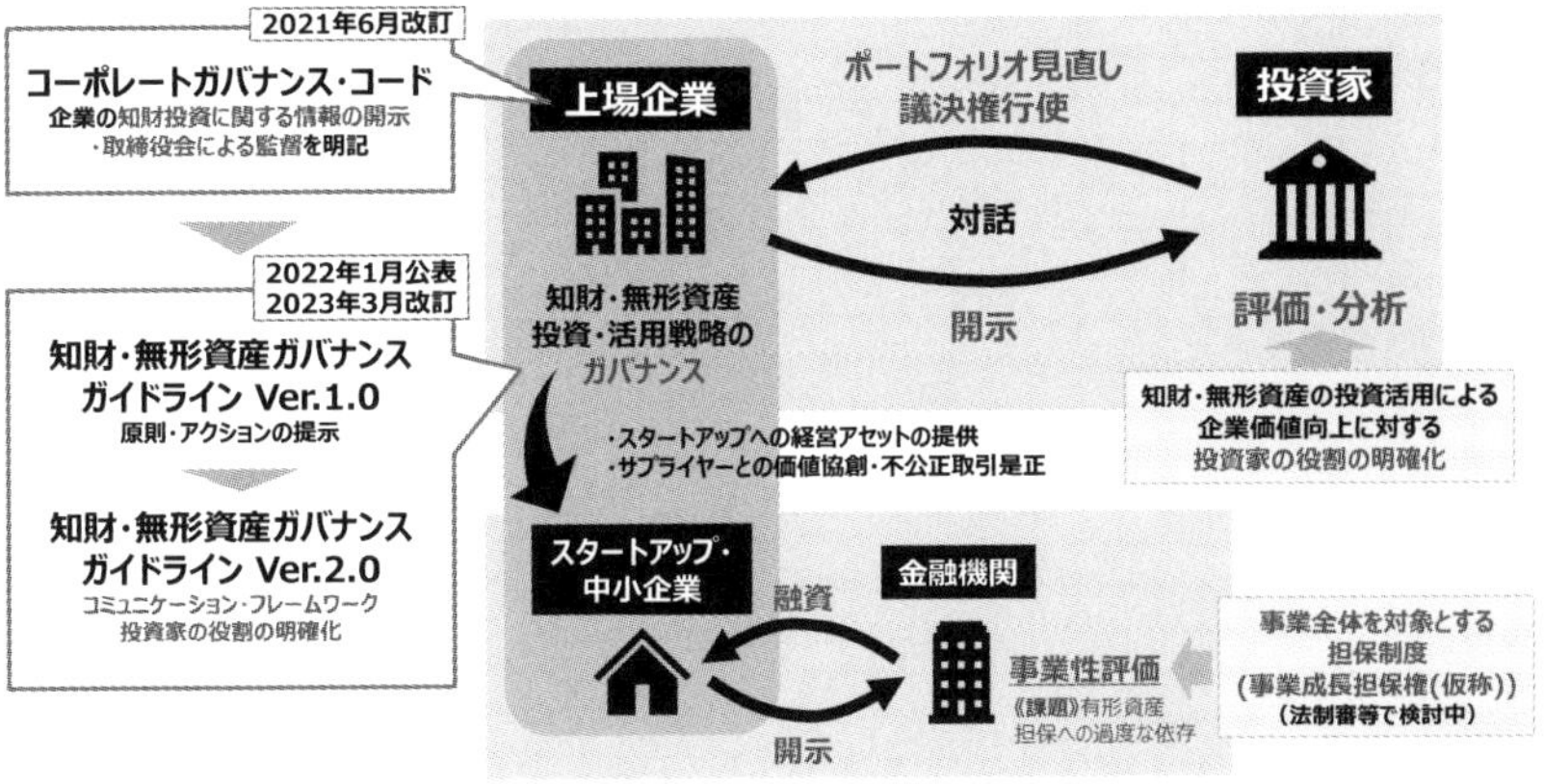

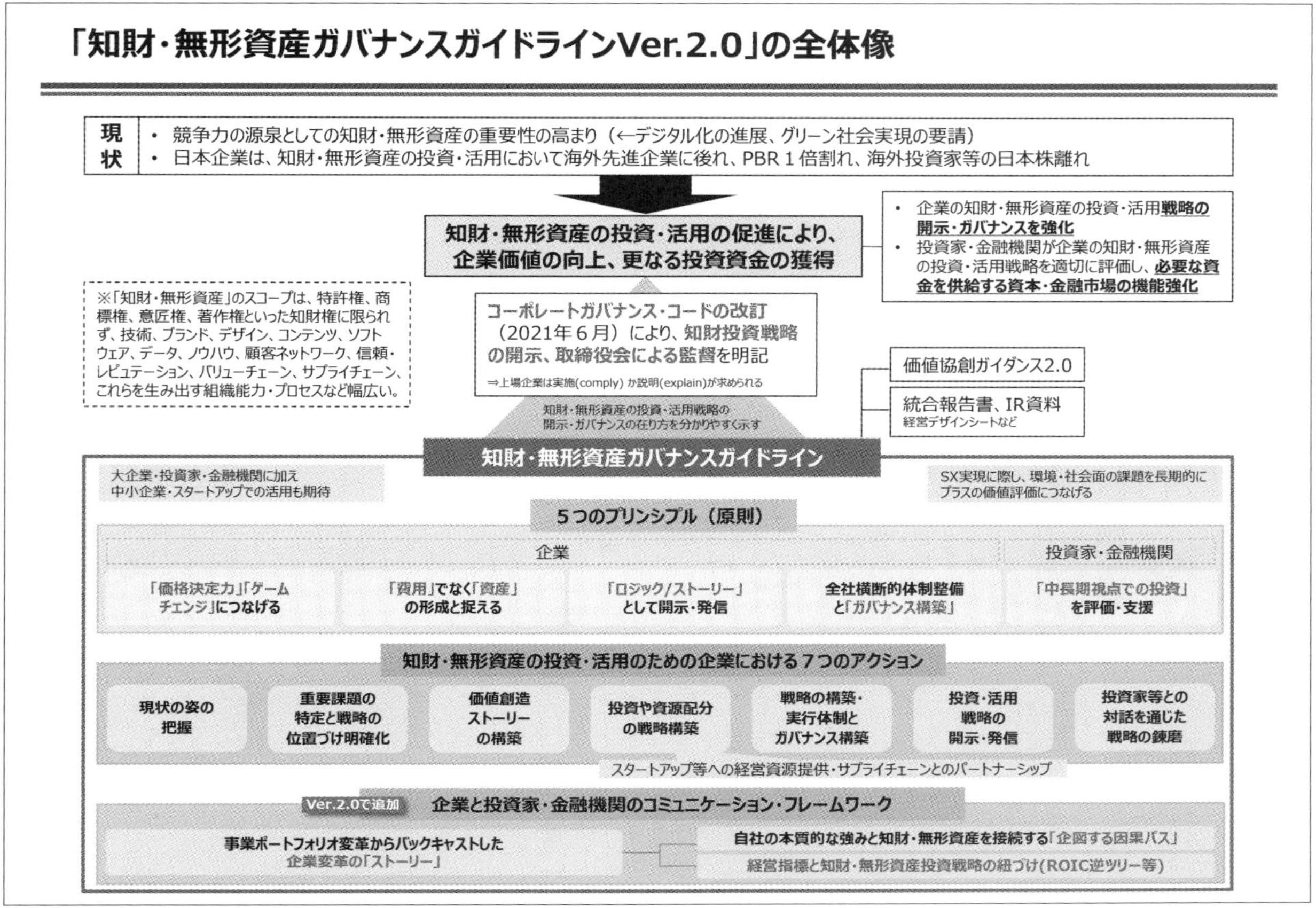
「知財・無形資産ガバナンスガイドラインVer.2.0」の全体像
現状
・競争力の源泉としての知財・無形資産の重要性の高まり（←デジタル化の進展、グリーン社会実現の要請）
・日本企業は、知財・無形資産の投資・活用において海外先進企業に後れ、PBR１倍割れ、海外投資家等の日本株離れ
知財・無形資産の投資・活用の促進により、企業価値の向上、更なる投資資金の獲得
・企業の知財・無形資産の投資・活用戦略の開示・ガバナンスを強化
・投資家・金融機関が企業の知財・無形資産の投資・活用戦略を適切に評価し、必要な資金を供給する資本・金融市場の機能強化
※「知財・無形資産」のスコープは、特許権、商標権、意匠権、著作権といった知財権に限られず、技術、ブランド、デザイン、コンテンツ、ソフトウェア、データ、ノウハウ、顧客ネットワーク、信頼・レピュテーション、バリューチェーン、サプライチェーン、これらを生み出す組織能力・プロセスなど幅広い。
コーポレートガバナンス・コードの改訂（2021年６月）により、知財投資戦略の開示、取締役会による監督を明記
⇒上場企業は実施(comply) か説明(explain)が求められる
知財・無形資産の投資・活用戦略の開示・ガバナンスの在り方を分かりやすく示す
価値協創ガイダンス2.0
統合報告書、IR資料
経営デザインシートなど
知財・無形資産ガバナンスガイドライン
大企業・投資家・金融機関に加え中小企業・スタートアップでの活用も期待
SX実現に際し、環境・社会面の課題を長期的にプラスの価値評価につなげる
５つのプリンシプル（原則）
企業
投資家・金融機関
「価格決定力」「ゲームチェンジ」につなげる
「費用」でなく「資産」の形成と捉える
「ロジック/ストーリー」として開示・発信
全社横断的体制整備と「ガバナンス構築」
「中長期視点での投資」を評価・支援
知財・無形資産の投資・活用のための企業における７つのアクション
現状の姿の把握
重要課題の特定と戦略の位置づけ明確化
価値創造ストーリーの構築
投資や資源配分の戦略構築
戦略の構築・実行体制とガバナンス構築
投資・活用戦略の開示・発信
投資家等との対話を通じた戦略の錬磨
スタートアップ等への経営資源提供・サプライチェーンとのパートナーシップ
Ver.2.0で追加
企業と投資家・金融機関のコミュニケーション・フレームワーク
事業ポートフォリオ変革からバックキャストした企業変革の「ストーリー」
自社の本質的な強みと知財・無形資産を接続する「企図する因果パス」
経営指標と知財・無形資産投資戦略の紐づけ(ROIC逆ツリー等)

企業における戦略構築の流れ

Ver.1.0

① **自社の現状のビジネスモデルと強みとなる知財・無形資産の把握・分析**
現状のビジネスモデルを検証し、知財・無形資産が競争力や差別化の源泉となり、価値創造やキャッシュフロー創出に繋がるかを把握・分析する。

② **知財・無形資産を活用した持続的成長に繋がるビジネスモデルの検討**
自社にとって重要なメガトレンドを特定し、自社の価値観や価値創造の方針を踏まえたビジネスモデルを検討する。その中で、知財・無形資産が果たす機能・役割を明確化する。

③ **競争優位を支える知財・無形資産の維持・強化に向けた戦略の構築**
競争優位を支える知財・無形資産の維持・強化に向け、足らざる知財・無形資産の創出・取得方法を含む、経営資源の配分や事業ポートフォリオを見直す戦略を構築する。

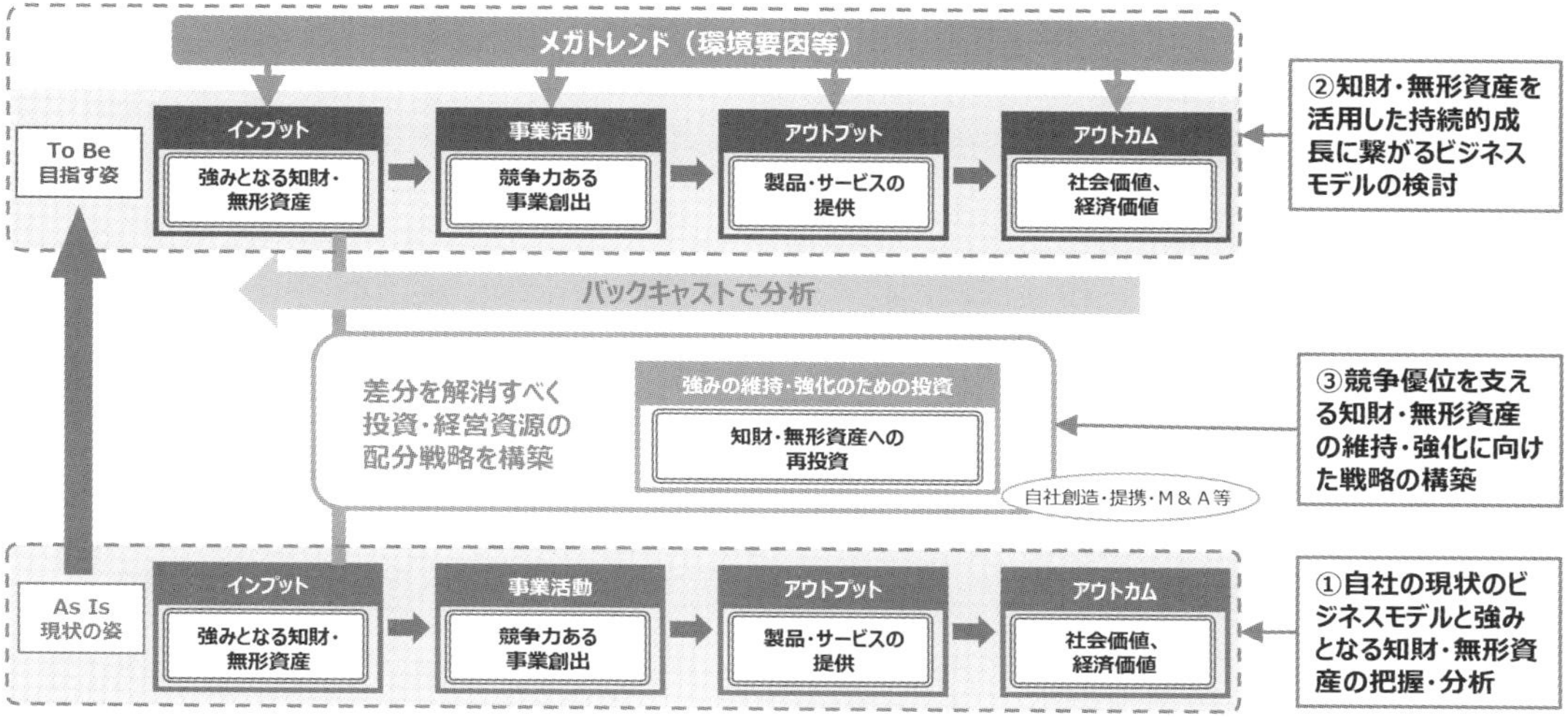

5 「知財・無形資産ガバナンス・ガイドライン」への対応

企業と投資家、金融機関としては、日本における大きな課題である「知財・無形資産ガバナンス」には、以下の対応がポイントになります。

企業については、「事業戦略・経営戦略の構築上の課題」として、資金配分は設備投資に偏りがちでしたが、今後は、短期的に費用対効果が見えにくくとも、資金配分は知財・無形資産に投入するべきです。営業利益や経常利益が赤字になろうとも、ここに投資を拠出するべきです。また、グローバルな経営環境の変化の下、知財・無形資産の中長期的シナリオを策定するべきです。そして、知財・無形資産に関して、競争優位を獲得するビジネスモデルを作成し、価格決定力を強化し、高い利益率に繋げるべきです。

もう一つの、企業の「知財・無形資産の投資・活用戦略を支える社内体制の課題」では、個別の部門任せとなりがちであった社内体制は、全般を統括することが大切です。また、知財・無形資産の投資・活用戦略を総合的に支える「知財部・企画部・総務部など」は、持続的な企業価値創造のための戦略を策定できるような体制が必要です。

投資家は、「企業との対話を通じ、中長期的な視点で知財・無形資産の投資・活用を推進すること」が重要であり、「企業内の資金配分の妥当性のチェック」も欠かせません。

金融機関は、「かつての個々の事業や有形資産に関するキャッシュフローへの繋ぎ融資」から、「企業の知財・無形資産の投資・活用戦略を含めた事業性評価融資」や「複数の事業や知財・無形資産の総合的な資金ニーズの合算支援」に注力することが大切になります。金融機関の融資については、事業に関わるキャッシュフローの繋ぎ融資である「時間ギャップ充当融資」から、企業体が生み出すキャッシュフローの繋ぎ融資である「資本構成ギャップ充当融資」へのウェイトが高まると思われます。

7　コーポレート・ガバナンス・システムに関する実務指針（CGS）のガイドライン

1　「コーポレートガバナンス・コード」の知識・情報は必須

今まで述べてきた「企業経営のガイドライン」は、「内部統制と経営力強化」のガイドラインを、「価値協創ガイダンス2.0と他のガイドライン等との関係図」（一六〇～一六一ページ）で比較しながら、説明してきました。その「関係図」では、「特定の分野や業種を対象に価値創造ストーリー全体をさらに深掘りする上で効果的なガイドライン等」と「価値協創ガイダンス2.0上の各要素を更に深掘りする上で効果的なガイドライン等」に分類して、その中の、「⑥CGSガイドライン」「⑧DX推進ガイドライン、⑩デジタルガバナンスコード」について、述べていくことにします。

まず、「⑥CGSガイドライン」ですが、これは、上場企業などに的を絞って運用している「コーポレートガバナンス・コード」の実務対応を述べています。上場企業や大企業は、サプライチェーンやバリューチェーンの源流に位置づけられることが多く、販売・消費を行う中小企業はこの下流にいます。また、モノ作りの中小企業は、上場企業や大企業に部品や半製品を納入することになり、製品化された商品は、その源流から流れ出ることになります。上場企業や大企業は、この流れの中心にいて、そのサプライチェーンやバリューチェーンに関わる企業に「コーポレートガバナンス・コード」の浸透を期待されています。このことが、「新しい資本主義」を多くの中小企業に拡げることになり、「コーポレートガバナンス・コード」の考え方で、生産性を高め、働き方改革を実践しようということになっています。

それぞれの企業が、バラバラに競争力を発揮するよりも、その業界や地域の中で、上場企業や大企業のリードの下に、サプライチェーンやバリューチェーンに関わる企業の統制が期待されます。個々の企業は、内部統制や「コーポレートガバナンス・コード」の強化で、企業間の相乗効果を生み出し、生産性向上や働き方改革を期待しているのです。すなわち、サプライチェーンやバリューチェーンに絡む中小企業にも、源流やエンジン役になっている上場企業や大企業は、「コーポレートガバナンス・コード」などの内部統制の定着を求めているのです。

ということで、中堅・中小企業などのあらゆる企業に、「コーポレートガバナンス・コード」「内部統制」の知識や情報が必要であり、それらのガイドラインの習得は欠かせないことになっているのです。

2 「コーポレートガバナンス・コード」とは

二〇一五年に、金融庁や東京証券取引所が、株主をはじめ顧客・従業員・地域社会等の立場を踏まえ、透明・公正かつ迅速・果断な意思決定を行うために、「コーポレートガバナンス・コード」を策定しました。少子高齢化の中、日本経済を成長させるためには、企業価値を向上させ、持続的成長に向けた企業の自律的な取組を促すことが必要と考え、このコードを公表しました。

コーポレートガバナンス・コードは、プリンシプルベース・アプローチ（原則主義）とコンプライ・オア・エクスプレイン（comply or explain）の手法を採用しています。プリンシプルベース・アプローチとは、原則のみを定め、細部はそれぞれの企業に任せ、ルールベース・アプローチ（細則主義）からシフトするべきと考えました。コンプライ・オア・エクスプレインは、すべての原則に対し遵守する義務はなく、なぜ遵守しないかを説明すればよい、ということです。

なお、コーポレートガバナンス・コードは、五つの基本原則から構成されていますが、この基本原則の下には、さらに細かく三一の原則と四七の補充原則の、総数八三の原則で、示されています。

コーポレートガバナンス・コード
～会社の持続的な成長と中長期的な企業価値の向上のために～

2021 年 6 月 11 日
株式会社東京証券取引所

基本原則

【株主の権利・平等性の確保】

1．上場会社は、株主の権利が実質的に確保されるよう適切な対応を行うとともに、株主がその権利を適切に行使することができる環境の整備を行うべきである。

また、上場会社は、株主の実質的な平等性を確保すべきである。

少数株主や外国人株主については、株主の権利の実質的な確保、権利行使に係る環境や実質的な平等性の確保に課題や懸念が生じやすい面があることから、十分に配慮を行うべきである。

【株主以外のステークホルダーとの適切な協働】

2．上場会社は、会社の持続的な成長と中長期的な企業価値の創出は、従業員、顧客、取引先、債権者、地域社会をはじめとする様々なステークホルダーによるリソースの提供や貢献の結果であることを十分に認識し、これらのステークホルダーとの適切な協働に努めるべきである。

取締役会・経営陣は、これらのステークホルダーの権利・立場や健全な事業活動倫理を尊重する企業文化・風土の醸成に向けてリーダーシップを発揮すべきである。

【適切な情報開示と透明性の確保】

3．上場会社は、会社の財政状態・経営成績等の財務情報や、経営戦略・経営課題、リスクやガバナンスに係る情報等の非財務情報について、法令に基づく開示を適切に行うとともに、法令に基づく開示以外の情報提供にも主体的に取り組むべきである。

その際、取締役会は、開示・提供される情報が株主との間で建設的な対話を行う上での基盤となることも踏まえ、そうした情報（とりわけ非財務情報）が、正確で利用者にとって分かりやすく、情報として有用性の高いものとなるようにすべきである。

【取締役会等の責務】

4．上場会社の取締役会は、株主に対する受託者責任・説明責任を踏まえ、会社の持続的成長と中長期的な企業価値の向上を促し、収益力・資本効率等の改善を図るべく、

(1) 企業戦略等の大きな方向性を示すこと

(2) 経営陣幹部による適切なリスクテイクを支える環境整備を行うこと

(3) 独立した客観的な立場から、経営陣（執行役及びいわゆる執行役員を含む）・取締役に対する実効性の高い監督を行うこと

をはじめとする役割・責務を適切に果たすべきである

こうした役割・責務は、監査役会設置会社（その役割・責務の一部は監査役及び監査役会が担うこととなる）、指名委員会等設置会社、監査等委員会設置会社など、いずれの機関設計を採用する場合にも、等しく適切に果たされるべきである。

【株主との対話】

5．上場会社は、その持続的な成長と中長期的な企業価値の向上に資するため、株主総会の場以外においても、株主との間で建設的な対話を行うべきである。

経営陣幹部・取締役（社外取締役を含む）は、こうした対話を通じて株主の声に耳を傾け、その関心・懸念に正当な関心を払うとともに、自らの経営方針を株主に分かりやすい形で明確に説明しその理解を得る努力を行い、株主を含むステークホルダーの立場に関するバランスのとれた理解と、そうした理解を踏まえた適切な対応に努めるべきである。

各種ガイドラインの位置づけについて

産業組織課では、各種研究会における報告書等に基づき、コーポレートガバナンス・コードを実践するための実務指針として様々な指針（ガイドライン）を策定しています。

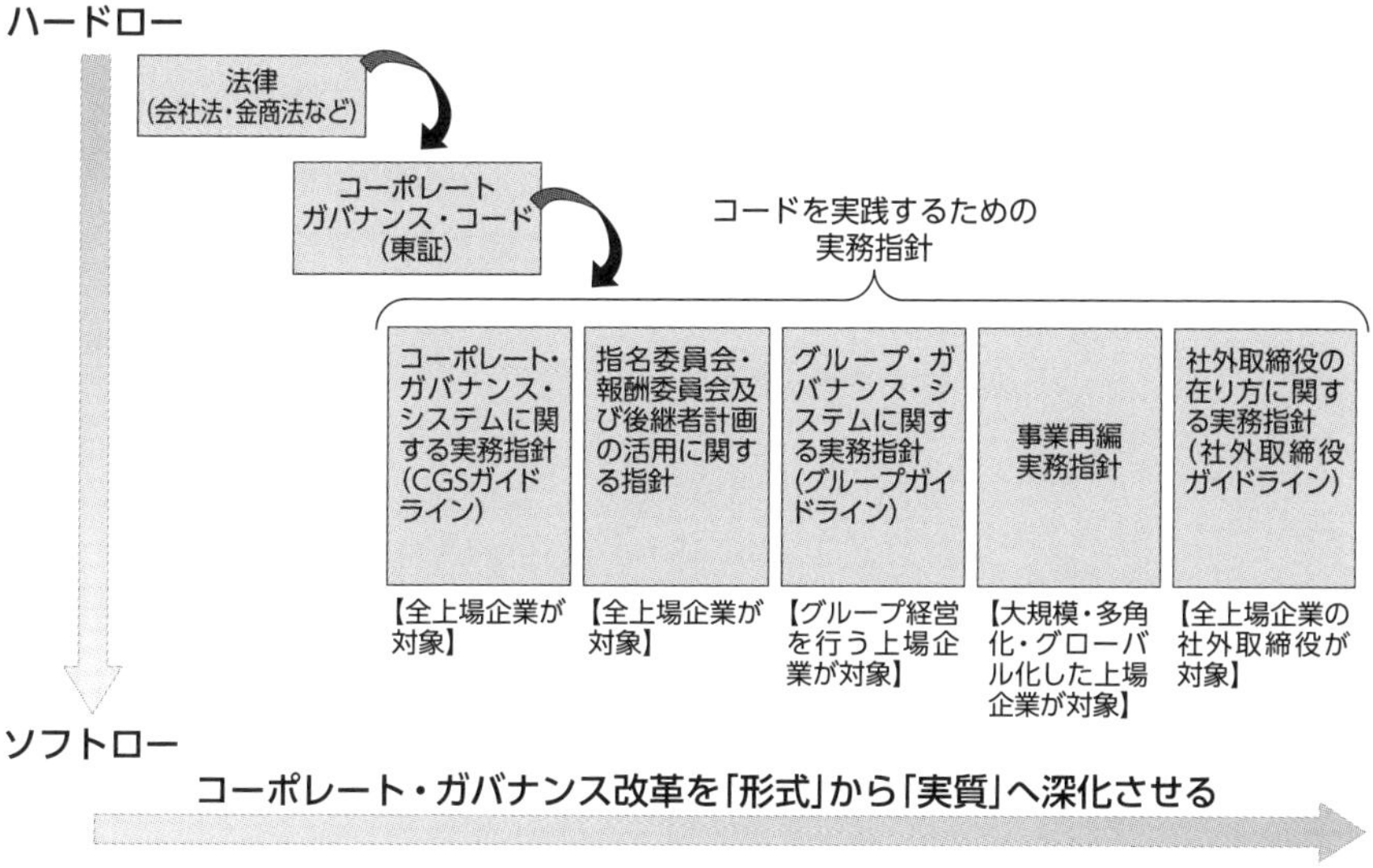

3 コーポレートガバナンス・コードに関するガイドライン

経済産業省は、ＣＧＳ研究会を立ち上げ、二〇一七年三月には、その報告書に基づき、我が国企業のコーポレートガバナンスの取組みの深化を促す観点から「コーポレート・ガバナンス・システムに関する実務指針」（ＣＧＳガイドライン）を策定しました。この実務指針にそって、種々のガイドラインを公表しています。

4 最近のコーポレート・ガバナンスの動向

さらに、経済産業省は、「コーポレート・ガバナンス・システムに関する実務指針（CGSガイドライン）」の改定にあたり、以下の「主なポイント」を公表（二〇二二年七月一九日）しており、ここには最近のコーポレート・ガバナンスに関する行政の動きが集約されています。

主なポイント

１．ガイドライン改訂の方向性

これまでのガバナンス改革で「攻めのガバナンス」が掲げられてきたことも踏まえ、コーポレートガバナンスの改革が会社の持続的な成長と中長期的な企業価値の向上に寄与する経路を改めて整理しました。また、ガバナンス・システムの改善を通じて企業価値を高めるためには、監督側だけでなく、執行側と監督側の双方の機能強化を相乗的に推し進めていく意識が必要であることを提言しています。

企業がコーポレートガバナンスの取組を進めるに当たっては、各原則の趣旨・精神を理解したうえで、自社が目指す姿などを踏まえた工夫を自律的に行うとともに、株主等のステークホルダーに対して自社の選択の理由を積極的に説明することが強く期待される旨を示しています。

２．取締役会の役割・機能の向上

社外取締役が相当程度増えてきたことも踏まえ、改めて「監督」の意義や、ガバナンス体制やそれに応じた機関設計の選択についての考え方について整理しています。また、監査等委員会設置会社に移行する流れが強まっていることを踏まえ、監査等委員会設置会社に移行する際に検討すべき事項について整理しています。

会社の抱える課題を踏まえた取締役の選任についても考え方を示しています。資本市場を意識した経営に関する知識等を備えた者を社外取締役として選任することが選択肢の一つになることを示すとともに、「投資家株主の関係者」を取締役として選任する場合について、別紙３（投資家株主から取締役を選任する際の視点）において留意点等をまとめています。

３．社外取締役の資質・評価の在り方

コーポレートガバナンス改革の実質化には社外取締役の姿勢や意識が変わることが重要であることから、社外取締役の資質を高めるために、企業が個々の社外取締役に適合した研修機会の提供・斡旋や費用の支援を行うべきであることなどを示しています。

また、指名委員会・報酬委員会の構成の過半数を社外取締役とし、その委員長を社外取締役とすることを検討すべきである旨や、社外取締役の評価、ボードサクセッションといった事項について考え方等を整理しています。

4．経営陣のリーダーシップ強化のための環境整備

執行機能の強化の中核となるのはトップの経営力です。

資質を備えた社長・CEOが、リーダーシップを発揮して経営改革を推進するための社内の仕組みを作り、「攻めのガバナンス」を実現するための取組として、トップマネジメントチームの組成と権限の委譲、経営戦略等の策定・実行における工夫、経営・執行の機能強化のための委員会の活用、経営陣の報酬、幹部候補人材の育成・エンゲージメント向上といった内容について、ベストプラクティスを整理しています。

5 日本企業のガバナンスに関する今後の課題

日本の場合は、上場企業であろうとも、未だに実質ワンマン経営の企業がかなりあります。

大口株主は経営者と親族などで、経営者がワンマン経営を行っており、取締役会・情報開示・対話も形式的な存在になっているものです。コーポレートガバナンス・コードは、遵守しているようですが、実際は、取締役や監査役も、トップ経営者に忖度していることが多いようです。

もちろん、上場会社については、ワンマン経営は徐々に少なくなっていますが、中堅・中小企業は、まだまだ、ワンマン経営は続くものと思います。そして、多くの企業においては、コーポレートガバナンス・コードや内部統制による、思考や行動の根本的な修正がない場合は、長期的にも国際的にも通用しない悪弊が、今後とも続くことになると思います。

これからの企業の生産性向上や成長は、内部統制やコーポレートガバナンス・コードが定着し、企業家精神の発揮を促し、会社の持続的な成長と中長期的な企業価値の向上を図る「攻めのガバナンス」の実現をすることによりますから、ここでのガイドラインによって、早期に次ページのような悪弊は、取り除かなければなりません。

コーポレート・ガバナンス・システムに関する実務指針の
「1．はじめに 1.1. 問題意識」

●多くの日本企業にとって、国際関係や経済社会の激変をチャンスに変え、中長期的な企業価値の向上を図るためには、乗り越えなければならない課題が多い。日本企業のガバナンスに関する課題は、以下のとおり企業によって様々であるが、コーポレートガバナンスは、企業がこうした課題を乗り越えることを後押しするものでなければならない。

▶環境変化に応じた事業ポートフォリオの適切な見直しが不十分で、非中核的な事業や撤退が必要な事業に無駄なリソースを割いている。

▶経営判断の軸が不明確で、社内コンセンサスを重視する結果、意思決定プロセスに時間を要し、環境変化に即応した大胆な決断ができず、時機を逃している。

▶第四次産業革命や地政学的変動などの環境変化を踏まえた将来の経営戦略について、十分な時間をかけて議論できておらず、大きなリスクがあるのに静観している。

▶高いリターンが予測されるがリスクも高い選択肢がある局面において、保守的な方向へ流れ、リスクをとった経営判断ができない。

▶社長・CEO のほとんどが他社での経営経験がないこともあり、広く社会状況を捉え、自社の進むべき道について様々な価値観を踏まえた多面的な検討をすることが難しい。

▶ガバナンス改革を企業価値向上にどう結びつけるのかが分からず、外から示された規律（本ガイドラインも例外ではない）を形式的に「遵守」する結果になっている。

▶社長・CEO ら経営陣に求められる資質を踏まえた後継者の育成ができていない。

▶社長・CEO ら経営陣とは別に経営への影響力を持つ者が存在し、その者が真に企業価値向上のためのアドバイスをするのではなく、別の観点から社長・CEO らに影響力を行使し、経営陣の果断で適切な意思決定が阻害される捻じれた組織構造になっている。

▶求める資質を有する社外取締役候補者を探すための人脈や探求力がない。

8 「DX（デジタル・トランスフォーメーション）」のガイドライン

経営デザインシート、SX、GX、知財・無形資産ガバナンス、CGSは、経営理念や企業方針に関わる内容でしたが、これらのガイドラインの内容は、デジタル化・DXを絡めて、外部機関や外部環境から情報を吸収し、内部統制や内部組織を改革するものです。一昔前ならば、このデジタル化・DXのバックアップがありませんでしたから、とてもできないテーマであったと思います。

とは言うものの、このデジタル化・DXについては、ジェネレーション・ギャップ、世代間格差などがあります。業務などの新手法を、過去の模範的な手順をまとめた「マニュアル」で学んで来た高齢の世代にとっては、若い世代のように、パソコンやスマホを「トライ&エラー」でスキルを身につけた学び方はできません。一方、若い世代では、順序立てて、そのスキルを経営者などに伝達するのは、難しいことです。

ここでは、その高齢の世代が、若い世代とDX（デジタル・トランスフォーメーション）について、情報交換と今後の方針について話合いを行うことを想定して述べていくことにします。実際、金融機関の担当者が、高齢の企業経営者に、デジタル化やDXの導入を勧める時にも、使える手法であると思います。

1 中小企業のデジタル化の現状把握

最近のデジタル化の進行は、凄まじいスピードであり、最新のツールについていくことは難しいです。高齢の経営者は、自社の現状を俯瞰的に捉え、自社のどの部署のデジタル化が、全社的に見て効果が上がって

使用場面別のデータ分類マトリクス

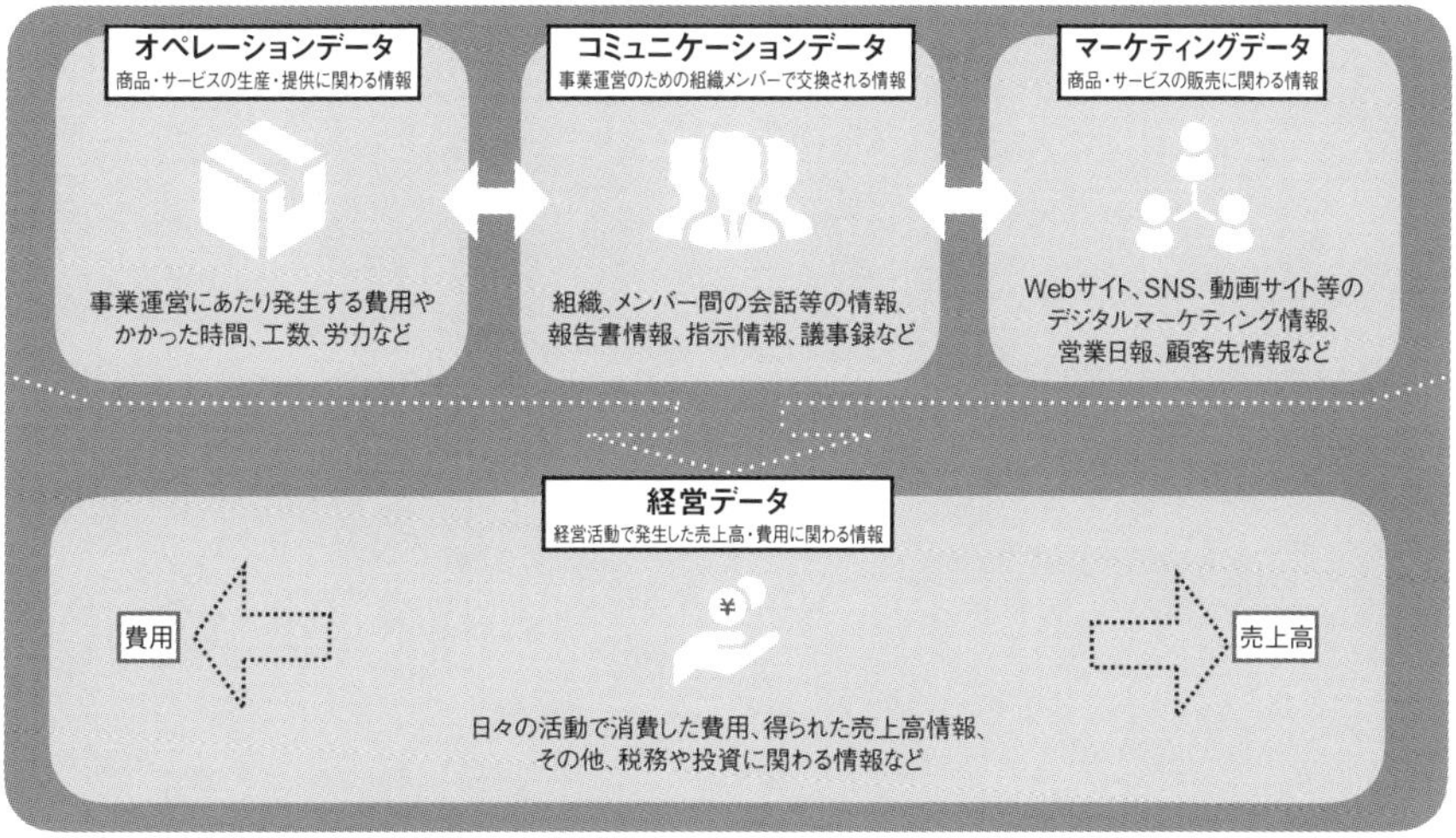

（出典）アアル株式会社（https://aalinc.jp）

いるか、を考える必要があります。中小企業の場合は、一般的には、パソコンのネットワークが構築され、一部、外部のネットワークと繋がっている程度であると思われます。ここまで述べると、高齢の経営者は、「当社は、まだまだ、そこまでは進んでいません。」と言うかもしれません。しかし、営業や管理の現場に出向いて、突っ込んで若手担当者に聞いてみれば、意外にもかなりのレベルまでデジタル化は浸透しており、経営者が、そのことに気づいていないことが多いようです。

上図の「使用場面別マトリックス」で、社内のデータ処理を見直してみてください。また、支援者である士族資格者や認定支援機関の皆様も、直接、総務部や事務担当、また、システム担当にヒアリングを行ってください。同じ感想を持つかもしれません。

社内のデータを、「オペレーションデータ」「コミュニケーションデータ」「マーケティングデータ」そして「経営データ」の4つに分けて整理すると、上図のようになります。このようなデータ分類を行うことで、自社の事業活動のデジタル化が見えてきます。そのプロセスにおいて、自社のデジタル化や情報管理の実態が大雑把に把握できると思います。

「オペレーションデータ」は、製造業であれば、設備の稼働状況や部品・材料、労務費などの数値の情報で、サービス業ならば、サービスを生産するまでの労務費等の数値を管理するものです。事業運営にあたり発生する費用や時間、工数や労力などのデータがわかります。

「マーケティングデータ」は、商品・サービスの販売にかかる情報で、Webサイト・SNSなどのデジタルマーケット情報や営業日報、顧客日報のデータです。

「オペレーションデータ」と「マーケティングデータ」を結びつけるものが中央の「コミュニケーションデータ」です。事業運営のために組織メンバーで交換されるデータです。メンバーの会話情報、報告書、指示書、議事録などのデータのことです。これらのデータは、文字情報や音声情報などの記録や、オンライン会議の録画などがあります。

これらのデータは、経営活動で発生しますが、これを売上、費用、利益や資産、負債、純資産で分け、税務や投資にかかる情報を加えると、全体の動きがわかります。この動きを、一か月や半期また一年間単位で整理したものが「経営データ」になります。

このようにデータを分類整理することで、デジタルデータ化の全体像が把握でき、相互の関連やそれぞれのデータにおける濃淡が見え、企業全体の情報・データの実態が見えてくることになります。この整理が、デジタル化を経営に直結させるプロセスになります。

次に、中小企業のパソコン、スマホの利活用で使われるＩＴツールやＡＰＩ（アプリ、Application Programming Interface）の機能を、ＩＴツールのグループに分けて、説明します。これは、『フロー情報』『編集』『ストック情報』の各データによって、以下のように、解説できます。これらのツールは、世界の大

ビジネスで用いられる汎用性の高いITツール

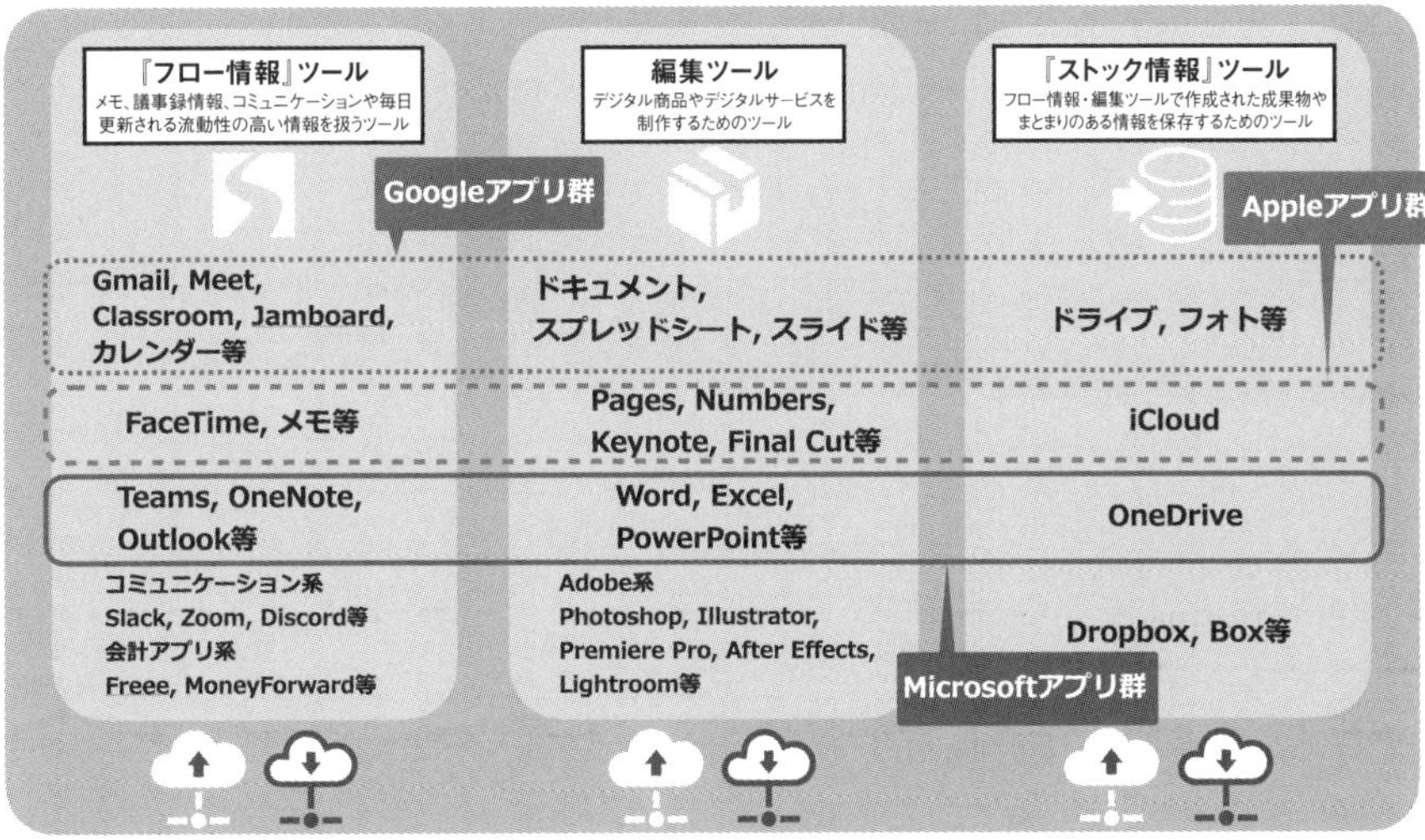

（出典）アアル株式会社（https://aalinc.jp）

企業であるＧＡＦＡＭの得意分野であり、その商品を分類して説明できます。社内の若手システム担当者と情報交換をするときは、この商品名が共感を生み出します。もちろん、この商品名は、ＧＡＦＡＭ各社のホームページには、詳しく説明されています。

当初は、パソコンやスマホなどのデバイスに接していない高齢の経営者としては、一つの見方だけでは、なかなか腹に落ちないかもしれません。そこで、このデジタルデータ化のＩＴツールやＡＰＩなどについて、事務プロセスの方向から『フロー情報』『編集』『ストック情報』の事務プロセスを再認識してもらいたいと思います。これらの事務プロセスを概観してから、全体を俯瞰していただくことで、その理解は深まっていくと思います。

上図は、事務プロセスを『フロー情報』『編集』『ストック情報』に三分類し、そのプロセスを中心に、ＩＴツールやＡＰＩを個別に記載しました。

『フロー情報』ツールは、メモ、議事録情報、コミュニケーションや毎日更新される流動性の高い情報を扱うツールです。『編集』ツールは、デジタル商品やデジタルサービスを制作するためのツールです。『ストック情報』ツールは、フロー情報・編集ツールで作成された成果物やまとまりのある情報を保存するためのツールということです。

そして、Ｇｏｏｇｌｅアプリ群では、『フロー情報』ツールのＧｍａｉｌ、Ｍｅｅｔ、『編集』ツールのドキュメント、『ストック情報』ツールのドライブなどの各ツールが掲載されています。Ａｐｐｌｅアプリ群では、『フロー情報』ツールのＦａｃｅＴｉｍｅ、『編集』ツールのＰａｇｅｓ、『ストック情報』ツールのｉＣｌｏｕｄが、個々に、横方向に点線で分けて記載されています。また、Ｍｉｃｒｏｓｏｆｔアプリ群も区別し、その他の独立系のアプリなどは『フロー情報』『編集』『ストック情報』のツールの枠にのせています。この分類を俯瞰することでも、ＩＴツールやＡＰＩの特徴が浮き彫りになって来ます。

2 経営者にとっての自社のデジタル化効果

さて、多くの中小企業経営者にとっては、デジタルデータ化は、主に、デジタル機器を駆使して事務の合理化を図っていることであると、未だに思っているかもしれません。ややもすると、そのシステムを動かしている自社の部下やシステム会社の当社担当のメンバーとの対話では、事務の合理化や入力データの網羅性・効率化ばかりに質問が集中して、『編集』や『ストック』に関する話やそれらを総合的に組み合わせた経営には、進んでいかないようです。部下やシステム会社が考えているシステムツール、社内外のネットワークや思考のフレームワークと、経営者が考えている事務の合理化ツールなどでは、対話が食い違って、相互にストレスが溜まることもあります。

これらの問題を乗り越えるには、上記の「ビジネスで用いられる汎用性の高いＩＴツール」におけるＧｏｏｇｌｅアプリ群、Ａｐｐｌｅアプリ群、Ｍｉｃｒｏｓｏｆｔアプリ群などに記された「アプリ名」に関する記載を、経営者などは、事前に学ぶ必要があります。さらには、それらのアプリ群の機能が、自社の業務部門、事務部門、ステークホルダーとの関連部門、また全社レベルに対して、いかに役立っているかをイメージすることができれば、部下やシステム会社との対話も噛み合うことになると思います。

一昔前ならば、デジタルやデータ関連の知識は知らないで当たり前でしたが、現在は、詳しく知らなくとも、システム分野の話の文脈を理解しなければなりません。最近の上場企業や大企業は、内部統制が厳格になり、国際化も進んでいることから、その経営者はデジタルデータに関する知識を保有していなければ、外部との交渉も成り立たなくなっています。実際、多くの経営者は、たとえ高齢であろうとも、自らＩＴデバイスを使いこなすようになっています。

そこで、経営者としては、システム機器を十分に使いこなすことができなくとも、これらのデジタルデータ化の概要は知っておかなければなりません。各ツールが『フロー情報』『編集』『ストック情報』のいずれの機能をカバーしており、データならば、「オペレーションデータ」「コミュニケーションデータ」「マーケティングデータ」「経営データ」のどの分野に属するかなどは、体系的に理解しておくことが欠かせません。現在の経営者としては、経営理念やマーケット戦略、労務管理、働き方改革などの方針決定や意思決定のプロセスにおいては、必ずデジタルデータ化の思考を組み込まなければなりません。

3 経済産業省における「ＤＸ」の定義

デジタル機器・デジタルサービス・デジタルデータ導入によって、企業に変革を生み出すことを、形式的な「ＤＸ」と言いますが、真の「ＤＸ」は企業にデジタルでガバナンスを浸透することです。そこで、日本では、真の「ＤＸ」となった状況を想定して、経済産業省では、「ＤＸ」の定義を以下のように定めています。

経済産業省によるDXの定義

「企業がビジネス環境の激しい変化に対応し、データとデジタル技術を活用して、顧客や社会のニーズを基に、製品やサービス、ビジネスモデルを変革するとともに、業務そのものや、組織、プロセス、企業文化・風土を変革し、競争上の優位性を確立すること」

引用　経済産業省『「DX推進指標」とそのガイダンス（令和元年7月）』（https://www.meti.go.jp/press/2019/07/20190731003/20190731003-1.pdf）

これは、経済産業省の「DX推進指標」における「DX」の定義です。デジタルによる新しいビジネスモデルの創出だけではなく、組織、プロセスや企業文化・風土の改革まで含めた概念です。企業価値を生み出し、競争上の優位性を確立することです。つまり、システム導入において、ビジネスモデルの創出とともに、組織全体の対応への改革がDXということになります。これらを、デジタル化の進化で表した「デジタイゼーション」と「デジタライゼーション」を含めて整理すると、次ページの上の図のようになります。この図は、①デジタイゼーション＝アナログのデジタル化のこと、②デジタライゼーション＝デジタル技術を活用した新しいビジネスモデルで新たな収益・価値を創出すること、③デジタルトランスフォーメーションは①および②の意味を含み、ビジネスモデルの創出と組織全体の改革をすることです。すなわち、「デジタイゼーション」とは、企業内で保管・発行した資料などの紙媒体を電子媒体に電子化などで変換することで、「デジタライゼーション」は、ITなどのデジタル技術を使って、業務プロセスの向上を図ることです。そして、DXは、電子化とデジタル化の相互関係をベースに、自社内、その周辺、外部環境まで含めて改革を行うことです。

次ページの下の図は、DXを取り巻くキーワードを簡易に解釈し、段階的にDXを目指した改革を行うためのイメージを説明しています。

経済産業省のDXの定義を分解すると、DXとは「ビジネス環境の激

DX（デジタルトランスフォーメーション）用語の整理（タイとタライとDX）

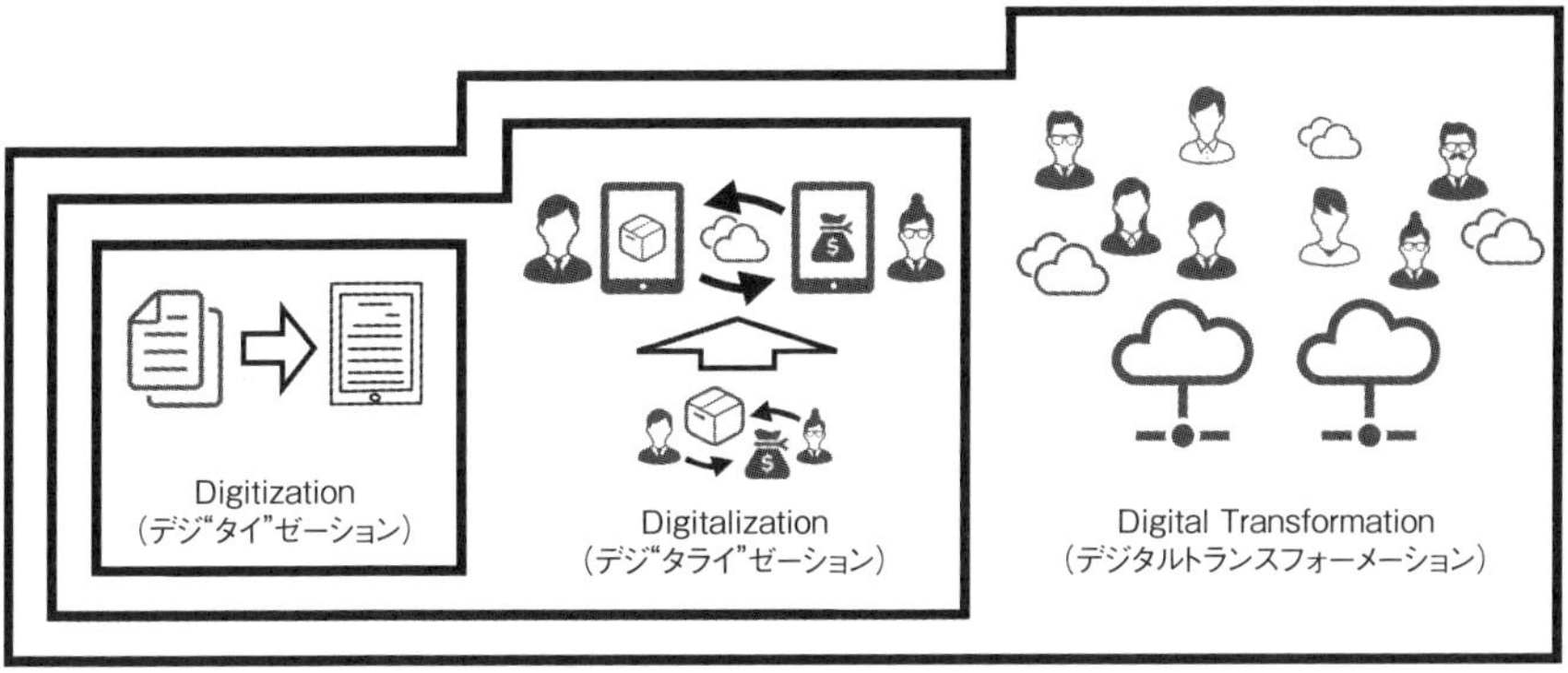

（出典）アアル株式会社（https://aalinc.jp/DX-digITal-transformation_1-3/）

経済産業省のDXの定義イメージ

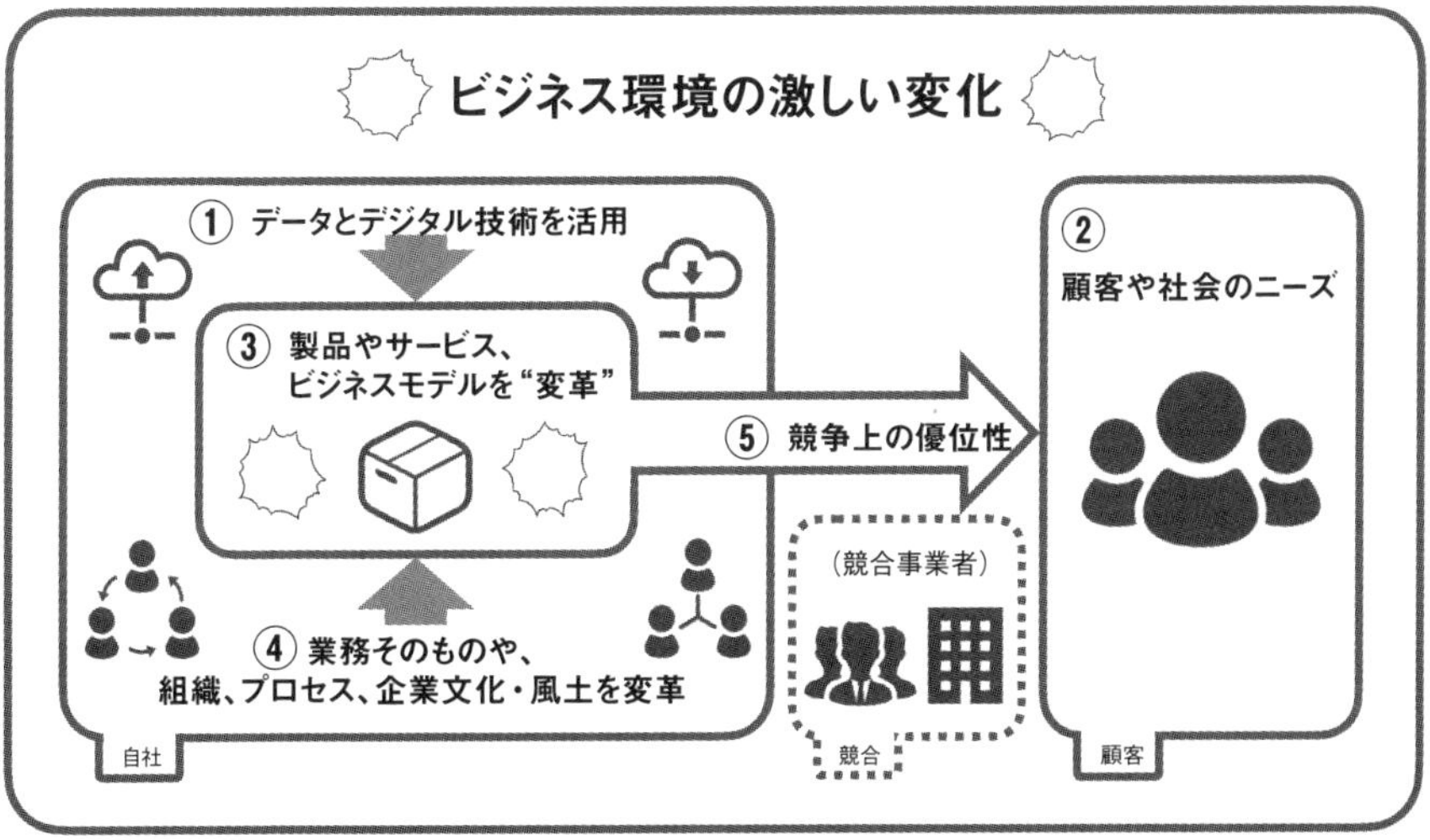

（出典）アアル株式会社（https://aalinc.jp/DX-digITal-transformation_2-3/）

しい変化」の中で、「①データとデジタル技術を活用」し、「②顧客や社会のニーズ」に対し、「③製品やサービス、ビジネスモデルを変革」することで、「④業務そのものや、組織、プロセス、企業文化・風土を変革」し、競合事業者と比較した「⑤競争上の優位性」を構築すること、になっています。

通常、「ビジネス環境の激しい変化」において、「②顧客や社会のニーズ」は、競合事業者とともに外部環境の要因として、自社の影響力の外にあるものです。また、「⑤競争上の優位性」は、事業が推進され競合比較をした場合の結果となり、ともに外部要因です。

つまり、DXの定義のうち自社がコントロールできる要因は、「①データとデジタル技術を活用」、「③製品やサービス、ビジネスモデルを変革」、「④業務そのものや、組織、プロセス、企業文化・風土を変革」となります。

すなわち、「①データとデジタル技術を活用」は、DXにおいてわかりやすい要因であり、これにより「③製品やサービス、ビジネスモデルを変革」というところも腑に落ちますが、「④業務そのものや、組織、プロセス、企業文化・風土の変革」を起こすことは、企業としてかなり腕力を要し、これは重いDXの条件変更であって、古く使い勝手が悪いが、馴染んでいる「レガシーシステムやレガシーの企業文化」からの脱却に通じることになります。

4 中堅・中小企業にとっての「デジタルガバナンス・コード」の位置づけ

中小企業にとっては、直接に、「コーポレートガバナンス・コード」や「コーポレート・ガバナンス・システムの実務指針」に準拠して、内部管理や内部統制を浸透させることにはなっていません。しかし、真の企業の成長戦略には、上場企業や大企業と同様に、CGCやGX、SX、知財・無形資産ガバナンスの経営

デジタルガバナンス・コードとは

あらゆる要素がデジタル化されていくSociety5.0に向けて、ビジネスモデルを抜本的に変革し､新たな成長を実現する企業が現れてきています。一方､グローバルな競争の中で、競合する新たなビジネスモデルにより既存ビジネスが破壊される事例（デジタルディスラプション）も現れています。こうした時代変化の中で、経済産業省では、企業のDXに関する自主的取組を促すため、デジタル技術による社会変革を踏まえた経営ビジョンの策定・公表といった経営者に求められる対応を「デジタルガバナンス・コード」として取りまとめました（令和2年11月9日)。

同コードの策定から2年が経過したことを受け、経済産業省では、「コロナ禍を踏まえたデジタル･ガバナンス検討会」を開催し、同検討会の議論を踏まえて、必要な改訂を施した「デジタルガバナンス・コード2.0」を取りまとめました。

中堅・中小企業等向け「デジタルガバナンス・コード」実践の手引きについて

経済産業省では、中堅・中小企業等のDX推進を後押しするべく、DXの推進に取り組む中堅・中小企業等の経営者や、これらの企業を支援する機関が活用することを想定したDXの推進のための「中堅・中小企業等向け『デジタルガバナンス・コード』実践の手引き」を2022年4月に取りまとめました。

その後、DX時代の経営の要諦集として、経営者がDXによる企業価値向上の推進のために実践することが必要な事項（ビジョン・戦略等）をまとめたデジタルガバナンス･コードが、「デジタルガバナンス･コード2.0」に改訂されたことから、「中堅・中小企業等のDX促進に向けた検討会」を開催し、同検討会での議論を踏まえて、「中堅・中小企業等向け『デジタルガバナンス・コード』実践の手引き2.0」として改訂しました。

理念を導入する必要があります。

そのためには、経済産業省の公表した「デジタルガバナンス・コード2．0」ガイドラインが、有効です。しかも、『中堅・中小企業等向け「デジタルガバナンス・コード」実践の手引き』については、中堅・中小企業等に向けた要約版・概要版の手引きツールも用意され、使いやすくなっています。

5 デジタルガバナンス・コード2．0と直近の改訂のポイント

「デジタルガバナンス・コード2．0」の内容は、前述の「DXの定義」と重なる内容ですが、まさに、中堅・中小企業における「コーポレートガバナンス・コード」の位置づけであり、各コードにデジタル面で楔を打ち込んでいます。各コードの「柱となる考え方」では、『ステークホルダーに示していく』という情報開示を明記しています。「デジタルガバナンス・コード2．0」のエッセンスは、以下の通りになっています。

なお、二〇二二年九月の「改訂のポイント」は、この「デジタルガバナンス・コード2．0」の最近の動きになっています。

「デジタルガバナンス・コード2.0」を策定しました

2022 年 9 月 13 日

ものづくり / 情報 / 流通・サービス

経済産業省は、本年１月に「コロナ禍を踏まえたデジタル・ガバナンス検討会」を立ち上げ、デジタルガバナンス・コードの改訂に向けた検討を進めてきました。
同検討会での議論を踏まえ、このたび「デジタルガバナンス・コード 2.0」を策定しましたのでお知らせします。

1. 概要

経済産業省は、2020 年 11 月に、企業の DX に関する自主的取組を促すため、デジタル技術による社会変革を踏まえた経営ビジョンの策定・公表といった経営者に求められる対応を「デジタルガバナンス・コード」として取りまとめました。

同コードの策定から２年が経過する本年、「コロナ禍を踏まえたデジタル・ガバナンス検討会」を立ち上げ、デジタル人材の育成・確保をはじめとした時勢の変化に対応するために必要な改訂を施した「デジタルガバナンス・コード 2.0（案）」を取りまとめました。8 月 10 日から 9 月 8 日までの間に実施したパブリックコメントのご意見も踏まえ、このたび「デジタルガバナンス・コード 2.0」を策定しましたのでお知らせします。

デジタルガバナンス・コードの柱立て

１．ビジョン・ビジネスモデル
２．戦略
２－１．組織づくり・人材・企業文化に関する方策
２－２．IT システム・デジタル技術活用環境の整備に関する方策
３．成果と重要な成果指標
４．ガバナンスシステム

デジタルガバナンス・コードの全体構造

（1）基本的事項は、情報処理促進法と対応。

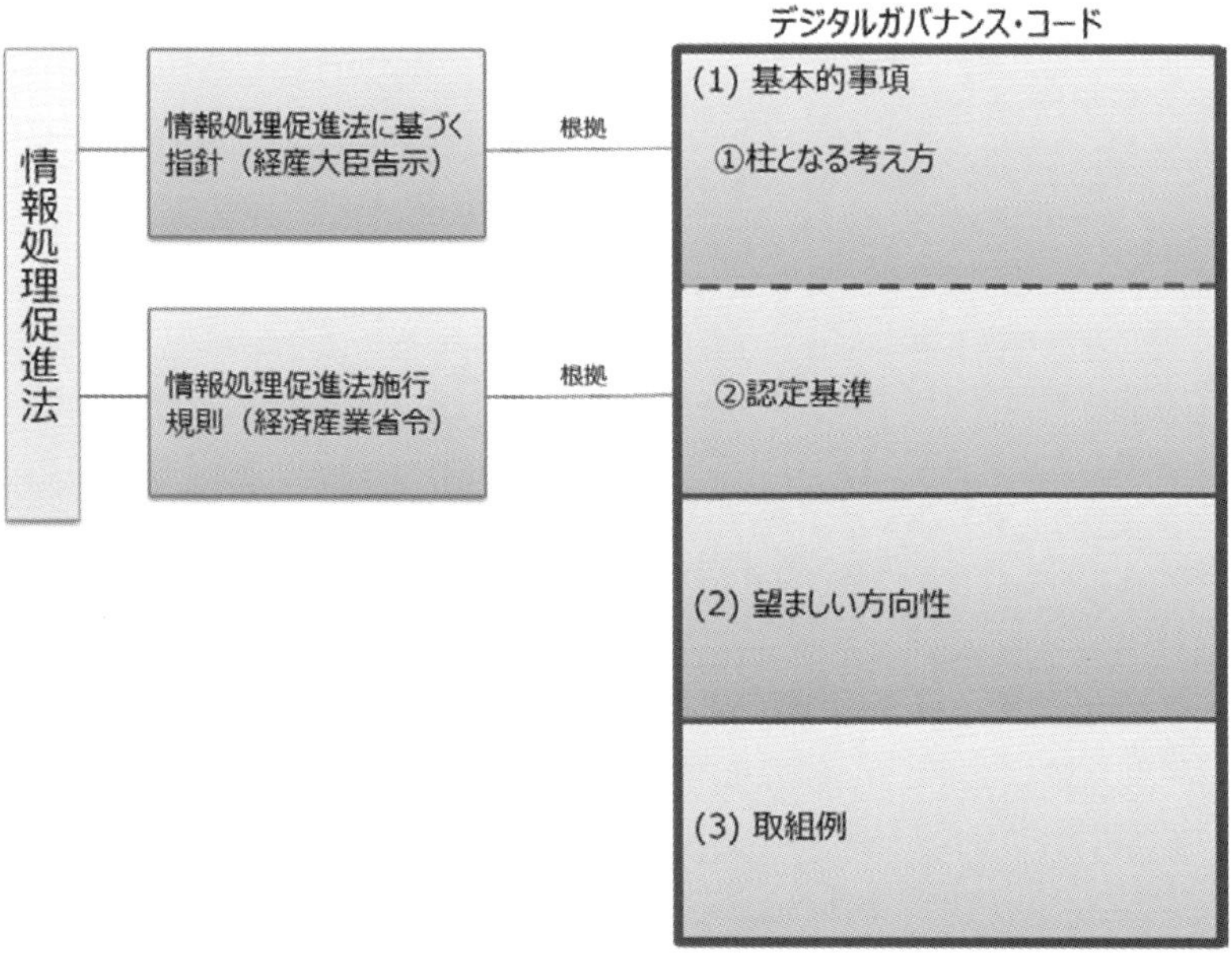

1．ビジョン・ビジネスモデル

（1）基本的事項

①柱となる考え方

●企業は、ビジネスとITシステムを一体的に捉え、デジタル技術による社会及び競争環境の変化が自社にもたらす影響（リスク・機会）を踏まえた、経営ビジョンの策定及び経営ビジョンの実現に向けたビジネスモデルの設計を行い、価値創造ストーリーとして、ステークホルダーに示していくべきである。

2．戦略

（1）基本的事項

①柱となる考え方

●企業は、社会及び競争環境の変化を踏まえて目指すビジネスモデルを実現するための方策としてデジタル技術を活用する戦略を策定し、ステークホルダーに示していくべきである

２－１．組織づくり・人材・企業文化に関する方策

（１）基本的事項

①柱となる考え方

●企業は、デジタル技術を活用する戦略の推進に必要な体制を構築するとともに、組織設計・運営の在り方について、ステークホルダーに示していくべきである。その際、人材の確保・育成や外部組織との関係構築・協業も、重要な要素として捉えるべきである。

２－２．IT システム・デジタル技術活用環境の整備に関する方策

（１）基本的事項

①柱となる考え方

●企業は、デジタル技術を活用する戦略の推進に必要な IT システム・デジタル技術活用環境の整備に向けたプロジェクトやマネジメント方策、利用する技術・標準・アーキテクチャ、運用、投資計画等を明確化し、ステークホルダーに示していくべきである。

３．成果と重要な成果指標

（１）基本的事項

①柱となる考え方

●企業は、デジタル技術を活用する戦略の達成度を測る指標を定め、ステークホルダーに対し、指標に基づく成果についての自己評価を示すべきである。

４．ガバナンスシステム

（１）基本的事項

①柱となる考え方

●経営者は、デジタル技術を活用する戦略の実施に当たり、ステークホルダーへの情報発信を含め、リーダーシップを発揮するべきである。

●経営者は、事業部門（担当）や IT システム部門（担当）等とも協力し、デジタル技術に係る動向や自社の IT システムの現状を踏まえた課題を把握・分析し、戦略の見直しに反映していくべきである。また、経営者は、事業実施の前提となるサイバーセキュリティリスク等に対しても適切に対応を行うべきである。

［取締役会設置会社の場合］

●取締役会は、経営ビジョンやデジタル技術を活用する戦略の方向性等を示すにあたり、その役割・責務を適切に果たし、また、これらの実現に向けた経営者の取組を適切に監督するべきである

2. 改訂のポイント

（1）デジタル人材の育成・確保

- デジタル人材の育成・確保を DX 認定の認定基準に追加
- 経営戦略と人材戦略を連動させた上でのデジタル人材の育成・確保の重要性を明記

（2）SX/GX

- DX と SX/GX との関係性を記載

（3）「デジタル産業への変革に向けた研究会」（※）における DX レポート 2.2 の議論の反映

- 企業の稼ぐ力を強化するためのデジタル活用の重要性を指摘
- 経営ビジョン実現に向けたデジタル活用の行動指針を策定する必要性を記載

※「コロナ禍を踏まえたデジタル・ガバナンス検討会」のワーキンググループとして開催

（4）「DX 推進ガイドライン」との統合

- DX 推進施策体系を「デジタルガバナンス・コード」に一本化。これまでガイドラインに紐づけていた DX 推進指標は、新たにコードに紐づけ

3. デジタルガバナンス・コードに紐づく「DX認定」及び「DX銘柄」への影響

（1）「DX 認定」の認定基準

「2-1. 組織づくり・人材・企業文化に関する方策」において、新たに「人材の育成・確保」が認定要件として追加されました。申請を予定されている事業者の皆様は、新基準に沿って申請書類をご準備いただくこととなります。詳細は、DX 認定制度のページをご参照ください。

（2）「DX 銘柄」の評価・選定基準

DX 銘柄の選定材料となる DX 調査の調査項目について、今回のコードの改訂内容が反映される見込みです。詳細は、追ってお知らせする「DX 調査 2023」の内容をご確認ください。

6 DXが企業文化を変え、経営者の意識改革を迫っている

現在の中堅・中小企業は、電子化からデジタル化を通して、DXに進み、経営者の知らない間に、営業や製造、管理の各部門で自然発生的に情報化が浸透しています。中堅・中小企業は、経営者の指示・命令がなかったとしても、企業外の外圧からか、デジタル文化が広がっています。

経営者は、かつては、経営ピラミッド・経営ヒエラルキーの頂点から、今となっては、曖昧な情報によって意思決定した内容を、直属の部下から現場に伝言ゲームのように伝えていました。しかし、現在と今後の経営者は、営業現場や製造現場が効果的にまとめた情報に自分がネットなどから収集した情報を加えて、意思決定を下すことになります。そして、この経営者の決定事項が企業内に瞬時に伝達され、現場メンバーが、顧客ユーザーにアクセスを行うことになっています。気がつけば、経営者への情報伝達はピラミッドの階段をゆっくり上がって行くものの、決定事項は付言もないままに、デジタル化・DX化で、即、伝えられてしまいます。情報の伝達だけを見るならば、経営ピラミッド組織の階段をゆっくり上がっていった情報は、経営トップに上がると、一斉に全従業員に届けられることになり、まるで、トップと現場が直結したフラット組織であるように、情報（指示・命令）が流れていきます。

したがって、中堅・中小企業の経営者は、「使用場面別マトリックス」において、「オペレーションデータ」「コミュニケーションデータ」「マーケティングデータ」「経営データ」の4つのデータと、ITツールやAPIなどの三つの『フロー情報』『編集』『ストック情報』の情報ツール・デバイスを、大雑把に把握して、現場メンバーとの情報交換をしなければなりません。マニュアルで体系的に学ぶことができないデジタル化やDX化の世界は、経営トップといえども、現場に降りて、体験型で習得する必要があります。そのベースの上に、企業全体を見渡して、「デジタイゼーション」と「デジタライゼーション」の相互作用や連携を把

握して、ＤＸを時系列的に俯瞰しながら、「経済産業省のＤＸの定義」と「デジタルガバナンス・コード」を、イメージから企業内外の実態把握を通して、固めていかなければなりません。

一方、金融機関の担当者や営業店の支店長などの上司も、かつて、取引先の工場見学に行っていたことを思い出し、営業現場や製造現場のデジタル化やＤＸ化を見せてもらいながら、企業の経営者や幹部の方々と、「経済産業省のＤＸの定義」や「デジタルガバナンス・コード」の話を行い、できれば自行庫のコーポレートガバナンス・コードの利活用の状況とそのエッセンスをアドバイスすることが、理想です。

デジタル化、ＤＸ化による企業文化の変化は既に企業内に広がっており、取引先企業の経営者はその文化を把握して、もう一度、経営理念や外部環境また内部環境を見直して、実際の経営に移すことを迫られていると思います。

第8章

企業を強くする
ガイドライン行政下の「伴走支援コンサル」と
「経営改善計画」

1 なぜ、「多様性に富んだガイドライン」が金融機関・取引先企業に十分に受け入れられていないのか

今まで、本書で見てきたガイドラインは、企業の各ライフステージとその経営理念・組織・運営に沿った間口の広い方向性や指針などであり、内容も多様性に富んだものでした。ガイドラインは公表件数も多く、受け手サイドとしては、自分の考えをしっかり持たないと、自分事とは思えず、ちょっと触れてみようと思うくらいでは、焦点を絞り込めず、振り回されてしまうかもしれません。実際、ガイドラインが語り掛けている金融機関や取引先中小企業、またその支援者の士族資格者の方々も、その例外ではないと思われます。金融機関の支店で、半期の数値目標に縛られているメンバーには、長期的な視点のガイドラインは当面の目標の陰に隠されてしまうものかもしれません。

金融機関は、バブル崩壊までは、大蔵省の護送船団方式と裁量行政により、監督官庁の大蔵省の意向に沿った中小企業経営の支援を行ってきました。その後、金融検査マニュアルが公表されると、その中に書かれた「債務者区分(企業格付け)」に合わせた経営手法や再生支援法に接することに慣れていました。大蔵省や金融庁がいろいろ検討を重ねて、金融機関やその取引先中小企業に対して、わかりやすく、一つの指示や命令にまとめて発信し、金融検査マニュアルという小冊子にて提示してきました。そして、金融機関検査にて、行動や努力をフォローしていました。

しかし、二〇一九年に金融検査マニュアルが廃止されると、それらの手法も変わり、種々の官公庁やその諮問委員会などが、自由に多くの「ガイドライン」を公表するようになりました。このガイドラインの内容は、長期的な指針であって多方面にわたり、必ずしも金融機関のメンバー全員にわかりやすいものではあり

ませんでした。多様性に富んだガイドラインの提示は、取引先企業の経営のポイントを射ており、刺さる内容が多いと思ったとしても、その受け手である企業の経営力や問題意識が高まっていない場合は、大きな効果が上がっていないようです。

最近のガイドライン行政は、多方面で多様性に富んでいるせいか、企業自身の受入れ態勢によって、効果の高い低いも、決まるようです。まして、テレビや新聞などで扱われる「ＳＤＧｓ・ＥＳＧ・ＤＸ・ＣＧＣ」などのガイドラインは、誰もが目にする大きなテーマで抽象的な内容と思ってか、企業サイドも、あえてそのようなガイドラインを熟読する空気にはなっていないようです。ガイドラインには、強制力やペナルティもありませんし、各企業や金融機関などに対する拘束もなく、自由度が大きいものですから、やはり、そのインパクトが弱いのかもしれません。

ガイドラインは、多様性のある有益な指針ですが、受け手サイドとしては、この多様性を自社内部で十分消化するマインドが必要になります。しかし、金融機関・取引先企業の対応を見れば、未だに、このマインドは十分とは言えないと思います。

そこで、中小企業に接する金融機関や士族支援者などは、より中小企業に踏み込んだコンサルティングが必要になります。中小企業の経営者などが真の質問事項や要請内容を浮き彫りにできるような、個人的な相談ごとに実施されるカウンセリングやコーチングの手法に近いコンサルティング、すなわち、その経営者に金融機関や士族支援者が寄り添う「伴走支援コンサル」が役に立つことになります。具体的には、支援者が経営者などと一緒に、経営改善計画を考えるようなコンサルティングが求められるということです。

2 支援者によるガイドラインの説明は伴走支援コンサルで

もともと、ガイドラインは方向性や指針を示すものの、指示した後のトレースはあまり行われないままに、要請事項が実行されなくともペナルティや罰則が伴うものではありません。このことからか、中小企業に対する金融機関の融資担当者からの指示や要請も強いものにはなっていないようです。これらのガイドラインに対しては、金融機関の担当者や士族支援者などは、その内容を深掘りして、取引先企業に対して、自信を持って十分に納得してもらうまで発信しなければならないものです。しかし実際は、曖昧で抽象的な発言のままで伝えているようです。そのためか、ガイドラインの真意が、企業経営者や財務担当者には、なかなか届かないのが実態です。

とは言いながら、金融機関の担当者は、金融検査マニュアル廃止で融資の方向性や指針をなかなか決められませんし、また強い拘束力を発揮することもできません。行政機関も、地域の企業に対しては均等な対応しかできず、いろいろな動きを認めながらも同一方向にリードすることもできません。そこで、金融機関や士族資格者などの支援者は、従来のコンサルティングに工夫を加えなければなりません。そこで中小企業に対して、より密着する指導を検討するようになったのです。各企業が自己責任の下、未来に向かって多様性を尊重して行動するために、その支援者は、上意下達的なコンサルティングを行うのではなく、伴走し、「対話と傾聴」を重視する「伴走支援コンサル」を実践することになったということです。

この動きをアクションプランに落とし込むとしたならば、具体的には、すでに中小企業に一般化している「経営改善計画」を活用する手法ということです。この経営改善計画に自社の理念や方針を組み込んで、このガイドラインの方向性や主旨を計画に具現化することに努めることです。

最近の行政機関は、企業活動の多様化・自己責任化の動きを再認識して、公的機関の意思決定を規律付けするような「パブリック・ガバナンス」に沿った動きを実践しています。金融機関としても、取引先である企業に対して、経営者・管理部門の日常業務となっている「経営改善計画」の策定の中に、それぞれの企業の理念や方向性を尊重しながら、ガイドラインの主旨を組み込むことになっています。中小企業の「経営改善計画」策定において、「経営理念やビジョン」「経営戦略・経営課題の特定」から「施策・実行計画」「数値計画」「返済計画・金融機関への依頼内容」「モニタリング態勢」のプロセスを導入することです。「伴走支援コンサル」に伴う対話や傾聴によって、「ガイドライン」の指針や主旨を、それぞれの企業経営の中で消化できるように変化するべきということです。

ガイドラインを、金融機関や士族資格者などの支援者が受け手である企業（経営者）に説明・説得することを、コンサルティング（コンサル）と言いますが、単に教師が生徒に説明するような教育型のコンサルでは、その企業（経営者）は納得できません。支援者が企業に踏み込んで、カウンセラーのように傾聴し、対話を重ねて、企業の全体像を把握してそのガイドラインの内容をその企業に役立つように説明する（カスタマイズする）ことが必要になります。このようなコンサルティングが伴走支援コンサルであり、まさに、ガイドラインの解説はこの「伴走支援コンサル」が最適と言えます。

3 コーポレートガバナンス・コードによって上場企業の自己責任が定着した

上場企業の役職員や幹部は、すぐには効果の出ないGXや知財・無形資産、DXなどのガイドラインの指針を、早急に導入することに努めるべきと思っています。企業の職場がAIやChatGPTに代替されると、社内のルーティンワークは変化したり消滅してしまうという危機感がありますが、皆で知恵を出し合い、「コーポレートガバナンス・コード」を見直すことで、その危機感は好転でき、GXや知財・無形資産またDXのガイドラインによって、現状をより高める対策が生まれると思っています。

また、経営トップなども、自分自身の情報収集力や過去に習得した考え方・手法が陳腐化し、日々の経営の意思決定に不安を抱くこともあります。その時には、いろいろな経験や専門知識を持った「取締役」の意見を聞き、取締役会で決めた内容をわかりやすくまとめた「情報開示」を通して、さらには、「ステークホルダー」や「株主」からも意見を求め、「対話」や「傾聴」を重ねることで、解決策を探ろうとします。すなわち、「コーポレートガバナンス・コード」によるプロセスを通して、経営者として、変化する経営環境における意思決定の効果が上がり、企業自身の行動に自信が持てるようになります。

このような状況において、「多様性」のあるガイドラインに出会うことは、大きな効果を生み出します。上場企業は、既に「コーポレートガバナンス・コード」が全社に浸透していますから、皆で、合議の中で検討し、自己責任で、決定を下すことに慣れています。GXや知財・無形資産、DXなどのガイドラインは、経営者個人では、情報も少なく、種々の考え方の検討もできません。いろいろな情報を持ち、それぞれの分掌や得意分野で思考を重ねる取締役が、取締役会で合議し、質疑応答を行うことが、良い結果を生み出します。

また、経営デザインシートやSX関連のガイドラインについても、「コーポレートガバナンス・コード」が浸透している上場企業は、取締役会や経営会議などで、良いアイデアが出るでしょう。出なかったとしても、「経営デザインシートやSX関連のガイドラインについては、次回の会議までに検討して、当社としての見解と方針を出してください」と、議長である代表取締役が提案すれば、次回の会議までには、その報告と妙案が提案されるものと思われます。

「コーポレートガバナンス・コード」によって、取締役会の機能が整っている場合は、多様性のあるガイドラインに対して、企業としての自己責任が働き、具体的な対策が出るということです。

4 保護的な中小企業施策に慣れた企業が多様性に富んだガイドラインを消化するには伴走支援コンサルと自己責任が必要

ガイドラインとは、行政機関から発せられる従来の通達とは違って、受け手サイドが、自社の都合に合わせて、自己責任で消化することが必要です。

ガイドラインの指針については、期限も設けられず、中間ラップの報告も結果説明もありません。外部からの規制やチェックもありません。このことは、受け手サイドとして、自由に処理できるということですが、一方では、自社の事情や環境・都合によって、ガイドラインの浸透や定着に責任を持たなければなりません。ガイドラインとしては多様性があり強制や拘束もないとは言いながら、一つひとつのガイドラインの指針は、発信者の将来に対する見通しや強い信念また方向性を伝えるものですから、受け手サイドの自己責任マインドを高めたり、新たに企業内にルールを新設して強制することも必要です。

しかし、中堅・中小企業においては、保護的な色彩が強い中小企業施策に慣れ続けており、中央官庁の金融庁や中小企業庁、財務省・経済産業省の対応も、寛大で柔軟な施策が多いために、自己責任原則には馴染んでいません。

例えば、中小企業向けの返済猶予施策についても、融資条件の返済期日や毎月の返済金額が明確に示されないままに、返済猶予先に対して形式的な「経営改善計画」の提出を要請していました。金融機関の与信管理の歴史を見るに、この返済猶予とは重大で重い施策です。にもかかわらず、しっかりした「経営改善計画」はできなくとも、さらなる返済猶予の期日延長を行っていました。また、生産性の向上を求めた「収益力改善支援に関する実務指針」や「デジタルガバナンス・コード」の徹底もしないまま書類を提出して、実際には効果が出ないままになっています。金融機関やその支援者が、このガイドラインの中間ラップや中間目標を設定しなかったせいか、また、ペナルティや強制対応なども実行しなかったせいか、これらガイドラインの実績は芳しくありませんでした。行政機関から多数公表されたガイドラインは、一つひとつを見ると、徹底されないままに、数年が経過している状況です。

中堅・中小企業は、社長一人のワンマン経営が多く、デジタル化社会には通用しなくなっています。ワンマン経営者は、ＳＤＧｓやＥＳＧ、ＧＸ、知財無形資産、ＤＸなどの情報分析がうまくいかず、経営理念や経営方針の策定を行っても、皆に浸透するものにはなっていません。テレワークやオンライン会議が進んだ現在では、デジタルスキルや内部統制手法を身につけていない経営者は、迅速で的確な経営方針が示せないことが多いようです。ガイドラインに対しても、伴走支援コンサルも受けずに、自己責任が定まらないままに、企業内への円滑な導入ができないようです。

そこで、中堅・中小企業としては、多数公表されている多様性に富んだガイドラインを十分に消化するために、法人企業としての自己責任が必要になります。中小企業としても、会社法に規定する取締役や取締役会、情報開示のあるべき姿などを確立して、多様性に富んだガイドラインを自己責任で定着するために努力する必要があります。

5 中小企業の「伴走支援コンサル」「経営改善計画」の中にガイドラインの主旨が盛り込まれる

中堅・中小企業において、上場企業のように「コーポレートガバナンス・コード」を早期に導入することは期待できません。多くの中堅・中小企業の場合、取締役会や情報開示などの内部管理や内部統制にはバラツキがあり、「コーポレートガバナンス・コード」への一律的な運用は難しいと言えます。中小企業は、株主と社長(執行トップ)が同一人物(または親族であること)で、意思決定が社長(執行トップ)に集中しているところが大半です。ステークホルダーとの関係も商談や交渉は社長一人に集中しています。取締役会も社長の独演会のようなところが多く、個々の取締役が社長に忖度なく発言できる雰囲気もあまりなく、情報開示も規律付けまでは機能していないと思います。

どうしても社長のワンマン経営の体質が残ってしまい、ガイドラインのような行政機関からの方向性や指摘を受けた場合であっても、社長自身が、その情報を得て納得しなければ、社内に伝達することもできませんし、取締役会の議題にして、アクションプランに落とし込むことも難しいと思います。

そこで、現在の中小企業において、ガイドラインの趣旨を全社員に伝えて、理解してもらうには、一般的に広がっている「経営改善計画」の力が必要になります。ワンマン経営の中小企業であっても、経営改善計画は、既に普及していますし、企業のどの部署も理解しています。大きい企業であれば、半期・一年間の運営と組織の活性化のために、経営改善計画は必須になっていますし、中小零細企業においても、経営改善計画は、資金調達や補助金・助成金を申請するために金融機関や行政機関に提出する資料になっています。金融検査マニュアルにおける債務者区分のランクアップの申請時や、ものづくり補助金などの申請を行う時、また、返済猶予やゼロゼロ融資を申し込む時においても、経営改善計画の作成は欠かせません。当然ながら、経営改善計画には、多少の決め事はありますが、これらは、行政機関などの指導で、地域の士族資格者や認定支援機関が作成支援を担うことにもなっています。現在では、中堅・中小企業にとって、決算報告書と同様に、経営改善計画策定は、経営の必須事項になっています。

しかも、経営改善計画を通した情報開示の資料は、取引金融機関の融資担当者としては、適切なコメントやアドバイスを行うことになっています。金融機関に決算書を提出した場合と同様に、金融機関担当者としては、その融資担当の上司に、この経営改善計画の報告を行い、取引先に意見表明をすることになっていす。これらは、融資担当者の経営改善計画に関する作業としてルーティンワークになっていますので、経営改善計画に関する処理法は固まっており、原則として、以下のプロセスで作成することにもなっています。

行政機関においては、経営改善計画は、テンプレート化(「定型文」「ひな形」「決まった様式」など)され、その用紙は、数値を空所補充しながら、作成することができるようにしています。ただし、多くの金融機関の融資現場や行政機関の補助金の現場では、その数値の根拠や背景を説明しなければなりません。現在は、以下のプロセスを経由し、マーケットの実情や社内組織を説明し、キャッシュフローを示し、モニタリング態勢等まで、資料化するようになっています。ここまで行かなくとも、少なくとも、経営のＰＤＣＡサイクル(Plan・DO・Check・Act)のプロセスは、明確に伝える必要があります。

かつて、メイン銀行が機能していた時代は、金融機関が経営者の相談役であり、アドバイザー役でもありました。また、商工会議所・商工会も、経営者の切磋琢磨の場であり、中小企業の従業員への研修の場も担っていました。ロータリークラブ・ライオンズクラブなどは、地域貢献や地域連携の場に使われ、ＳＤＧｓの気付きの場にもなっていました。しかし、現在は、多くの企業において、これらの外部機関からの情報提供や刺激はなくなり、経営者同士の切磋琢磨や刺激の場も少なくなっています。もしも、この金融機関や

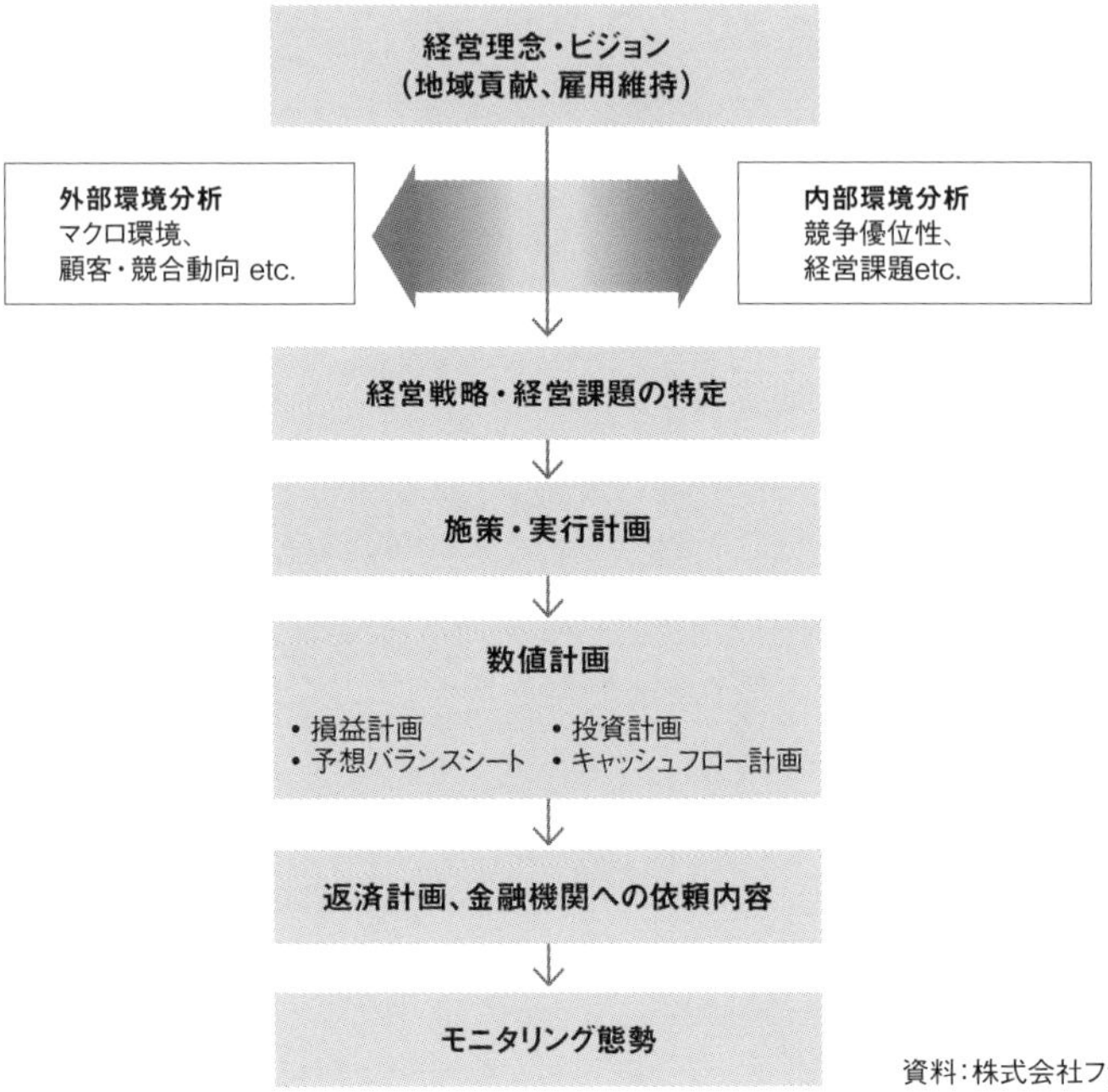

資料：株式会社ファインビットHP

商工会議所・商工会またロータリークラブ・ライオンズクラブが、以前のように機能していたならば、中堅・中小企業の経営者は、自社の内部管理や内部統制について、もっと早期に導入しなければならないというプレッシャーを受けていたものと思われます。一昔前ならば、ワンマン経営者であっても、商工会議所・商工会などで、別企業の経営者と話合いを行う場があり、地域の社会貢献や、SDGs・ESG・GXなどについての意見交換ができたものでした。メイン銀行の支店長とも、支店長室でゆっくり地域のイベントなどの話もできました。

しかし、現在では、経営者同士の情報交換も少なくなり、メイン銀行への意識も、貸し渋り・貸し剥がしの経験後には、経営者にも支店長にもほとんどなくなってしまったようです。

ということで、現在、中堅・中小企業ならば、必ず作成している「経営改善計画」の位置づけが、高まって来ています。金融機関や行政機関へ提出される経営改善計画は、外部機関との関係が薄れている企業経営者にとっては、良きコミュニケーション・ツールであり、アドバイス受付の叩き台資料にもなっています。また、経営改善計画は、金融機関や行政機関の本部などに送付され、その本部や専門機関からの種々の意見も届くことがあります。さらに、経営改善計画を自社のホームページなどにアップすると、ステークホルダーや関係者から種々の意見がメール等で返信され、このことは、有難い情報開示に対する規律付けになっています。これらは、ワンマン経営者への良き牽制球にもなって、取締役会での協議や合意へのインセンティブでもあります。

同様に、経営改善計画の作成プロセスの一部になっている、経営理念やビジョン、外部・内部の環境分析の検討においては、種々の「行政からのガイドライン」の経営指針や方向性の刺激を受け、金融機関や地域の士族資格者・認定支援機関からの良きアドバイスの効果も高めます。経営改善計画による助言・指導は、ワンマン経営者ばかりではなく、多くの経営幹部にとっても、極めて重要なものになります。

中小企業に接する金融機関や士族支援者などは、カウンセリングやコーチングの手法に近い「伴走支援コンサル」で、経営者などと一緒に経営改善計画を策定したり検討することによって、ガイドラインの主旨を浸透することができると述べました。そこで、この経営改善計画の策定に沿って、実務的なアプローチを行いながら、経営者などとの対話や傾聴を実施することは、「伴走支援コンサル」の効果を高めるものと思います。

6 ガイドラインと経営改善計画策定プロセス

1 経営理念やビジョン（地域貢献・雇用維持）

経営改善計画の策定では、まずは、二二六ページの図の「経営理念・ビジョン（地域貢献・雇用維持）」の検討から入ります。業歴の永い企業では、昔から、皆の心の拠り所になる経営理念や社是、ビジョンがあり、企業文化や企業風土に浸透しています。しかし、最近では、上記のガイドラインで述べた、『経営デザインシート・ＳＸ・ＧＸ・ＣＧＣ・ＥＳＧ地域金融』の指針が、これらに加わるようになり、新しい経営理念を生み出すことも多くなっています。ＩＴ化やデジタル化が進むと、一問一答形式のやりとりや思考が主流になり、企業内ではプリンシプル（原則）や背景事情を共感していることが一層重要になり、経営理念やビジョンが注目されるようになっています。

外部環境分析については、自社の業界や地域資源などの状況に加え、「ＧＸ・業種別支援の着眼点」のガイドラインの考察も多くなっています。例えば、仕入先企業とともに、ＧＸの共同発信を社会に行い、その浸透に向けて、経営改善計画の内容を変えていくこともあります。

内部環境分析では、社内の組織改編や働き方改革を実施することに加えて、「知財・無形資産ガバナンス、ＤＸ、ＣＧＣ、収益力改善支援に関する実務指針」のガイドラインも加味して、将来の費用体系の変更を講じることもあります。ステークホルダーとのＤＸ連携も多くなり、デジタル面ではオープン化が進んで、社内組織の変更も増えています。

これらのガイドラインは、経営理念・ビジョン、また、外部環境分析・内部環境分析に新しい方向性を促し、長期的でワイドな座標軸を導入します。

2 経営戦略・経営課題の特定

「経営戦略・経営課題の特定」は、経営理念やビジョンなどに続くプロセスで、「ビジネスモデルを策定し戦略を立てること」です。このビジネスモデルとは、事業で利益を生み出し、顧客や社会に価値を提供して、企業価値を高め、持続的にその企業価値を向上させていく仕組みのことです。また、経営戦略については、企業が広い視野と長期目線で持続的に成長を目指す指針のことで、経営理念に裏打ちされることです。このビジネスモデルの情報開示には、わかりやすさを求めてストーリー性を重視するようにもなっています。最近では、企業の大きな成長要因である、「人的資本・人的資源などの調達・育成や、研究開発・ITソフトウェアへの投資、組織作り、ブランド化」など、競争力の大きい知財・知的資産が注目されています。ガイドラインとしては、「知財・無形資産ガバナンス」のガイドラインが参考になります。

3 「施策・実行計画」「数値計画」「返済計画、金融機関への依頼内容」「モニタリング態勢」のポイント

経営理念やビジョンと、経営戦略・経営課題の特定において、ビジネスモデルを策定し、経営戦略を立てた場合、その企業における「経営改善計画」の全体像ができてきます。

次には、「施策・実行計画」として、この企業の各部署に数値を落とし込み、部門計画から担当者の個人計画までブレイクダウンする必要があります。この時には、自社の各部門と外部の仕入先・販売先とのデジ

タル連携や相乗効果を見直したり、自社の組織間の関わりやエアポケット業務のチェックなどを行って、現状組織の改編を行うこともあります。各部署でＳＤＧｓやＧＸ、ＤＸなどの最近の課題を、ガイドラインを通して再検討することも増えています。同時に、実績報告の手順の整理や部門計画・個別計画と実績の差異分析を行える仕組み作りも行います。

「数値計画」では、過去の月別の実績報告と整合性のある予測値を算出します。売上ならば、地域別・商品別・担当セクション別の実績と、全体売上の整合性やバランスを見て、将来の売上予想値の問題点を検討します。また、費用については、業務の効率化で費用の圧縮努力を見直したり、組織改編で人件費圧縮や物流費削減も考えます。ガイドラインの指針によって、売上や費用の検討内容をさらに深め、変更することもあります。

「返済計画、金融機関への依頼内容」は、キャッシュフロー金額の算出がポイントです。企業の総借入残高と、毎年のキャッシュフロー金額から、借入金の返済期間を算出すれば、何年で正常の借入残高にすることができるかをイメージすることができます。

キャッシュフロー金額は、最終収益と減価償却費などの合算で算出されます。総借入残高と、近々の資産売却で返済できる借入れと通常の運転資金借入れの合算値、その二つの差額を算出し、キャッシュフロー金額で除せば、今後、何年間で借入れが正常化できるかを予想することができます。この予想年数こそ、金融機関の支援を受け付ける重要な指標になります。金融機関は、この年数によって、その企業の再生支援を続けることができるか否かの、決定をすることが一般的です。

また借入れのない企業については、そのキャッシュフロー金額によって、経営理念やガイドラインに沿った、前向きの投資のスタート時期の決定を行うことができます。その時期を早めたり、その資金使途の割り振り、また期間の長短などで、新規の借入金額や増資金額などの決定を行います。

「モニタリング態勢」については、これからの企業の健康診断と自力回復の対処法をチェックすることになります。健康診断は、部門における数値計画に沿ったKPI指標で判断をし、自力回復対処法は、PDCA手法のイメージに重なります。KPI指標とは、Key Performance Indicatorの略で、重要業績評価指標と言います。

経営改善計画が単純な一本道と想定するならば、最終目標へのマイルストーン・中間目標で、シンプルにわかりやすくなり、5W1Hを考慮しながら進めていくことができます。5W1Hとは、「When：いつ」「Where：どこで」「Who：だれが」「What：何を」「Why：なぜ」「How：どのように」の頭文字を取った思考整理のフレームワークで、この5W1Hを押さえると、テーマに対し、さまざまな疑問と改善点などの新しい発想が生じ、課題の解決に繋がるものです。

経営改善計画において、複数のプロセスが想定される場合は、目標達成に向けたいくつかのプロセスの進捗状況を検討することも大切です。この時は、PDCA手法を使い、Plan（計画）・Do（実行）・Check（評価）・Act（改善）を繰り返すことで、種々の管理業務を継続的に改善していく手法を採用します。

また、KPI手法を採るときは、バランススコアカードのフレームワークを活用して、中間目標や最終目標を立てることになります。「財務」「顧客価値」「業務プロセス」「（人材の）学習・育成」の四項目から企業の業績を定義しマネジメントすることで、経営状態を管理し、いくつかの中間目標から最終目標を目指します。

第9章

伴走支援コンサル時の経営改善計画策定実務とガイドライン行政

1 経営改善計画の策定実務

上記の経営改善計画の策定プロセスに基づいて、実際に経営改善計画を策定する場合、まずは、次ページの下の表のような将来の損益計算書を作成することをお勧めします。この第9章の内容は、計画策定の実務に踏み込んでいますが、伴走支援コンサルを実行するには、この実務が必須事項となります。この実務に絡めた「対話」「傾聴」がまさに、伴走支援コンサルの主要なプロセスになりますので、詳しく述べることにします。

この経営改善計画は企業の将来を見極めながら、正常な経営を行うために、販売、製造、仕入れ、雇用、などの総合的な方針を固めて、成長に寄与するものです。どうしても、業績が見通せない場合であっても、売上の予想は外部環境分析や経営学理論などの根拠に基づく納得性のある数値予測を行い、費用予想も企業の内部組織ごとに作成するセグメント計画に裏づけられたコスト削減に沿った計画を作成すべきです。

多様性に富んだガイドラインの中から、企業の将来を見極めて正常な経営を行うためには、いかなるガイドラインを参考にするかを選択することが大切です。さらには、その中の図表や掲載資料から、自社の施策に役立つ数値を抽出することも重要です。

そのためには、二二六ページの図の「施策・実行計画」「数値計画」「返済計画・金融機関への依頼内容」「モニタリング態勢」を数値化する、次ページ上の表の4プロセス（①〜④）に沿って、ラフな経営改善計画を作成することをお勧めします。

これらの注意点に留意し、数値を仮に入れて、次ページの下の表の「経営改善計画表のイメージ」を作成

プロセス	①発射台固め 前年の損益計算書の勘定科目の精査（中小企業会計基本要領に準拠・金融機関の資産査定に準拠する等）	②売上・費用・利益の予想 今後、5～10年の売上計画・費用計画（外部・内部環境分析や当該中小企業の強みを加味した予想）	③返済予想 債務償還年数の算出と再生手法の検討。無借金企業は純資産目途値への積上げ年数の検討	④モニタリング体制 作成した計画の予実（予想･実績）管理、訪問チェック、ローリングプランなどを作成する体制

経営改善計画表のイメージ

単位：百万円

	X0年3月期		X1年3月期		X2年3月期		X3年3月期	
	金額	構成比	金額	構成比	金額	構成比	金額	構成比
売上高	7,800	100%	7,800	100%	7,850	100%	7,900	100%
売上原価	5,400	69.23%	5,382	69.00%	5,417	69.00%	5,451	69.00%
売上総利益	2,400	30.77%	2,418	31.00%	2,434	31.00%	2,449	31.00%
販売管理費	2,300	29.49%	2,250	28.85%	2,200	28.03%	2,250	28.48%
(内減価償却費)	200	2.56%	180	2.31%	160	2.04%	140	1.77%
営業利益	100	1.28%	168	2.15%	234	2.97%	199	2.52%
営業外損益	80	1.03%	80	1.03%	80	1.02%	80	1.01%
経常利益	180	2.31%	248	3.18%	314	3.99%	279	3.53%
特別損益	0	0.00%		0.00%		0.00%		0.00%
税引前当期利益	180	2.31%	248	3.18%	314	3.99%	279	3.53%
法人税、住民税及び事業税	72	0.92%	99	1.27%	125	1.59%	112	1.42%
当期利益	108	1.38%	149	1.91%	109	1.38%	167	2.11%

してみます。特に、売上・費用・利益の予想は、かなり保守的な数値にします。

仮に、上記の経営改善計画を策定したならば、そのプロセスについて、経営者と金融機関担当者や認定支援機関・士族資格者とは、さらに詳しい対話が持たれると思います。

1 発射台固め

表の「X0年3月期」の損益計算は、経営改善計画書の初年度につき、その初年度の貸借対照表（バランスシート）の売掛金・棚卸資産は贅肉を削ぎ落とし、また引当金・減価償却費はその金額を十分積み上げて、費用を目一杯計上する必要があります。この操作を行わないと経営改善計画を進めていくにあたり、過去の膿が出てくる可能性が高くなります。

言い方を変えれば、「中小企業会計基本要領」に準じて勘定科目を精査し、引当金の繰り入れや償却を実施して、損益を見直すということになります。例えば、「中小企業会計指針」「中小企業会計基本要領」の適用を行えば、この精査の作業は省略することもできます。

金融機関担当者は金融機関内部での融資に関する引当金の積み上げ手法などを解説しながら、取引先に説明することをお勧めします。認定支援機関やコンサルタントは、この勘定科目の精査によって、以後作成する経営改善計画の信頼性が、金融機関や内部組織の各部署で高まることを入念するべきです。

2 売上・費用・利益の予想

「X1年3月期」や「X2年3月期」以降の将来の売上は保守的に、また費用は多目に計上することがポ

単位：百万円

	X0年3月期		X1年3月期		X2年3月期		X3年3月期	
	金額	構成比	金額	構成比	金額	構成比	金額	構成比
売上高	7,800	100%	7,800	100%	7,850	100%	7,900	100%

イントになります。

売上については、自社でコントールできない外部環境要因によって影響を受けることから、景気動向や業界動向、競合他社の内容、販売先・仕入先の動きなどのほか、SDGsやGXの影響も、調査・把握する必要があります。

売上予測値は、商品別、地域別、担当部署（者）別などの、各部門での予測値が全社合計値とほぼ一致することのチェックも必要です。

費用については、内部環境分析として、人的要因（採用や教育の状況）、知財・無形資産ガバナンス、内部統制の動向、内部組織の改編なども含めたコスト動向などを数値に落とし込んで、予測することがポイントになります。自社の管理部門の担当者に、「ひと・もの・金・情報・時間・知財無形資産」の経営資源について、一つひとつ検討する必要があります。例えば、「ひと」の資源については、少子高齢化による深刻な人手不足と人材確保が問題になり、また、従業員だけでなく委託先や取引先なども検討する必要があります。さらに、DXの進展によって、情報や時間、知財無形資産などの経営資源の重要性も高まり、外部への流出やセキュリティの費用増加予測も欠かせなくなっています。これらの検討においても、それぞれのテーマについて書かれたガイドラインが役立ちます。

しかし、売上や費用の予測については、まだまだ、販売力・技術力など、定性分析要因が一般的ですが、今後は、より精緻な分析・調査で、数値予測が必須になってきます。

単位：百万円

	X0年3月期		X1年3月期		X2年3月期		X3年3月期	
	金額	構成比	金額	構成比	金額	構成比	金額	構成比
販売管理費	2,300	29.49%	2,250	28.85%	2,200	28.03%	2,250	28.48%
（内減価償却費）	200	2.56%	180	2.31%	160	2.04%	140	1.77%
当期利益	108	1.38%	149	1.91%	109	1.38%	167	2.11%
償却前当期利益	308	―	329	―	269	―	307	―

当期利益と減価償却費を合算した償却前当期利益（営業キャッシュフロー・フリーキャッシュフローなど）から債務償還年数を算出するために、非支出コストである減価償却費は必ず明確にしておくことが必要です。

3 返済予想

仮に、当社の「X０年３月期」の総借入れが一〇〇〇百万円ならば、
「X１年３月期」は、六七一百万円（＝1,000－329）
「X２年３月期」は、四〇二百万円（＝671－269）
「X３年３月期」は、九五百万円（＝402－307）の借入残高になり、当社は約三年間で、一〇〇〇百万円の借入れを、九五百万円の残高まで圧縮できるということになります。

当社が、「X０年３月期」時点で返済猶予中であれば、「経営改善計画表のイメージ」表から算出されるキャッシュフロー金額にて、毎年の返済をスタートしたならば、

「X３年３月」には、九五百万円の借入れになり、

「X４年３月」には、完済できます。債務償還年数は四年間となります。

債務償還年数と再生支援手法の目途

債務償還年数	再生の適用手法
約10年以内	リスケジュール（リスケ）
約10～15年以内	利息の元本組み入れ
約15～25年以内	DES（債務の株式化） DDS（債務の資本性借入化）
約25～50年以内	債権放棄
約50年超	民事再生・破産適用

この「経営改善計画表のイメージ」からキャッシュフローと債務償還年数を捻出すれば、一般的な再生手法を導き出すことができます。なお、キャッシュフローを「フリーキャッシュフロー（ＦＣＦ）＝税引後営業利益＋減価償却費－追加設備投資－追加運転資金」などと、厳格に扱うと、中小企業の再生案件については、関係者がかえって混乱することになりますので、ここでの計算式が一般的に通用します。

債務償還年数は、返済猶予先や再生手法適用先の返済期間を決める時に、有力な根拠になります。また、この債務償還年数は、再生支援手法を決定するときにも、目途になります。

とは言うものの、日本では、リーマンショックから東日本大震災、そして新型コロナウイルス危機を経験し、中小企業には、返済猶予やゼロゼロ融資が広がりました。

一方、金融庁と環境省では、「ＥＳＧ地域金融実践ガイド2．1」のガイドラインで、金融機関は、地域経済の活性化や地域社会の復興を目指し、自治体等と連携し、地域資源の有効活用に注力するようになりました。中小企業に対しても、ＥＳＧ要素を考慮したファイナンス（事業性評価など）を積極的に展開することになっています。既存

中小企業の事業再生等に関するガイドライン

<第三部> 中小企業の事業再生等のための私的整理手続
(中小企業版私的整理手続)
4．再生型私的整理手続（4）事業再生計画案の内容
ロ 実質的に債務超過である場合は、事業再生計画成立後最初に到来する事業年度開始の日から5年以内を目途に実質的な債務超過を解消する内容とする（企業の業種特性や固有の事情等に応じた合理的な理由がある場合には、これを超える期間を要する計画を排除しない。）。
ハ 経常利益が赤字である場合は、事業再生計画成立後最初に到来する事業年度開始の日から概ね3年以内を目途に黒字に転換する内容とする（企業の業種特性や固有の事情等に応じた合理的な理由がある場合には、これを超える期間を要する計画を排除しない。）。
ニ 事業再生計画の終了年度（原則として実質的な債務超過を解消する年度）における有利子負債の対キャッシュフロー比率が概ね10倍以下となる内容とする（企業の業種特性や固有の事情等に応じた合理的な理由がある場合には、これを超える比率となる計画を排除しない。）。

の融資の債務償還年数が長期化されることになっても、中小企業のＳＤＧｓやＥＳＧ投資などの、エクイティファイナンス的な融資が、徐々に拡大しています。

経営改善計画においても、経営理念やビジョン、また、経営戦略・経営課題の特定について、今後、自社で力を入れようとするガイドラインの指針を導入し、その計画策定を行うことは、中小企業にとって的を射た行動に思われます。

例えば、「中小企業の事業再生等に関するガイドライン」には、上記のような記述があります。ここに出ている、三年・五年・十倍の数値は、経営改善計画策定時の目途値になりますので、ご参考にしてください。

4 モニタリング体制

企業全体の経営改善計画を作成した後に、部門計画にブレイクダウンし、個人目標まで落とし込んで、業務の実践に進んでいきます。その後、個

人から部門、そして全社ベースと、計画・実践の予実管理を行っていきます。各部門長や管理者から担当者まで、その行動計画を確認し、実践との差異分析を行っていきます。ＰＤＣＡサイクルを回して、「Ｐｌａｎ⇓Ｄｏ⇓Ｃｈｅｃｋ⇓Ａｃｔ」の四段階のフォローを繰り返すことも重要ですが、見方を変えて、ガイドライン「収益力改善支援に関する実務指針」や「ローカルベンチマーク」で業務の見直しやチェックを行うことも有効と思います。

さらに、バランススコアカードのフレームワークを活用し、ＫＰＩ手法で多岐にわたるモニタリングを行い、その差異に深刻な結果が予想される場合などは、「中小企業の事業再生等に関するガイドライン」で、その後の対応を考えることになると思われます。本ガイドラインは、新たな準則型私的整理手続である「中小企業の事業再生等のための私的整理手続」を定めています。

なお、再生型私的整理手続・廃業型私的整理手続を行うときは、中小企業者は、必要に応じて外部専門家（弁護士、公認会計士、税理士、中小企業診断士等）と相談しつつ、第三者支援専門家（弁護士、公認会計士等の専門家であって、再生型私的整理手続等を遂行する適格性を有し、その適格認定を得たもの）の候補者を公表されたリストから選定することになっています。

第10章

多様性に富んだガイドラインにより金融機関の与信管理や審査の評価が変化する

多様性の尊重や自己責任の全うは、今や、社会の風潮になっています。金融業界は、不良債権処理などで、金融検査マニュアルが廃止になる前まで、その多様性とは真逆の動きをしていました。金融機関は、大蔵省や金融庁の指導の下で、金太郎飴のような組織で、行動パターンも単一であって、その行動理念も衡平・公正で保守的な対応をするべきであると思われていました。金融検査マニュアルという重しのおかげで、同一の結論が多くなり、意思決定者の顔は見えませんでした。金融機関内部で書類回付を行って意思決定する「稟議制度」のように、誰が意思決定者かわからず、形式的には、書類回付者全員で決定しているというものでした。この稟議制度は、満場一致の意思決定であって、金融機関の内部では、誰も責任を取らないような空気が流れていました。

しかし、ガイドラインは多様性に富んでいて、選択が自由で、自己責任原則であえて選択するものですから、金融機関としては、自行庫やその取引先のことを十分に考えなければなりません。中小企業が、あるガイドラインに接するときは、ガイドラインの多様性と企業としての自己責任が必要になりますから、金融機関のメンバーも、同様に、多様性と自己責任を認識しなければなりません。

以下の四つの事例は、ガイドラインが、今までの経営改善計画の見方や役割を変える事例ですが、今後は、ガイドラインによって、金融機関の与信管理や審査の評価をも大きく変更しなければならないことが、増えていきます（事例は、バックキャスティング方式一件とＥＳＧ地域金融関連三件の計四事例）。

1 今後の金融機関はバックキャスティング方式の経営改善計画も認めることになるか

経営改善計画は、過去の売上トレンドに沿った、右上がりの売上予想や、右下がりの費用予想ではなく、五年・十年後の将来の到達点のあるべき姿から、そのあるべき姿に向かって計画を策定することがあります。この「バックキャスティング手法」を活用する場合は、企業の経営理念や外部環境・内部環境を考えながら、その到達点のあるべき姿を描きます。今後の金融機関のメンバーは、バックキャスティング手法の経営改善計画も、認めなければならないということです。

企業の与信審査で、経営改善計画を評価するとき、現在や直近の決算書が赤字であっても、取引先が主張する「バックキャスティング手法」の内容をよく聞いて、その取引先の目線で検討しなければならないということです。一五四ページの経営デザインシートのガイドラインの概要では、『「(C)長期的な視点で「これから」の在りたい姿を構想する。(D)それに向けて今から何をすべきか戦略を策定する。」とは、「バックキャスティング」で、目標の未来の姿から考え、現状にとらわれない自由なアイデアを駆使し、「移行戦略」を策定することです。』とあることを、金融機関のメンバーも認識するべきということです。例えば、「来年以降二年間赤字が続き、三年目は債務超過になるものの、四年目は黒字化になり、五年目に債務超過が解消し、『在りたい姿』となり、さらに、六年目以降はキャッシュフローが増加し、九年~十年目には、融資が完済になる」というストーリーを、金融機関メンバーも合意することを意味します。

この「バックキャスティング手法」によって、ヒト・モノ・カネ・情報の経営資源をいかに増加させるか、また、企業内部の組織改編やデジタル環境をいかに高めるか、などをイメージしながら、経営改善計画を策定します。この企業と取引を行っている金融機関としても、その計画や施策をいかに支援するか、などを検討します。この計画は、取引先に合意が得られやすく、社外への工作や社内の組織改編また内部統制も高められるものになります。

2 ESG地域金融の地域資源・課題を対象とした取組みを見れば今後は与信管理や審査は変わることになる

ESG地域金融実践ガイド（一一八ページ）を見れば、今後は、金融機関の与信管理や審査が、以下の、アプローチ1・2・3によって、大きく変わることになることをご紹介します。

1 アプローチ1．地域資源・課題を対象とした取組み

工場団地内の物流企業が、十年後の物流サービスの在り方を描いたとします。この物流企業は、工場団地内の大半の企業とインターネットを活用して、物流の注文とデリバリー報告ができるネットワークを構築する予定です。実際の注文時には、見積りや請求金額、資金回収手続きのオンライン化を実現します。このように、十年後のあるべき工場団地内の物流システムの姿を描いて、金融機関にその経営改善計画を持ち込みます。

金融機関は、工場団地内のすべての企業やその周辺の企業を含めて、この物流企業は、地域の経営資源の有効活用と相乗効果、そして各企業の活性化に繋がると見て、その経営改善計画に高い評価を行いました。その企業の経営改善計画では、スタート時点の一～二年間は、ネットワーク構築のデジタル経費が嵩み、ほとんど利益が出ないことになっています。三～四年後にはトラックの購入の投資で、キャッシュフローが生まれないこととなり、従来の経営改善計画ならば、金融機関は認めなかったかもしれませんが、この「アプローチ1．地域資源・課題を対象とした取組み」の評価によって、承認しました。そこで、この金融機関

ESG地域金融における3つのアプローチの関係性と取組の成果

環境省

- 本ガイドでは、持続可能な地域の実現に向けた、**ESG地域金融の実践アプローチを3つに分類**している。
- ESG地域金融の３つのアプローチに関して、①地域資源・課題を対象にした取組、②主要産業を対象にした取組は、**金融機関の中長期的な方針・取組**等の構築に反映され、**地域資源の持続的な活用による地域活性化や、主要産業の持続可能性の向上に向けた支援に役立つ**ものである。また、③個別企業を対象にした取組は、**取引先の価値向上**につながるものである。
- これら3つのアプローチのうち、注力すべき資源や取り組むべき課題は地域により異なることを踏まえ、**どのアプローチからでも取組を始めることができ、それぞれの取組を有機的に結合させる**ことが取組の効果を高めることが可能となる。そのための仕組みを金融機関内で構築することが求められる。

3つのアプローチの関係性と取組の成果

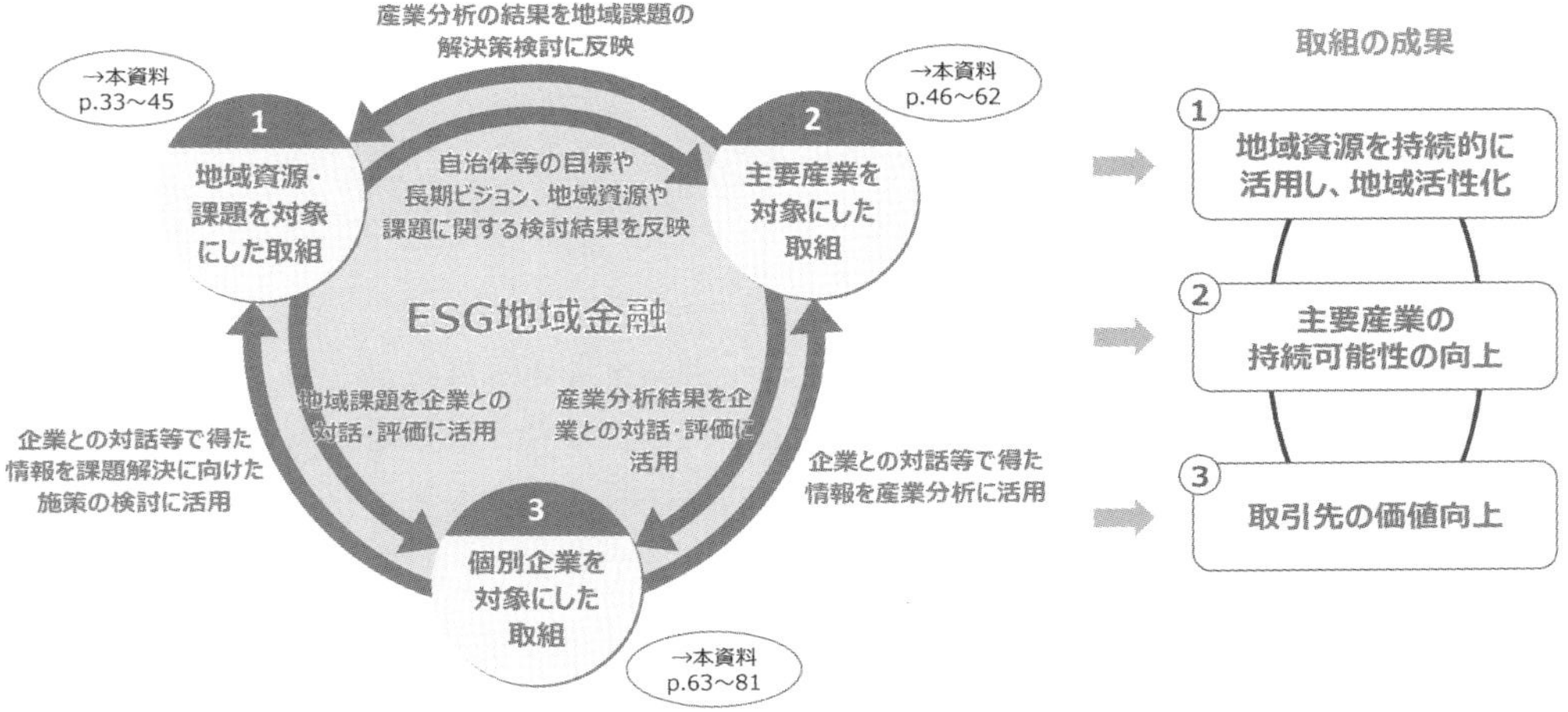

は、四年間据置きの十年間の長期貸出しの支援に合意しました。その上に、経営改善計画どおりにいかなかったことを想定し、短期の資金ニーズが発生することがあったら、短期の繋ぎ融資で支援するためにその枠までを設定しました。

その後、この金融機関や地域の行政機関の工場団地企業への支援もあり、注文は伸び、商圏も拡大して、この物流企業は順調に営業を続けています。この物流企業は、経営改善計画策定のプロセスにおいて、デジタル投資や内部統制化も思い切って行いましたが、据置き後の返済も問題なく進んでいます。売上が伸びた分、営業運転資金需要が高まり、トラックの購入資金ニーズもありましたが、利ザヤも採れるようになっていますので、短期の繋ぎ融資の枠で間に合うようになっています。企業の経営資源の動向ばかりではなく、地域資源の動きも考慮して、長期的・ワイドに業況を見て、融資判断を行います。

2　アプローチ2．主要産業を対象とした取組み

上場企業の建材商社が、販売先の在庫圧縮と物流コストの削減を狙って、中規模商社や、地域の大手工務店に対し、自動発注システムの提案を行っています。工事現場から現場長が、建材の注文を行ったり、中堅商社が販売先の工務店の店先でスマホから注文を、その上場会社の建材商社にオーダーをすれば、即日、スマホの注文品が届き、大手工務店や中堅商社の経理部に請求書が届けられるというシステムです。上場企業が中心になりサプライチェーンの自動発注化が整い、商流にかかわる企業の合理化・効率化と生産性の向上や内部統制の高度化も図ることができました。

かつては、大手工務店や中堅商社は工事現場から、自社の仕入部に注文を出して、その仕入部が上場企業の建材商社に注文し、自社の倉庫まで運んでもらい、経理処理も一括してできるようになりました。このス

マホ・システムが稼働すると、注文品のデリバリーが早まり、注文書は直接建材商社から経理部に届くことで、注文品の流れや資金立替えも透明となり、大手工務店や中堅商社の社内の内部統制も高まります。

上場企業の建材商社は品揃えも豊富で、現場担当者の利便性も高まり、購入量の増加で、建材商社からの金銭インセンティブ（リベート）も高まります。その上に、建材商社と整合性のある全社システム（PCシステム）を導入すれば、景気情報や業界情報・地域情報などのソフト情報も入手でき、PCシステムのメンテのアドバイスも受けることができるようになります。このことは、仕入れ・在庫管理業務ばかりではなく、経営管理や資金管理業務まで、大手企業の支援を受けることが可能になります。

最近は、多くの中小企業が、大手の仕入先や販売先のシステムと整合性・親和性のあるPCシステムを導入し、自社のシステム化・DX化を図り内部統制の高度化にも役立てています。

このような企業は、地域金融機関の支店の取引先に数社単位であることから、支店担当者のアドバイスも有効になっています。社内のPCシステムについては、従業員の研修やシステム・メンテは大手の仕入先や販売先が担当し、PCシステムやその関連のハード機器は親密な金融機関の融資や行政機関の補助金で行い、知財・無形資産や減価償却処理は顧問税理士が支援するということが多くなっています。

そして、このような営業や資金面の経営支援を金融機関が行い、経営改善計画策定やその後の資金支援まで行うことができれば、取引先との関係は深まり、同業企業や近隣企業また親密企業の取引の斡旋も見込まれると思われます。

また、このようなデジタル改革を行うことによって、デジタルガバナンス・コードの効果も高まり、ワンマン経営の是正になり、内部統制も進み、取締役会や情報開示の機能も進んで、経営者保証ガイドラインや事業承継ガイドラインの効果も高まるものと思われます。

なお、このアプローチの場合は、「業種別支援の着眼点」のガイドラインにおける「建設業」で、かなり深い内容まで述べています（一二七ページ参照）。金融機関の融資担当者の方々は、取引先経営者や幹部の皆さんと、業界の特徴などについて、詳しい情報や業界関連情報を発信し、対話を重ね、双方の関係を深めることが重要です。大企業等が主導するサプライチェーンを俯瞰して、業界の中における自社の役割を把握し、金融機関も業界と企業の機能を理解して融資判断を行うことは大切です。

3 アプローチ3．個別企業を対象とした取組み

東京から上越新幹線を使えば、二時間以内で行けるスキー場の周辺に、当社は五部屋の客室を持つペンションを三年前に開業しました。一年目と二年目は予想売上の八〇％を達成しましたが、三年目は、暖冬で雪が降らない上に、スキー場の人工降雪機の故障で、年間の売上が予想売上の三〇％まで落ち込んでしまいました。最近の温暖化で降雪が心配な上に、昨年度は債務超過ギリギリの財務内容になってしまいました。このペンションのオーナー経営者は、今後の経営に自信を失い、地域金融機関にこれからの返済金額の軽減と、経営方針やビジネスモデルの変更について相談に出向きました。

実は、この地域金融機関には、この町の行政機関から地域宿泊業の再生と活性化について協力要請がありました。また、地元の商工会が中心になり、行政機関や金融機関、農協、医療機関・教育機関などを含めて、地域宿泊業再生の対策会議が行われることになっていました。そこで、相談を受けた金融機関は、当社に対して、「行政機関が旗振り役として、春・秋の連休や夏場の学生の合宿に向けた集客イベントを始めること」、また、「地域の観光協会と行政機関が共同でホームページの充実を図り、地元のペンション・ホテルのネットワーク化を企画していること」、「予約申込みの時、満室ならば、別の施設の空室状況を紹介するサービスや、大口キャンセル発生時の補完サービスを行うこと」などを、支援策として情報提供をしてくれ

ました。

当社も開業後三年目となり、ペンションン建物の小さなリニューアルを考えていましたので、この行政機関の支援が加われば、当社ペンションの企業価値が高まると思うようになりました。そこで、当社は、地域金融機関への返済金額の軽減申請を止めて、もう一度、来年からの経営改善計画の修正を行い、その計画に沿って、逆に、追加借入れの申請を行うことの検討に入りました。

そのために、当社の経営者は、デジタル化を進め、観光協会や行政機関、また地域のペンション・ホテルとのネットワーク化に努め、同時に、食材仕入先や地元タクシー会社、パートさんとのデータ交換や、そのストック情報の管理も行うことにしました。また、経営者やその他役員も、オンライン研修に参加することにしました。

販売施策としては、顧客リスト先への地域のイベントや特別サービスの情報提供を行うことにしました。顧客サービス提供として、近隣観光地や観光施設の案内や、その場所への送迎サービス、特別料理の提供などを企画しました。従来の待ちの姿勢の宿泊業から、顧客と一緒に楽しむ宿泊業に、ビジネスモデルの変更を行い、地域のホテルやペンションとの連携イベントも企画するようになりました。昨年、一昨年に宿泊した顧客の反応も良く、スキーシーズン以外の宿泊予約も増加するようになってきました。

この動きは、地域金融機関が、ステークホルダーである、行政機関や商工会、また、農協、医療機関・教育機関などと連携すること、地域の同業者と共同して顧客サービスを始めたことが好印象となったのでしょう。金融機関としては、ESG地域金融の「企業価値アップを対象とした取組み」が、次ページの「ステークホルダーとの連携」を通して、奏功したのかもしれません。

当社の経営者は、デジタル化を進めて、観光協会や行政機関、また地域のペンション・ホテルとのネットワーク化を行い、同時に、食材仕入先や地元タクシー会社、パートさんとのデータ交換やストック情報の管

アプローチ3 実践手順 実践内容 組織体制 留意事項

ステークホルダーとの連携

環境省

- ESG要素を考慮した**事業性評価やそれに基づく本業支援を実施する際にも自治体等との連携は有効**である。具体的には、地域資源を活用して課題解決に資する取組を行う企業の支援に向けた連携や、自治体として注力をしていきたい産業における取組促進に向けた支援での連携が考えられる。
- 取引先企業に対しては、事業性評価を通じて地域に与えるインパクトを把握し、また外部環境の変化を踏まえた課題の把握を行う。企業を正しく評価した上で、地域に与えるインパクトを最大化するための支援策を検討する。その際、**金融機関にないノウハウ等が必要な場合には大学や専門機関等と連携することも重要**である。

組織体制・ステークホルダー全体像

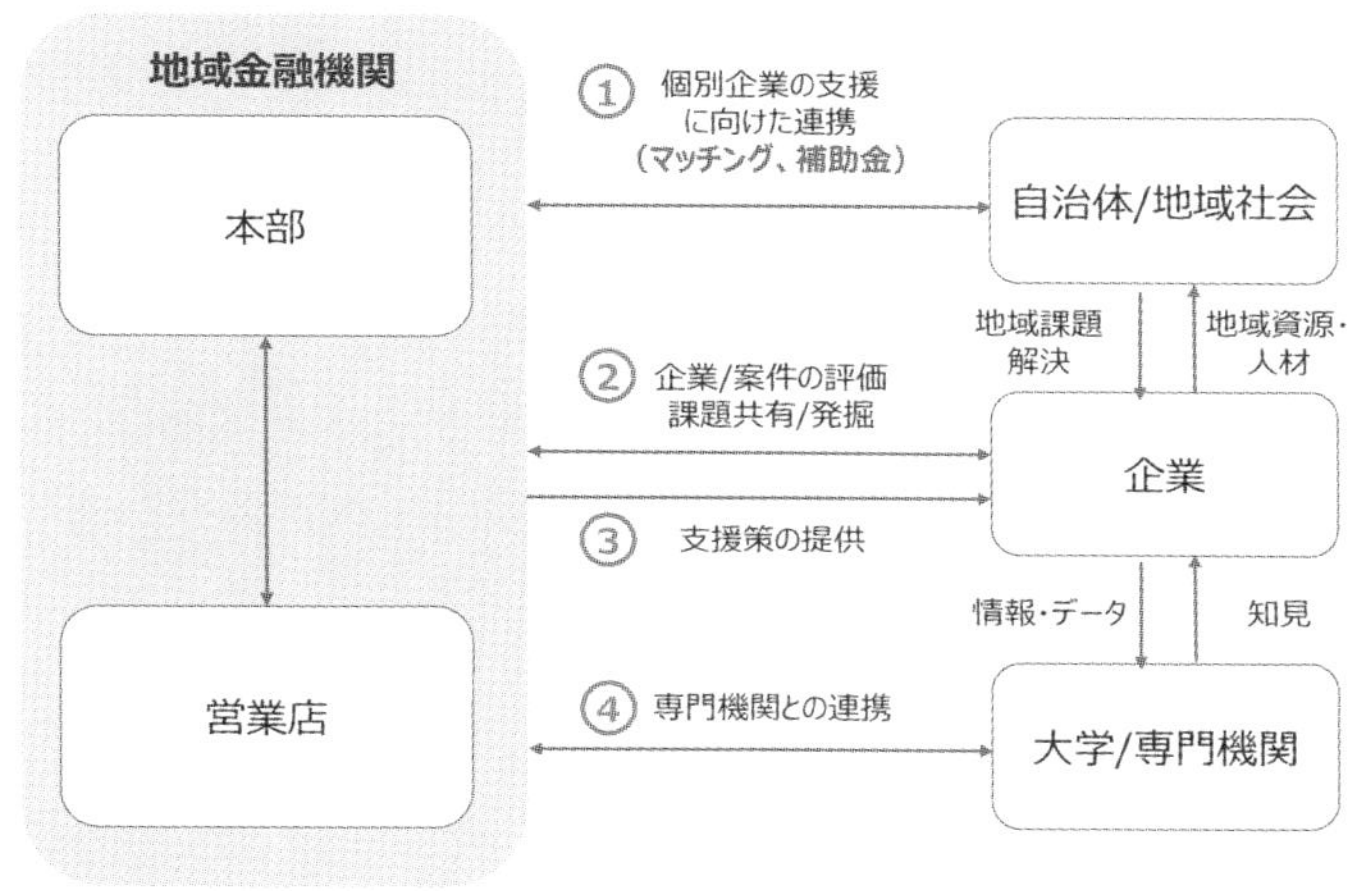

ポイント

① **企業支援に向けた連携**

- 取引先企業の商流構築のためのマッチングイベントの共同実施や、補助金の活用、自治体が保有する各種データの活用など、金融機関が支援を打つための連携が考えられる

② **企業/案件の評価・課題共有/発掘**

- 事業性評価を通じて、取引先との対話によるニーズや課題の共有、把握を行う
- 外部環境が与える影響や地域課題に対する影響を踏まえ、長期的な視点から顧客の持続可能性・成長性を評価する

③ **ESG要素に着目した支援策**

- 事業性評価を通じて適切なアドバイスを企業に提供すると共に、商品やサービス、ソリューションでインパクトを最大化する支援策を提供

④ **専門機関との連携**

- 専門的な知識が必要な場合は大学や研究機関等との連携が考えられる

理も行うことにしました。また、経営者やその他役員にも、デジタル化のオンライン研修に参加してもらいました。地域のイベントの管理や、顧客リスト先にも情報提供を行いました。これらのデジタル化努力は、従業員やパートさんのやる気や効率化を高め、新しいビジネスモデルを生み出すきっかけにもなります。前ページの「ステークホルダーとの連携」の内容も好転することになります。

この内容を、経営改善計画に落とし込んで、デジタル化投資への融資をお願いし、行政機関にも、補助金の申請をすることにしました。当社としては、ステークホルダーとの連携や近隣の地域機関との協働化など、種々の営業推進策を講じて、企業価値の向上を図りました。当社は自社のステークホルダーに対して積極的なアプローチを行って自社の企業価値を理解してもらい、そのステークホルダーとの連携を密にしました。そこで自社を含めた地域の総合力を高めることになりました。このことを地域金融機関も評価して融資支援を行うようになりました。

以上の四つの事例では、自社の経営理念や外部環境分析・内部環境分析を考慮しながら経営改善計画の策定を図っていた企業が、新しいガイドラインの指針や方向性に触れて、新たな経営手法を採り入れ、もう一度、経営改善計画を策定しようとする姿をご紹介しました。新しいガイドラインで、「バックキャスティング手法」や「地域資源の課題」「主要産業のＤＸ」「個別企業の企業価値」について検討し、その内容を採り入れました。多様性に富んだガイドラインを、中小企業自身が自己責任を意識しながら、将来を決定する経営改善計画にチャレンジすることは、将来の生産性向上に繋がるものと思います。

第11章

中小企業への緊急再生ガイドラインの動き

金融機関やその取引先中小企業また支援者は、ガイドラインを評価し、中小企業自身の自己責任で、将来を決定する経営改善計画に取り込むことについて述べてきましたが、最近では、緊急再生ガイドラインが公表されました。

この緊急再生ガイドラインは、早期に期日を決めて収益力改善・事業再生・再チャレンジの方針を実現することで、返済期日の先延ばしを解消しようとするものです。しかし、何年も返済期日を繰り延べてきた融資の返済を始めることは、資金繰りに大きな負担を生じ、なかなか難しいものです。自社として、このガイドラインをいかに扱い、将来の資金計画に取り込むかは、十分考慮する必要があります。また、別のガイドラインとの連携や相乗効果、相反関係にも注意する必要があります。

とは言うものの、収益力改善・事業再生・再チャレンジの施策実行に努めながら、将来に禍根を残さないようにすることがベストだと思います。

1 「中小企業活性化パッケージNEXT」は中小企業の自己責任を期待している

二〇二二年九月に「中小企業活性化パッケージNEXT」が公表されました。その副題には「経済環境の変化を踏まえた資金繰り支援の拡充と収益力改善・事業再生・再チャレンジの更なる加速」という、企業収益力や再生を志向する前向きの文言が述べられています。まさに、緊急再生ガイドラインというものです。

ややもすれば、事業再生・再チャレンジは、金融機関からの融資返済督促の緩和や返済猶予が目的化される傾向にありますが、その後の再生の第二ステップが重要になります。資金繰りの正常化の後に、企業は収益力を高め、利益向上を図って、成長路線に軌道修正する、再生の第二ステップがポイントになるのです。

この「中小企業活性化パッケージNEXT」は、「Ⅰ．経済環境の変化を踏まえた資金繰り支援の拡充」「Ⅱ．中小企業の収益力改善・事業再生・再チャレンジの総合的支援」という前向きな方針で、企業の資金繰りを充実させ、収益力を改善し、再生・成長を目指すことを述べています。また、末尾には、「(参考) 中小企業の前向きな投資を後押しする支援策」という二つの「柱」を掲げ、「事業再構築補助金」と「生産性革命推進事業」で、従来にない多額の予算額約三兆円（≒一・九+一・〇兆円）を梃子として、中小企業の生産性向上や働き方改革を目指そうという意気込みを載せています。

中小企業活性化パッケージNEXT

～経済環境の変化を踏まえた資金繰り支援の拡充と収益力改善・事業再生・再チャレンジの更なる加速～

2022年９月８日
経済産業省、金融庁、財務省

- 増大する債務に苦しむ中小企業の収益力改善・事業再生・再チャレンジを促す総合的な支援策等を展開するため、本年３月、**「中小企業活性化パッケージ」（資金繰り支援、収益力改善・事業再生・再チャレンジ支援）を公表**。
- その後、「原油価格・物価高騰等総合緊急対策（本年4月26日）」により、**日本公庫等の実質無利子・無担保融資等の期限を本年９月まで延長**。
- 事業再構築などの前向きな取組に対する資金需要に応えるとともに、コロナ貸付の申請件数等を踏まえ、**ポストコロナへの段階的移行を図りつつ（伴走支援型特別保証の上限引上げ、スーパー低利・無担保融資の継続・貸付上限の引上げ、無利子・危機対応融資の終了等）**、コロナ融資の返済負担軽減策の検討など**コロナ資金繰り支援の継続・拡充**を図る。
- また、**物価高騰対策**として、価格転嫁の促進と併せて、**セーフティネット貸付の金利引下げ措置の期限を延長**する。
- 更に、中小企業活性化協議会等による**収益力改善・事業再生・再チャレンジの総合的支援を更に加速させるための措置**を講じる。

Ⅰ．経済環境の変化を踏まえた資金繰り支援の拡充

ポストコロナに向けた段階的移行

①伴走支援型特別保証の拡充

→金融機関による伴走支援を条件に、保証料を引き下げる（0.85%→0.2%等）特別保証（100%保証等、年度末まで）について、前向き投資を促すために保証限度額を引き上げ【6,000万円→**１億円**】

※前向き投資には事業再構築補助金や生産性革命推進事業等が活用可能(参考参照)

②日本公庫等のスーパー低利・無担保融資の継続【来年3月末まで】・拡充＋無利子・危機対応融資（商工中金・政投銀）の終了（9月末申込分まで）

→低利融資の対象となる貸付限度額を引き上げ【3億円→**4億円（中小事業）**】

→スーパー低利・無担保融資（コロナ特貸）の期限を延長【9月末→**年度末まで**】

※貸付期間5年　中小事業：0.16%、国民事業：0.31%

コロナ資金繰り支援等の継続・拡充

①セーフティネット保証４号（別枠（上限2.8億円）、100%保証）**の期限延長**【9月末→**12月末まで**】

②セーフティネット貸付（物価高騰対策）**の金利引下げ**（▲0.4%）**期限延長**【9月末→**12月末まで**】

※貸付期間5年　中小事業：0.66%、国民事業：1.41%

③借換保証など、中小企業の返済負担軽減策の検討

④事業者の資金繰り支援等のための金融機関等への要請

Ⅱ．中小企業の収益力改善・事業再生・再チャレンジの総合的支援

収益力改善フェーズ

①**認定支援機関による伴走支援の強化**

②**中小企業活性化協議会による収益力改善支援の強化**

事業再生フェーズ

①**中小機構が最大8割出資する再生ファンドの拡充**

②**事業再構築補助金に「回復・再生応援枠」を創設**

③**中小企業の事業再生等のガイドラインの策定**
（経営者退任原則、債務超過解消年数要件等を緩和）

再チャレンジフェーズ

①**経営者の個人破産回避のルール明確化**

②**再チャレンジに向けた支援の強化**

収益力改善・事業再生・再チャレンジを一元的に支援する体制の構築

→ 全国47都道府県にある中小企業再生支援協議会を関連機関と統合し、**収益力改善・事業再生・再チャレンジを一元的に支援する「中小企業活性化協議会」を設置**。

→ 中小企業活性化協議会がハブとなって金融機関、民間専門家、各種支援機関とも連携し、苦しむ中小企業の収益力改善・事業再生・再チャレンジを地域全体で推進。

更に加速するための追加措置

○収益力改善支援実務指針の策定

→ 支援機関向けに、収益力改善支援の**実務指針を策定**。経営改善計画策定支援事業と連携し、実効性を確保。

①再生ファンドの組成を促す優先分配スキームの創設

→ 中小機構が出資する再生ファンドについて、**民間出資者に優先分配する仕組みの創設**。

②再生系サービサーを活用した支援スキームの創設

→ **中小企業活性化協議会との連携による、再生系サービサーを活用した支援スキームの創設。**

③金融機関との連携によるREVIC等のファンドの活用促進

○経営者の個人破産回避に向けた取組の促進

→ **再チャレンジのネックとなる個人保証について、個人保証に依存しない融資慣行の確立に向けた施策を本年中にとりまとめ。**

→ **融資先の廃業時等に「経営者保証に関するガイドライン」に基づく保証債務整理を行った割合を把握**するなど、金融機関に対して、よりきめ細かいフォローアップを行う。

中小企業活性化協議会の機能強化

→ **飲食業・宿泊業支援専門窓口の設置**

→ **信用保証協会・中小企業活性化協議会・地方経済産業局の間で連携協定を締結**。民間無利子融資先を中心に、収益力改善等を連携して支援。

→ 中小企業活性化協議会（416人体制で稼働中）について、**サテライトでの相談対応**（17協議会）を行うことで体制を強化。

→ 地域金融機関職員を再生支援のノウハウ習得のため中小企業活性化協議会に派遣する**トレーニー制度の拡充**。

（参考）中小企業の前向きな投資を後押しする支援策

● ポストコロナに向けた中小企業の前向きな投資を後押しするため、**「事業再構築補助金」**及び**「生産性革命推進事業」**等の政策措置を導入。

● **最低賃金・賃上げや原材料高などの外的環境の変化に即応して政策メニューを機動的に追加**するとともに、**グリーン成長・デジタル化などの成長への投資**に対しても力強く支援。

事業再構築補助金

予算総額 1兆8,608億円

令和2年度補正　:1兆1,485億円
令和3年度補正　:　6,123億円
令和4年度予備費:　1,000億円

● **新分野展開、業態転換、事業・業種転換、事業再編**等の中小企業による**意欲的な投資を支援**。

● 第5回公募までで、累計**44,890件を採択**。製造業、宿泊・飲食サービス業、卸売・小売業で全体の5～6割を占める。

類型	通常枠	回復・再生応援枠	最低賃金枠	大規模賃金引上枠	緊急対策枠	グリーン成長枠
補助上限	8,000万円	1,500万円	1,500万円	1億円	4,000万円	中小1億円 中堅1.5億円
補助率（原則）	2/3	3/4	3/4	2/3	3/4	1/2

⇧最低賃金・賃上げ　⇧ウクライナ情勢 原油価格・物価高騰　⇧グリーン化

生産性革命推進事業

予算総額 9,601億円

令和元年度補正:3,600億円
令和2年度補正 :4,000億円
令和3年度補正 :2,001億円

● **生産性向上のための設備投資**等を支援。

【ものづくり補助金】

類型	通常枠	回復型賃上げ・雇用拡大枠	デジタル枠	グリーン枠
補助上限	1,250万円	1,250万円	1,250万円	2,000万円
補助率（原則）	1/2	2/3	2/3	2/3

⇧デジタル化・グリーン化

【持続化補助金】

類型	通常枠	賃金引上げ枠	卒業枠、創業枠、後継者支援枠	インボイス枠
補助上限	50万円	200万円	200万円	100万円
補助率（原則）	2/3	2/3	2/3	2/3

⇧最低賃金・賃上げ

【IT導入補助金】

類型	通常枠	デジタル化基盤導入枠		セキュリティ対策推進枠
補助上限	A類型:150万円 B類型:450万円	会計・ECソフト:50万円	PC・タブレット:10万円 レジ・発売機:20万円	100万円
補助率（原則）	2/3	3/4以内	1/2以内	1/2

⇧デジタル化

一昔前ならば、このような支援策に対して、「この施策は言いぱっなしで、フォローはなし」とか、「行政機関は、アリバイや言い訳をやっているにすぎない」「中小企業で、こんな施策は理解する者はいないはず」との批判がありましたが、この「中小企業活性化パッケージＮＥＸＴ」は、何回も何回も、施策の連呼を行っています。経済産業省も中小企業庁も、金融庁も財務省も今回は強く返済を求めると思います。「中小企業は弱者であり、行政機関は社会政策を励行し、まずは保護することを重視するべき」「どんな中小企業でも、落ちこぼれを出してはいけない。手を差し伸べなければ、クレームやトラブルになる」「中小企業は、大企業に虐げられ、救済しなければならない」という弱者保護や受け身の意見が中小企業施策の中心でしたが、今回の施策は「日本の生産性向上の重要施策」になっています。また、「中小企業活性化パッケージＮＥＸＴ」や、認定支援機関や士族資格者また金融機関による伴走型支援の体制構築、さらに、三兆円にも及ぶ予算、それから、何回もの広報活動を実施していることから、メイン政策の位置づけになっています。金融機関や中小企業、支援者は、今回こそ、真剣モードに切り替えるはずです。

今まで、中小企業は、返済猶予・ゼロゼロ融資で支援され、これからも、その支援期日がなし崩しに続けられると考えていたならば、今回の変化は新しい動きとして受け入れなければならないと思います。これからは、ガイドラインの示す多様性の時代になり、受け手は、自己責任の時代になるものと思います。「人手不足の解消のため、働き手を成長分野にシフトしなければならない」と言われ、生産性が低くキャッシュフローを生み出すことができない中小企業の人材を、ＩＴ業界・物流業界・介護業界・知的資産業界などの業界への移動を急がなければなりません。このような厳しい空気が広がり始めています。

「中小企業活性化パッケージＮＥＸＴ」の内容を、再度精読すれば、企業としては、厳格な資料作成と合議制の取締役会、また意見が届く情報開示が求められています。中小企業でも、決算報告書と経営改善計画の作成は最低条件であり、この情報開示資料は、ステークホルダーの意向を踏まえた総意が前提となっており、取締役会の合議制が必要になっていると思われます。企業の再生は、地域の士族資格者や金融機関・行政機関との協働であり、事業再構築や事業承継も、ワンマン経営者独自の動きではなく、協業化が欠かせず、その動きができないならば、言外には、経営者は廃業、清算、退出を通して、従業員を成長分野に開放するべきとの流れになっています。

廃業は「債権者の恣意に任せられ、その債権者さえ、説得できれば解決する」と考えている中小企業の経営者もいるようですが、実際は、一三五ページの図の通り、「再生・M&Aや事業承継・業種転換・自主廃業」は、「企業の成長力」と「経営者の意欲」で決まります。もしも、自社が成長の可能性がなく、経営者自身も意欲が足りないと自覚した場合は、従業員のためにも自主廃業の選択をするべきでしょう。

返済猶予・ゼロゼロ融資の支援を受けているにもかかわらず、未だに経営改善計画策定を行わず、また、新規の設備投資(知財・無形資産投資、デジタル投資も含む)も、従業員の給与の引上げも行わない企業は、今後を再考するべきです。ただただ利息のみの支払いを続け、返済期日には、また返済の繰延べをしようとしている企業に対し、世間の空気は厳しくなっています。

金融機関も、士族支援者・認定支援機関においても、生産性は上がらず、従業員の働き方改革も覚束ないという中小企業に対しては、支援の内容を再考することも必要です。このような再生意欲のない経営者に、技術やスキルの高い従業員を任すよりは、成長志向の強い経営者の企業に、人財をシフトするべきであるという考えが広がってきています。

ちなみに、旧金融検査マニュアルにおいては、このような企業の債務者区分は、破綻懸念先・実質破綻先以下となって、事業再構築や生産性革命の再生努力もしない成長意欲のない企業に見られていると思います。

二〇一九年に金融検査マニュアルが廃止された後においては、多くのガイドラインは、生産性向上を目指し、債務者区分としては、上位ランクの正常先や要注意先に向けて努力する企業に、資金投入をしなければならないという流れに変わっています。

2 中小企業の挑戦を応援する5つの報告書とガイドライン

この多様化と自己責任の時代を乗り越えるには、中堅・中小企業としても、現在のガイドライン行政の種々の方向性や指針を、自分ごととして捉え、アンテナを高くする必要があります。同地域や同業者の中堅・中小企業の好事例を参考にして、自社で経営改善計画を策定し、業務革新にチャレンジしていく必要があります。それには、以下の経済産業省の「中小企業の挑戦を応援する5つの報告書及びガイドラインを公表します！」に掲載された事例が参考になります。これらの事例数は極めて多く、金融機関ならば取引先企業、支援者ならば顧問先企業、そして、成長志向や後継者期待の企業ならば自社と同様な企業が、掲載されていますので、その中から、自社が参考になる企業は容易に見つけ出せると思います。本書でご紹介したガイドラインを思い浮かべながら、通読することで、自社にふさわしいケースに出会えるものと思います。

この経済産業省公表の報知が、中小企業に対するバイブルとか、かつての金融検査マニュアルのようにはなりませんが、これらの事例は自社の将来に役立つものと思われます。中小企業である限り、自社に一〇〇％合致する特効薬はありません。当たらずとも遠からずの事例は必ず、見つかるものと思います。中小企業は、千差万別で一筋縄で把握することはできませんが、共感性のある事例は多いと思います。多様性に富んだガイドラインの事例の中から、自社にあったものを、自己責任で選択する必要があります。

それぞれの中小企業としては、自社を知るために、経営改善計画を通して、自社の未来と実態・全体を正確に把握するべきです。そして、自己責任を持って、「中小企業の挑戦を応援する5つの報告書及びガイドラインを公表します！」の関連事例を選び出し、参考事例にするべきです。

中小企業の挑戦を応援する５つの報告書及びガイドラインを公表します！

2023 年 6 月 22 日

中小企業・地域経済産業

コロナ禍からの回復、人口減少、GX・DX 等の構造転換が進む中、日本経済の更なる成長実現には、中小企業の成長が重要です。経済産業省は、成長に向けて挑戦する中小企業を応援する５つの報告書･ガイドラインを公表します。

▶ ５つの報告書及びガイドライン及び政策方向性の全体概要：成長志向の中小企業の創出を目指す政策の検討成果と今後の方向性

1. 中小企業の成長経営の実現に向けた研究会　中間報告書

「中小企業の成長経営の実現に向けた研究会」では、外需獲得、地域経済牽引や賃上げに特に大きな役割を果たす「100 億企業（売上高 100 億円以上など中堅企業クラスに成長する中小企業）」に注目し、実際の成長企業の事例等から、中小企業の飛躍的成長のパターンを整理しました。

様々な飛躍的成長のパターン（A：拡大する市場を見極めて成長した例、B：非成長市場でも独自性の追究やニッチ分野の発見で成長した例、C：M&A を積極的に活用して成長した例等）が見られましたが、いずれにおいても①競合他社とは差別化された価値創出のあり方（事業戦略）、②既存の事業や資源に捉われず、他の経営者との交流や学びの機会を通じて経営力を磨く経営者の役割が重要です。本報告書では、事例を交えつつ、このようなポイントを分かりやすく紹介しています。

また、このような飛躍的成長を実現するための政策の方向性も紹介しています。例えば、経営者が差別化された価値を創出するための伴走支援の強化や成長意欲を共有する経営者同士のネットワーキングの促進、事業承継、引継ぎ、M & A やグループ化を通じた新たな人材の中小企業への参入や経営革新の促進等に取り組みます。

2. 中小企業のイノベーションの在り方に関する有識者検討会 中間取りまとめ報告書

中小企業の稼ぐ力を強化するという観点でイノベーションは大きな成長をもたらす有力な手段です。しかしながら、イノベーション活動に取り組んでいる企業の 75%が利益につなげられずにいます。本報告書では、成長を目指す中小企業が取り組む破壊的イノベーションに向けて、課題や必要な取組について整理しました。

価値ある新製品・新サービスを生み出すためには、マーケットニーズと自社技術・ノウハウを比較し、双方を行き来しながら不足している部分を埋めていくことが必要です。

最新の技術動向・市場動向を踏まえ、将来を見据えたニーズを捉えるマーケティング機能を担う人材を「イノベーション・プロデューサー」と呼称し、中小企業に対して外部から行われている支援活動を掘り起こすとともに、更なる活動を広げていきます。

3. 中小企業・小規模事業者人材活用ガイドライン

中小企業を巡る環境がめまぐるしく変化する中で、売上拡大や資金繰り等の日々の経営課題の背景に、人手不足や人材育成など人材が大きな経営課題になっている可能性が少なくありません。経営者が人材に係る課題に正面から向き合い、貴重な人材を活かせる仕事はどのようなものか考え、行動を起こすことが重要です。

経営者に日々の経営課題の背景に、中核人材の採用、中核人材の育成、業務人材の採用・育成の３つの人材課題（３つの窓）が潜んでいないか確認してもらい、それに対する具体的な対応策や支援策を紹介する「中小企業・小規模事業者人材活用ガイドライン」を取りまとめました。

経営戦略の再構築と人材戦略の強化を一体的に進めることで、事業継続や新事業展開など中小企業・小規模事業者のさらなる成長に資することが期待されます。

4. 中小エクイティ・ファイナンス活用に向けたガバナンス・ガイダンス

主に株式を発行する対価として出資者から資金提供を受けるという「エクイティ・ファイナンス」は、外部株主から、資金だけでなく、経営面や事業面で様々な支援を受け得ることから、中小企業の成長のための有効な手段といえます。本ガイダンスでは、エクイティ・ファイナンス活用の利点や留意点を紹介するとともに、エクイティ・ファイナンス活用により成長を図るために有効と考えられる経営の在り方や仕組みを「ガバナンス」と整理し、事例や具体的な取組例とともに紹介しています。

ガバナンスの取組を通じて事業を磨き上げ、成長を遂げることで、中小企業であってもエクイティ・ファイナンス活用により新たな外部株主の支援を受け、さらなる成長を遂げる機会を獲得することが期待されます。

5. 経営力再構築伴走支援ガイドライン

「経営力再構築伴走支援」は、事業者の本質的課題に対する経営者の気づきや腹落ちを促すことで内発的動機付けを行い、事業者の能動的行動や潜在力を引き出して自己変革や自走化につなげる支援方法です。本ガイドラインには、経営力再構築伴走支援の基本理念や具体的な支援の進め方、留意点等を実際の支援事例や効果的なノウハウ等を掲載しております。

中小企業の成長には、組織マネジメントや戦略構想につながる経営者の自己変革力が必要となります。本ガイドラインを活用して、全国の中小企業支援者に経営力再構築伴走支援の実践及び支援スキル向上を促し、中小企業のさらなる成長を目指します。

1. 中小企業の成長経営の実現に向けた研究会　中間報告書

https://www.chusho.meti.go.jp/koukai/kenkyukai/seichoken/report/20230622report.pdf

2. 中小企業のイノベーションの在り方に関する有識者検討会 中間取りまとめ報告書

https://www.chusho.meti.go.jp/koukai/kenkyukai/innovation/report/20230622report_01.pdf

https://www.chusho.meti.go.jp/koukai/kenkyukai/innovation/report/20230622report_02.pdf

3. 中小企業・小規模事業者人材活用ガイドライン

https://www.chusho.meti.go.jp/keiei/koyou/hitodebusoku/guideline.html

4. 中小エクイティ・ファイナンス活用に向けたガバナンス・ガイダンス

https://www.chusho.meti.go.jp/koukai/kenkyukai/equityfinance/guidance.html

5. 経営力再構築伴走支援ガイドライン

https://www.chusho.meti.go.jp/koukai/kenkyukai/keiei_bansou/guideline.html

おわりに

金融機関にとって、監督官庁からの一貫した指示命令が途絶えたのは、金融検査マニュアルの廃止からかもしれません。金融検査マニュアル廃止後、ＳＤＧｓ、ＥＳＧ、ＧＸ、ＤＸ、ＳＸなどの世界標準のガイドラインが押し寄せてきており、経営手法も、事業性評価や事業再構築また収益力改善支援実務指針などのガイドラインが加わり、情報分析については、経済産業省が旗を振って、ローカルベンチマークやＲＥＳＡＳなどのデータ分析ツールに関するガイドラインが提供されています。

買う物を決めずに、デパートやスーパーマーケットに入ったら、何を購入するべきか迷って、時間ばかりが過ぎてしまうことがあります。ウィンドウショッピングは、一部の方々には、もちろん、娯楽性はありますが、多くは、時間ばかりが経過し、あまり充実感はないものと思います。買い物に行くときは、自分のニーズや課題を絞り込んで出かけていけば、デパートやスーパーマーケットの多くの品揃えの中から欲しいものが見つかり、効率的で満足できる時間を過ごせることになります。

現在のように、多くのガイドラインに接すると、金融機関のメンバーや中小企業の経営者にとっては、その取引先自身の真の経営ニーズを長期的でワイドに分析し、自己責任で意思決定を行うと、掘り出し物を見つけ出すことができます。それぞれの企業は、多様性のあるガイドラインの中から、自己責任で選択することができるようになります。そして、そのガイドラインに接することにより、自社の経営理念や方針また外部環境や内部環境に沿った思考を一層深めることが可能になります。

しかも、行政機関が公表しているガイドラインは、ベテランの行政官や専門家の諮問委員会メンバーが、吟味を重ねたものであり、それぞれの企業には、かなり刺さるものになっています。ガイドラインの数が多いことは、それだけ、取引先企業には、カスタマイズできる経営手法が発見できるものです。多様性に富んだ社会は、自己責任で自分のニーズを通して、大きな満足感と充実感が得られることになります。

本書は、20のガイドラインのポイントを図表を使って、わかりやすく紹介しています。もう一度、取引先、また顧問先の課題や企業全体の真のニーズなどを考えて、選んだガイドラインに沿ったビジネスモデルやアクションプランを作成する支援をお勧めします。皆様が、本書をきっかけに、取引先・顧問先または中小企業自身に、最もふさわしいガイドラインを見つけ出し深読みをすれば、ずっと先の将来まで有効で、地域に広く貢献できる強みやメリットを発見し、ステークホルダーや地域の種々の機関に役立つことが可能になると思います。

この出版に当たり、株式会社ビジネス教育出版社の酒井敬男氏、中野進介氏、山下日出之氏には、多くの情報交換や種々のアドバイスをいただき、本書の内容を高めることができました。心より感謝を申し上げます。

〈著者プロフィール〉

中村　中（なかむら　なか）

経営コンサルタント・中小企業診断士
1950年生まれ。

三菱銀行（現三菱UFJ銀行）入社後、本部融資部・営業本部・支店部、岩本町・東長崎各支店長、福岡副支店長等を歴任、関連会社取締役。

2001年、㈱ファインビット設立。同社代表取締役社長。週刊「東洋経済」の選んだ「著名コンサルタント15人」の1人。中小企業金融に関する講演多数。

橋本総業ホールディングス株式会社（東証スタンダード）監査役、中小企業顧問、医療法人監事 等。

〈主な著書〉『サステナブルファイナンスと事業性評価融資の進め方』『中小企業の改善・再生・成長支援を担う 認定支援機関が日本を救う！』『取締役会が機能すれば中小企業の経営力は上がる』『事業再構築補助金とDXによる経営革新』『企業価値向上・DX推進に向けた 中小企業の生産性革命』『コロナ危機に打ち勝つ 中小企業の新しい資金調達』『地域が活性化する 地方創生SDGs戦略と銀行のビジネスモデル』『新 銀行交渉術－資金ニーズの見つけ方と対話』『事業性評価・ローカルベンチマーク 活用事例集』〈共著〉『事業性評価融資－最強の貸出増強策』『ローカルベンチマーク～地域金融機関に求められる連携と対話』『金融機関・会計事務所のためのSWOT分析徹底活用法～事業性評価・経営改善計画への第一歩』〈共著〉（以上、ビジネス教育出版社）他多数

20の経営ガイドラインと伴走支援コンサルティング

2024年 3月15日　初版第1刷発行

著　者　中村　中
発行者　延對寺 哲

発行所　株式会社 ビジネス教育出版社

〒102-0074　東京都千代田区九段南4－7－13
TEL 03(3221)5361(代表)／FAX 03(3222)7878
E-mail▶info@bks.co.jp URL▶https://www.bks.co.jp

印刷・製本／萩原印刷㈱　　装丁・本文デザイン・DTP／㈲エルグ
落丁・乱丁はお取り替えします。

ISBN978-4-8283-1054-1　C2034